守望者
The Catcher

阅读　你的生活

中华文化根脉

郭齐勇
著

中国人民大学出版社
·北京·

前　言

中华优秀传统文化的创造性转化和创新性发展是我们这个时代的课题。面对时代的挑战，中国文化的健康发展需要我们虚心学习各国、各民族、各族群的经验，博采众长，援外于中，同时调动自身的文化资源，努力推陈出新，返本开新。

今天，中华文化的发展面临复杂的场景。从时间轴来看，文化绵延，有传统与现代及过去、现在与未来的历程；从空间轴来看，文化广阔，有东方与西方、中心与边缘的差异；从时间与空间的交互网络来看，有时代性与民族性、世俗生活与宗教信仰、日用伦常与终极关怀的分别。

因此，我们讨论中国文化，只能立足现实，继往开来，在现实性的基础上调动传统，面向未来，不能迷恋过去，也不能寄望将来。我们对中国传统的物质文化、制度文化、价值观念文化的内涵、样态与表达予以改造，并赋予其时代性，激活其生命力。

中国文化不断发展，不同时期的文化各有其特色，如人们常说的先秦子学、两汉经学、魏晋玄学、隋唐佛学、宋明理学、清代朴学等，虽不免以偏概全，但也说明了不同时期文化风尚的差别。先秦诸子百家争鸣，汉唐盛世雍容博大，宋代市井丰富多样，留下了宝贵的文化基因。南宋以降，中国传统的主流文化，简略地说即儒释道文化，通过简易化、普及化，不断深入人心。民间老百姓不一定读过四书、五经、佛经等，但通过唱戏、说书、蒙学读物、民间谚语等，耳濡目染的是饱含着中华民族的价值观的话语，如："钱财如粪土，仁义值千金"；"勿以善小而不为，勿以恶小而为之"；"积善之家，必有余庆；积不善之家，必有余殃"；等等。我个人在童年时代常听父辈祖辈念叨，接受过这种启蒙。我相信很多人都有这种体验。

我们应全面地体认、分析中华传统文化的属性与特质。我把中华传统文化精神的特质归纳为六点："和而不同，厚德载物；刚健自强，生生不息；仁义至上，人格独立；民为邦本，本固邦宁；整体把握，辩证思维；经世务实，戒奢以俭"；把中国哲学的精神与特点概括为七点："存有连续与生机自然，整体和谐与天人合一，自强不息与创造革新，德性修养与内在超越，秩序建构与正义诉求，具体理性与象数思维，知行合一与简易精神。"

我们要扬弃中华传统文化。"扬弃"这个词包含着两层意思，即既克服又保留，也即我们常说的"批判地继承"。因此，我们在理解传统文化的优长与价值时，又必须深具自我批判的精神，正视并反思中华传统文化自身的内在缺失与不足，这恰好是中华优秀传统文化"两创"的题中应有之义。

一、有本有源，开放包容

“海纳百川，有容乃大。”我们现代的中国文化，是中西马相融合的文化。社会主义的理论和实践虽然与古代的社会理想迥然不同，但仍有千丝万缕的联系。在中国的土地上，中华传统文化、西方近现代文化、马克思主义不断融合，形成了今天的中国文化。中华传统文化是马克思主义在中国传播的土壤，二者有契合之处。我们的中西马相融合的现代文化是主体性的文化，是有本有源的，其根源就在于中华优秀传统文化。这一传统开放包容，因此与外来的文化，尤其是与马克思主义相结合。中西马相融合的传统也有了一百多年的历史，这是中华优秀传统文化“两创”的结晶，也是中华优秀传统文化进一步“两创”的基础。

应当指出，当代中西马相融合的新型文化的建构，包括对传统文化与西方文化的改造，既非全盘接受，也非全然抛弃。对传统文化最成功的继承和弘扬，就是不断创新，把外来的、多样的、现代性的内涵融入民族文化的内容与形式中。对外来文化，特别是马克思主义的成功引进、吸收和消化，也是与时俱进的发展、创新，把现代性的因素结合到中国文化中来，进而改造现实与传统，重塑当代中国精神。

马克思主义与中华优秀传统文化具有颇多内在契合之处。习近平总书记指出，中华民族在五千多年的历史长河中形成了“讲仁爱、重民本、守诚信、崇正义、尚和合、求大同”的文化传统，倡导“天下为公”，注重“知行合一”，论证“相反相成”，彰显实践的思维方式和“大同”的社会理想。马克思主义思维方法和价值理念与中华优秀传统文化相融合，是马克思主义在中国广为传播并得到具体发展的基础。应该看到，这是中国化的马克思主义，带有二者的优点。

瘟疫、旱涝等灾害的反复出现，对人类社会的发展提出了诸多深层次的挑战，促使我们反思许多问题。面对和应对自然灾害的挑战，本是人类社会长久、普遍的问题，但在现代化的今天，自然与人为、科技与人文的矛盾更为凸显，灾害对现代社会、现代人的负面影响日益加剧，人们的心理承受能力日益减弱。

我们需要在大的背景下，即“天、地、人、物、我”共生的背景下讨论人类与世界文化的生存和发展，以及中国人与中国文化的生存和发展问题。中国文化中有丰富的珍宝，古人的“人与天地万物为一体”的生存经验与智慧并没有过时，对现代人启发良多。

解决问题的关键在于深度认识我们的传统。很多学者还停留在五四时期文化批判的水平。中国文化有自身内在的理路，有自身的优长与不足。我们的新文化有主体性，但不盲目自大与排他。对传统，我们应当守先待后，理性引导；对现实，我们应当扩大社会空间，鼓励更多社会组织的建立发展并积极参与，努力实现大社会、小政府。从我们的实践来看，还应当防止乌托邦主义与极左思潮的干扰，警惕并批判民粹主义与民族沙文主义。

二、重视科学逻辑，变革思维方式

我们的传统文化也有一些不足的地方，如缺乏知识论的传统、科学的精神、逻辑的分析与细密的论证方法等，这些是我们的短板。我们没有“为知识而知识”“为学术而学术”的传统，尤其是儒家“重政轻技”“重道轻器”的倾向，压制了有科学研究追求的墨家等流派，甚至儒家自身的某些派别与人物。

从思维方式的一般分类来看，有线性思维与非线性思维，形式逻辑属前者，辩证逻辑属后者。思维方式又可分为分析与直觉、辐散与聚合、习惯性与创造性。分析与辐散思维有助于思维的周密性。对我们中国人来说，应强调形式逻辑，即线性思维的基础教育，重视思维的确定性、程序、步骤与周密性，防止不确定性与思维偏转。直觉思维与创造性思维有一定联系，但我们还是应多强调分析性思维的基础作用。

当下，数字技术、人工智能等高科技飞速发展。科学技术的突飞猛进，带来新的契机与可能。知识的生产、传播和应用，已经颠覆了传统。大数据、海量存储、便捷搜索等，带来新的学术增长点。在现代，我们要进一步重视、拥抱科技革命，借此改革我们的模糊笼统、大而化之的思维方式。

新冠疫情发生之后，通过运用大数据与人工智能的成果，我国在公共卫生、公共秩序的建设方面成绩斐然。在中国社会与文化的发展中，科学、逻辑思维的前景十分广阔。同时，我们又要避免科学主义与技术主义的偏颇，用人文精神加以补充与协调。

三、树立独立品格与平民化的自由人格

马克思主义倡导建立每个人自由而全面发展的理想社会。建构

和完善民主、自由的价值与制度，是时代赋予我们的任务。近代以来，数代中国知识分子为争取自由的意志和独立的精神，做了不懈的努力。我们主张并鼓励个体有自由的心灵和独立的个性，不随波逐流、人云亦云，在精神层面保持独立性，有独立的品格、独到的见解与自主的行为，不依傍他人，不依傍权威。我们反对奴隶性、依附性的人身关系，主张自由地思考、自由地表达、自由地发展，鼓励有怀疑、批判的勇气。如果没有自由的思想，也就不会有独立的人格。

正如冯契先生所说，我们要实现知、意、情等本质力量的全面发展，进而达到真、善、美的统一，这就是自由的德性。只要有了自由的德性，就能意识到我具有一种“足乎己无待于外”的真切的充实感，“我”就在相对、有限之中体认到了绝对、无限的东西，即达到了本体的境界。一般来说，这是通过实践即人的自由自觉活动达至智慧之境。冯契先生由知识到智慧之境的飞跃，是通过自由劳动即自由的感性活动来辩证统合自然原则与人道原则的，又通过认识与实践的辩证过程，包括理性直觉、德性自证的过程，发展人的理性与非理性，统合自由个性与集体精神，奔向个性解放和大同世界的理想目标。因此，冯先生超名言之域的达至过程同时又是生活实践中人的自由而全面发展与平民化的理想人格的实现过程，其理性直觉、思辨综合、德性自证都是社会实践、文化创造和人的自由而全面发展的诸环节。

四、中国文化的生命力在民间，重点还是做人做事之道

从文化的传承来看，民间生活的多样化促进了各地书院的勃

兴。这些书院继承传统书院而新创，一般是政、商、学界和合而成，对今天民间传统文化的教育与传承起了重要的推动作用。就个人管见所及，北京中国文化书院、三智书院、四海孔子书院，山东尼山圣源书院、曲阜洙泗书院，湖南长沙岳麓书院、汨罗屈子书院，贵阳孔学堂，湖北经心书院、武汉问津书院，郑州本源社区书院，山东嘉祥曾子研究院等，都非常活跃，接地气、聚人气，获得了成功的经验，让老百姓了解了中国文化的历史与现实，在民间推动了传统文化精神和价值的继承与发展。

中国文化不是过去时，而是现在时，也是将来时，还要面向未来。时代背景在变化，文化也要变化。不管我们现在的生产方式、生活方式和社会交往方式等发生了多大的变化，我们的现实关怀还在于人。中国文化其实也没有什么高深的道理，它讲的是平实的做人做事之道。儒释道三家的思想，其实还是讲做人做事。中华优秀传统文化在现当代的创造性转化，关键在于我们如何做一个现代的中国人。中华优秀传统文化为新时代的人的精神人格、精神面貌、安身立命提供了一些思想背景、根源性的东西。在中华优秀传统文化“两创”的过程中，我们既反对复古主义，又反对崇洋媚外。

时代变了，我们的精神追求也在变化。但是，变中还有不变的东西，我们曾经宣扬过很多道理，但做人的原则是不会变的。做人要有底线，我们至少要遵守底线伦理，要具有基本的健全人格，以及对理想和境界的追求。健全人格的过程，可以从传统的文化资源如诸子百家、宋明理学中找到一些精神根据。中华传统文化处于现在这样一个急剧变化的时代，在求富求强的大背景下，面对日新月异的科技革命，如机器人、人工智能等给我们提出的挑战。但是不管怎样变化，有一条是不变的，就是人要与时俱进，要有真、善、美的追求和健全的人格。孙中山先生当年就提出以人格建国、立国立人，我们要培养一代又一代具有健全人格的人。在这一点上，我认为，关键就是做人做事之道。

中国文化的知识系统、价值系统、信仰系统是合在一起的，也是可以分开讲的。在知识系统上要有建构，要打基础。所以，中西马的基础知识都要有，然后再分别看知识系统中蕴含着哪些价值系统，在价值系统中哪些属于信仰系统，要一层一层地了解。

学者要走出书斋，深入人民大众，要了解人民大众在想什么。人民大众首先关注的是自己怎么生活，如衣食住行，这是一方面。另一方面，人民大众也有精神需求，这个精神需求不是一些假大空的话，而是中国的、西方的、马克思的对自身做人做事有益的格言、有益的思想。马克思主义的灵魂在哪里？我认为就是真、善、美的统一，追求人的自由而全面的发展，这是马克思主义和中国当代马克思主义的一个最基本的思想。这也是前面我说到的它和西方文化、中华传统文化有共通性的一面。因此，既要懂得理论，又要能够用人民大众的语言宣讲出来，这需要一点本领，还要有一个实践过程。

中华优秀传统文化的“两创”本身并不是目的，仍是过程，活生生的人的培育与成长才是目的。我们的目的就是现代中国人的自由而全面的发展。“人是目的”，要尊重人的生命，尊重人的自由意志，一切为了人民的自由与创造。我们要吸取中华优秀传统文化中的思想精华，结合马克思主义与西方近现代文化中的精华，对中国文化予以重建。当然，对人民大众有一个提升、教化的过程，但更多的是人民大众的自我教育。现代书院就是人民自我教育的很好的形式，它是提高人们的科学、人文与道德素养，引导人们安身立命，实现人民的自由而全面发展的新学校。中国文化提供的价值导向，既有益于人们的身心健康，也可以为各文明提供参鉴。

本书系拙文的汇集。在统稿的过程中，得到我的忘年交谢远笋副教授的悉心帮助。他通读了全部书稿并做了认真的修订。

本书是“国家社会科学基金资助学术通俗读物”，在此表示感谢。本书还得到了中国人民大学出版社王琬莹编辑及其团队的指点，没有他们的精心策划与认真编辑加工，就不会有本书的出版。

衷心期待读者的批评指正。

郭齐勇
2024 年 6 月 13 日

目　录

五经：凝结中华人文精神

“经”为传统中国的政教之本。“经学”作为古典学术，博大精深，源远流长，两千多年来影响甚巨，渗透到社会的各个层面。五经、十三经是中华文化的根底。我更重视的是阐释、弘扬五经的精神，这是中国传统的人文精神。在此，我们略论五经的精神及其现代意义。

一、经、五经与十三经

所谓“经”，是相对于“纬”而言的，原指治丝、织布的纵线。纵线为经，横线为纬。许慎《说文解字》云：“经，织也，从系，巠声。”“经”，引申为组织。后世有人又将其引申为经常的“常”，也有人引申为路径的“径”。由此，“经”就成为常道或路径。刘勰《文心雕龙》云：“经也者，恒久之治道，不刊之鸿教也。”足见古人对被尊为“经”的经典的崇敬，以之作为长久地安邦治国的根据、不可变易的权威。

“经”这个名词起源于战国晚期，此前只是称《诗》（或《诗三百》）、《书》、《易》云云。据《庄子·天运》：“孔子谓老聃曰：‘丘治《诗》《书》《礼》《乐》《易》《春秋》六经，自以为久矣。’”这句话至少说明，在战国晚期，人们已承认有了六部重要的经籍、典册。

《诗》《书》《礼》《乐》《易》《春秋》六经，是先秦最重要的文化典籍，是诸子百家共同的源头活水。后《乐经》失传（一说没有此书），遂成五经。东汉时加入《论语》《孝经》，共七经。唐承隋制，以“明经”科取士，《礼》分为三：《周礼》、《仪礼》、《礼记》（指《小戴礼记》）；《春秋》分为三：《春秋左传》《春秋公羊传》《春秋穀梁传》。因将《论语》和《孝经》排除在外，故为九经，即：《诗》《书》《周礼》《仪礼》《礼记》《易》《春秋左传》《春秋公羊传》《春秋穀梁传》。

晚唐文宗时，在九经基础上加入《论语》《孝经》《尔雅》，共十二部儒家经典被刻成石经放置于太学内，遂成十二经，史称“开成石经”或“开成十二经”。宋代《孟子》地位提升，至宋末，因受朱子《四书章句集注》影响，加入《孟子》，故为十三经。

葛覃亲采图（清　焦秉贞绘）

二、六艺之学

“六经”又称“六艺”。“孔子曰：‘六艺于治一也。《礼》以节人，《乐》以发和，《书》以道事，《诗》以达意，《易》以神化，《春秋》以义。’”（《史记·滑稽列传》）这说明了六艺的功用。

周代的官方教育，是以六艺为中心的教育。孔子办私学，继承了这一传统。在他的教学生涯中，他把可搜集到的历史文化材料加以精心整理，历代相传的“六经”基本上是经过孔子和他的学生不断整理、补充而流传下来的。

儒家教育的中心与重心是通过六艺之学培养君子人格。在这里，六艺之学既指礼、乐、射、御、书、数，又指六经（《诗》《书》《礼》《乐》《易》《春秋》）。六艺之教不仅是内容，也是方法；既强调技艺的培养，寓教于礼、乐、射、御、书、数之中，又重视理解经典、实践经典，以陶冶君子。

以学习六艺（主要是礼乐）作为下手功夫去修养自己，是自觉而又自愿的，也是生活实践式的。点滴积累，可以丰富自身，调节性情，增加文明含量，通晓历史经验，提升人生境界。君子如此，又可以影响民众，即通过君子的行为影响公共事务与民间风俗，以六艺教化人，故有《诗》教、《书》教、《礼》教、《乐》教、《易》教、《春秋》教。

孔子说，不学礼，在社会上就无法立足（“不学礼，无以立”）；不学诗，简直就不会说话（“不学诗，无以言”）。在春秋时代，社交场合都要对诗，不学诗的人无法处理国政。有人说，《诗》相当于文学课，《书》相当于政治课，《礼》相当于道德伦理课，《乐》相当于音乐美术课，《易》相当于哲学课，《春秋》相当于历史课。这种说法虽不尽贴切，但也不无道理。①

《礼记·经解》云：“孔子曰：入其国，其教可知也。其为人也，温柔敦厚，《诗》教也；疏通知远，《书》教也；广博易良，《乐》教也；洁静精微，《易》教也；恭俭庄敬，《礼》教也；属辞比事，《春秋》教也。”其大意是说，进入一个国家，就可以看出这

① 参见郭齐家：《中国教育史》上卷，人民出版社，2015，第 57 页。

个国家对民众教化的情况。那里的人们如果温和柔顺、朴实忠厚，那是《诗》教的结果；如果知识通达而又了解历史，那是《书》教的结果；如果豁达、平和、善良，那是《乐》教的结果；如果纯洁、文静、细腻，那是《易》教的结果；如果端庄、节俭、恭敬，那是《礼》教的结果；如果善于辞令和铺叙，那是《春秋》教的结果。春秋时不仅中原诸国，连楚国也以六经来培养太子与卿大夫的子弟。

古人关于六经（及六经之教）的内容、特性、功能，大致可以归纳如下：

书名	类型	意义	内容	特性	功能
《诗》	言志	达意	会古今之志	长于风	温柔敦厚
《书》	言事	言事	记先王之事	长于政	疏通知远
《礼》	言行	节人	纲纪人伦	长于行	恭俭庄敬
《乐》	言和	发和	平和善良	长于和	广博易良
《易》	言阴阳	言化	会天道人道	长于变	洁静精微
《春秋》	言名分	言义	会古今之事	长于治人	属辞比事

六经的排列次序，战国与西汉初年的典籍中一般为《诗》《书》《礼》《乐》《易》《春秋》。东汉班固等撰《汉书》，其中的《司马迁传》与《艺文志》，把《易》列为六经之首。《艺文志·六艺略》的排法是《易》《书》《诗》《礼》《乐》《春秋》，尔后直至《十三经注疏》，基本上都是这种排法。以《易》为首，《书》《诗》次之，这是从各经的产生源头来排列的。

西汉文景之治时，已立《诗》《书》《春秋》博士，武帝时又置《易》《礼》博士，故汉武帝时，朝廷已设立了五经博士。五经是中华文化的源头，是中华文化的根据。章学诚《文史通义》说“六经皆史也”，说这些经书其实就是史书，保留了大量的古代社会生活的史料。

六经对于中国古代的影响是深刻的。中国是礼仪之邦，中国人喜欢遵守社会公德，守规矩、讲礼节，这是受《礼》的影响；中国人是乐观主义、浪漫主义的，喜欢琴棋书画、吹拉弹唱，这是受《诗》《乐》的影响；中国人的性格是多方面、多层次的，关心政治，酷爱历史，追求哲理，这是受《书》《春秋》《易》的影响。

经与经学是天、地、人、物、我协调发展的理论，不仅有助于保护人类生存的生态环境，而且有助于解决人的精神安顿与终极关怀的问题。现代人的心灵缺乏滋养，其生命缺乏寄托。而现代化的科技文明并不能代替现代人思考生命与死亡等的意义和价值的问题。五经学说可以扩大我们的精神空间，避免价值的单元化和平面化，避免西方"现代性"所预设的价值目标的片面性，从而批判工具理性的恶性膨胀。儒学的安身立命之道可以丰富我们的人生，提升我们的人格境界，陶冶性灵，解脱烦恼，缓解内心的紧张，超越物欲的执着，复活人文理想的追求，使人真正过着人的生活。儒家精神对 21 世纪的社会和人生，肯定会起着越来越大的作用。

经与经学的生命力仍在民间。儒学本来就具有平民性格，是民间学术。几千年来，它代表着社会的良知，担当着社会的道义，以道统即其"领导精神"，制约、指导着政统与治统，其依托或挂搭处则是民间自由讲学。随着我国现代化的发展，民间书院、民间研究所、民间刊物的兴盛已是必然的趋势。儒学一定能适应现代生活的发展，返回民间，扎根于民间。今天，我们亦需要做类似于由五经传统向四书传统转移那样的努力。儒学精神的现代转化一定会取得成功。

经与经学在现代社会的创造性转化有助于促进自然、社会、人类协调和谐地发展，克服民族及人类素质的贫弱化和族类本己性的消解。一个人，一个族类，必然有自己的精神根源与根据，必然有自己终极的信念、信仰。儒学资源是21世纪中国与世界重要的精神食粮。

我曾于2010年8月23日在《光明日报》（国学版）上发表了《试谈"国学"学科的设置》一文，我现在仍然坚持该文所表达的观点与看法。鉴于"国学"范围太广，设置学科有一定难度，为方便学科建设，我建议尽快设置"经学"学科。

近百年来，特别是20世纪50年代初至改革开放初期，经学的研究与教育工作实际上已被废止。近十多年来，经学研究在学术界有了复兴的迹象，但仍未自觉化。为存亡继绝、培养人才，经学学科宜尽快恢复。如果说，史、子、集还有现代学科与之相近（只是相近）的话，那么，经学在今天没有与之相近的学科，故尤其应当复兴。愚以为，如经学作为学科门类建设的话，下面可以设四个一级学科：单经的研究、群经的研究、经学史的研究、今古文经学的研究等。在单经的研究下，可设诗、书、易、礼、春秋、四书学等二级学科。经学研究的基础是小学，小学历来是广义经学的一部分，故小学也可以作为经学学科下的一级学科。在小学基础上的经与经学的研究，分门别类、异常繁复，应有学术力量做精细的研究，并传承下来。

三、《易》《书》《礼》三经的智慧

限于篇幅与学力，这里我们只能略述《易》《书》《礼》三经的部分意义，从中体会五经的智慧。

1.《周易》的天道人事系统

古《易》有三种类型，即《连山易》《归藏易》《周易》，前两者早已亡佚，今仅存《周易》，分为《易经》《易传》两大部分。“易”有三义，即变易、简易、不易。

《周易》是讨论宇宙世界变化的典册，而万事万物的变化之中又有不变的常则；《周易》的方法简单易行，强调以简单统御繁复，又化繁复为简易。

《易经》有六十四卦的卦辞和三百八十四爻的爻辞，尽管这些筮辞在内容上缺乏内在联系，但在形式上却编排成有条理的体系。据说是伏羲作八卦，文王演《周易》，即重叠八卦成六十四卦而形成了《易经》。从《易经》卦爻辞中所保留的社会历史资料来看，有些卦爻辞在殷周之际就有了。《易经》不出于一时一人之手，其卦爻辞是长期积累的产物，大约编纂于殷末周初。而且从西周到汉代，很可能有不同的筮占体系，《易经》也有不同的编排系统，其卦爻辞日渐丰富，其具有数学变化规律的形式系统也日渐严整。

每一卦和爻均有简短的卦辞和爻辞。开始时，两爻并不代表阴阳，很可能是长短蓍草的象征，以后才逐渐有了奇偶的意思。由一长两短或两短一长蓍草的不同排列，就有了经卦。八卦在开始时也不具有象征天、地、雷、风、水、火、山、泽等事物的意义，以上意义都是春秋时人们增加的。

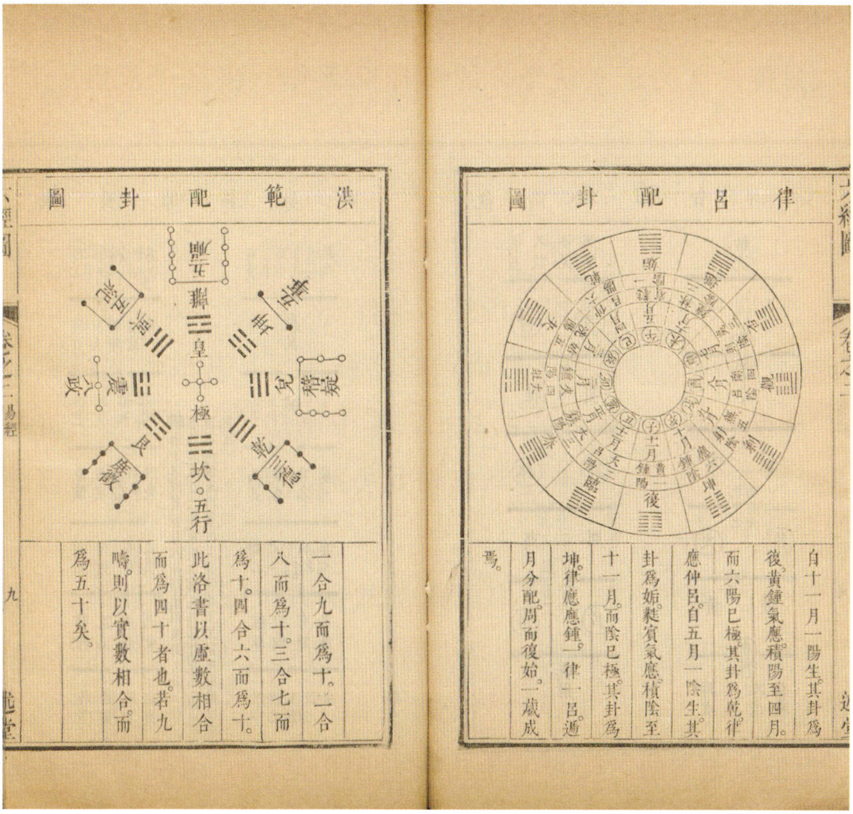

《易经》

《易经》把天道与人事，自然现象、社会现象与人事活动，自然变化的律则与社会人事的条理联系起来，强调了两者的同一性及相互感应，强调从广大的时空范围考虑问题，以及自然和社会人事的平衡与和谐。《易经》肯定事物的永恒变化发展，以及事物内在不同力量、动能、势用的相对相关，相互转化，相反相成。《易经》启发人们理解世界的根本原理、变化法则，又启发人们适应发展变易的世界，以良好的心态与修养境界对待自然、社会、人生与人身的变化，趋利避害，并能动地发挥人的作用，使人与天地相互配合、相得益彰。

《易传》是关于《易经》的解释性著作，包括《彖传》上下、《象传》上下、《系辞传》上下、《文言传》、《说卦传》、《序卦传》、《杂卦传》等七种十篇文章，被称为“十翼”。这十篇文章不是一人一时所作。据专家们研究，当与孔门后学有关，形成并流传于战国时期，定型于汉代。汉代经师把《彖传》《象传》《文言传》的内容附在相应的六十四卦经文后面，起注解作用，其他传文仍独立成篇。《易传》是一部哲理方面的书，集中阐述了形上学、宇宙发生论、生命哲学观、道德哲学与思维方法论，其中不少观点与概念对后世有很大影响。

第一，《易传》确立了中国哲学的宇宙生成论的理路。《系辞传》上曰：“是故易有太极，是生两仪。两仪生四象，四象生八卦。八卦定吉凶，吉凶生大业。”“太极”即“道”，是宇宙的本原、开始。由混沌状态的“太极”生出天地阴阳之气（两仪），由天地阴阳之气的交感、阖辟、动静、往来、屈伸，生化出四象（春、夏、秋、冬；少阳、老阳、少阴、老阴），由四象生成八卦。八卦模拟万物，如天、地、山、泽、风、雷、水、火等物象；八卦重而为六十四卦，象征万物错综复杂的关系。人们协调、把握其中的主要关系，可以在变化的世界中趋利避害，创造人类的文化与制度文明。

《易传》认为，乾阳与坤阴二气是生成宇宙万事万物的本原与动因。乾阳为主动性的精神（或物质）的微粒及能量。坤阴为承接性的精神（或物质）的微粒及能量。阴阳合和，化生万物。乾元的运动变化，如云行于天，雨施于地，促成万物生长；坤元柔顺，资生、包容、承载万物，万物依坤元凝聚成各各不一的形态而存在、发展。地德与天德结合，作用广大无穷；地包容宏大的阳气，使万品物类无不亨通。阴阳合德就是阴阳交感。刚柔指阴阳的特性，刚柔有体与阴阳合德是互文见义，指阴阳交感可以产生有形可见的物体。天地不言而百物滋生，万象森然。通过自然现象，人们可以体会到天地的作为好似无言的撰述，天地的造化好似鬼斧神工。《易》的爻卦之变就是模拟天地造化，《易》之理即其中神妙的智慧。一开辟一闭藏，一动一静就是变，往来无穷叫作通，显现出来的是象，有形体的是器。《周易》的智慧可以帮助人们效法自然，裁制象、器并加以利用。人们在利用时有出入、改动，百姓日用而不知其所由来，以为神奇。

由阴阳二气感通交合，自然生成宇宙万象的过程、途径即"道"。"一阴一阳之谓道……盛德大业至矣哉！富有之谓大业，日新之谓盛德。生生之谓易。"（《系辞传》上）"阴阳"不是"道"，"一阴一阳"才是"道"。"道"就是阴阳之气运动不息、动态统合的过程。这是生命之道，其生育万物的德业无以复加："富有"指在空间上广大富有，大而无外；"日新"指在时间上悠久无疆，久而无穷。这就是"可大可久"。阴阳之道化育万物，不断地新陈代谢，这种状态就是"生生"，就是"变易"。

第二，《易传》确立了天道、地道、人道相统一的系统论思维模式。《易传》的自然生化之"道"是没有形质、不露形迹、变化莫测的，也不具有目的性，而由"道"生化出来的东西是实有其形质的器物。所以《系辞传》上曰："是故形而上者谓之道，形而下者谓之器。"《易传》之"道"具有包容性，综合了天、地、人三大系统：

《易》之为书也，广大悉备。有天道焉，有人道焉，有地道焉。兼三才而两之，故六。六者非它也，三才之道也。(《系辞传》下)

昔者圣人之作《易》也，将以顺性命之理。是以立天之道曰阴与阳，立地之道曰柔与刚，立人之道曰仁与义。兼三才而两之，故《易》六画而成卦。(《说卦传》)

《周易》一书，内容丰富，一切具备。八个经卦是三画，六十四个别卦是六画，都是天、地、人三才统一的象征。《周易》以卦体中的爻的变动和卦的变动，象征三大系统之间及各系统内部的内在生命力的作用与变化。古代圣人集中民间智慧，取象于天地人事，编撰了《周易》，并用来顺应天地自然、事物本性的原理。事物内在的矛盾性由此确立：一阴一阳的相对相关是宇宙变化的自然法则；一柔一刚的相对相关是万物变化的根本原理；一仁一义的相对相关是处理社会关系的基本原则。兼天、地、人三才再加上重复，所以是六爻成为一卦。既然统合了天、地、人三大系统，《易传》之"道"就是普遍、客观的。

第三，《易传》确立了性善论的道德哲学和创造生命论的价值系统。"一阴一阳之谓道，继之者善也，成之者性也。""成性存存，道义之门。"(《系辞传》上）这里讲的是天地阴阳之气使万物得以生、成、长、养。人承接天地之气，继承"道"而参与、赞化天地万物，这就是善，成就天道的事业正是人的本性。《易》道即天地之道，帮助、促进、坚定万物各自的本性，保存万物的存在。道义正是从这里产生的。在人性论上，这就蕴含人的善性源自天道，源自宇宙生生之德，同时又强调人的后天努力，即效法天道、扩充其性的双重含义。

《乾·彖传》："乾道变化，各正性命。保合大和，乃利贞。"天道的变化，使万物各得其本性与命运的正常状态。保持住冲和之气（四时之气的协调），有利于人们走上正道。这里强调天地之气通泰的场域，以确立、保护人性的庄严与人道的正途。

三才之道是怎么来的呢？是顺着天道下贯而来的，是顺天、地、人的性命之理而来的。就人之道而言，是义理、仁义。道是过程，理是其中的道理。人之本性也就是人所以为人之理，按《易传》的讲法，这是乾道下贯的结果。这是从宇宙论的进路来讲人性。"性命"两个字可以连用，就是天赋予人的性、理；顺着这"性命"之理，是道之所以行。"性""命"两个字也可以分开来说："性"就是"理"，"命"则兼有"气"。《易传》的人性论与《中庸》的"天命之谓性，率性之谓道"云云既有相通之处，也有区别。它既包含天赋人性说，即"天命之性"是善的，具有一种超越意义、价值意义，又不排斥才质主义的"气命之性"，即人的才质在天地之气的流行中形成，气可以活动，气也有力量。这就为尔后哲学史上的"天命之性"与"气质之性"、"理"与"气"之争埋下了伏笔。

《易传》认为，人性源自天地之性，人道赞化天地之道。《乾·象传》曰："天行健，君子以自强不息"；《坤·象传》曰："地势坤，君子以厚德载物。"君子效法天地，既有刚健自强、积极入世的精神，又有承受、宽容、协调、合作的能力，用深厚的德泽来化育万物。

与天地的大生、广生之德相匹配，《易传》强调人在人事活动中崇德广业、进德修业。“夫《易》，圣人所以崇德而广业也。”（《系辞传》上）“君子进德修业。忠信，所以进德也。修辞立其诚，所以居业也。”（《乾·文言传》）以上都是借用孔子的话来说的。推尊人的智慧、德性，发展社会人事的各项事业；讲求忠信，提高品德；修饰言辞，立足于诚实，以诚信来处理事务。“精义入神，以致用也；利用安身，以崇德也。过此以往，未之或知也；穷神知化，德之盛也。”（《系辞传》下）这也是引用或假托孔子的话。意思是精通往来相推、屈伸相感等自然之理，致用于人事，以屈求伸，以蛰求存，达到神妙的境地。用自然之物、事物之理来安顿自己，提高才德。除此之外，没有更重要的事了。研究、体悟事物变化之道的神妙，理解其深刻的理据，是最高的智慧。

《易传》肯定、推进人间的事业，强调“化而裁之谓之变，推而行之谓之通，举而错之天下之民谓之事业”（《系辞传》上）。即顺应客观事物发展的规律，把握契机，适时加以裁断，或修订、改变定制，使之合宜，加以会通，将这些政策与成果用在老百姓身上，这就是事业。《易传》强调“能成天下之务”“开物成务”，即开创事业，成就天下的事务。作者主张用《易经》“通天下之志”，“定天下之业”，“断天下之疑”，即启其智、明其德、决其疑、成其业、制其法、利其民。这都充分表达了儒家学者努力提高智慧、品德，积极有为地开创有利于老百姓的事业的思想。这是开拓式的修养论，是德业双修的理路。

2.《尚书》的政治哲学

《尚书》流传的历史非常复杂，其中常伴随有古文经学与今文经学之争，以及古文经学、今文经学内部的争论。总体上说，《尚书》即书经是记载虞、夏、商、西周、春秋时期的君王的言论与行事之书，保留了彼时的一些典章制度。除《禹贡》一篇是古地理专书外，其他各篇都是典、谟、诰、训、誓、命等，记载的是今天所谓政治、军事、伦理、法律、宗教、哲学的内容。

自汉代立为学官以来，《尚书》就成为重要的儒家经典。其中，虞、夏、商、周时期“敬天”“保民”“明德”“慎罚”的思想一直是后世儒家的思想渊源。

我们知道，在中华文明史上，自然诸神灵的统一与地上诸部落的统一几乎是同步的。所谓“上帝”与“帝”是先民想象的，统率自然界各自然现象、自然力、自然神灵的最高统治者、最高权威。而统率人间各部落与部落联盟的首领（本来就是政治与宗教一身而二任的人物），需要且比较方便借助上天的权威，来加强自己对各种社会力量的控制。于是，“上帝”“帝”“天”“天命”亦成为夏、商、周三代王权之政治合法性的根据。从《尚书·舜典》的资料中，我们不难看到，舜在接替尧担任首领时，主持了庄严肃穆的宗教仪式，首先祭祀“上帝”天神，然后祭祀其他自然神灵。这种虔敬的宗教仪式也是舜在政治、军事上取得统治合法性的象征。

夏禹征服三苗，夏启讨伐有扈氏，都是假天与天神的命令为根据的。

> 有扈氏威侮五行，怠弃三正，天用剿绝其命，今予惟恭行天之罚。……用命，赏于祖；弗用命，戮于社……（《尚书·甘誓》）

大禹图

夏启在甘这个地方发表征讨有扈氏的誓词。其理由是：有扈氏轻侮了水、火、木、金、土等五行之官，荒废了主管正德、利用、厚生等政务的三事之官，扰乱了自然与人间秩序。夏启与有扈氏都是姒姓后裔，应属同族。而他在动员会上说，凡服从命令且有功的部族与将士将在祖庙里得到赏赐，不服从命令的则在社稷坛被杀。于此看来，祖宗崇拜与天神崇拜一样，与王权政治相结合。商本是夏的附属国。商汤在讨灭夏桀的动员会上发表誓词：

格尔众庶，悉听朕言。非台小子敢行称乱！有夏多罪，天命殛之……夏氏有罪，予畏上帝，不敢不正。（《尚书·汤誓》）

足见殷商继承了夏代的“上帝”“天神”崇拜，也继承了以“天命”神权为政治合法性根据的做法。殷墟甲骨卜辞中有大量的贞卜辞、占辞、记验辞。人们通过卜师（贞人）向帝、上帝或其他神卜问祭祀、征伐、耕作、年成、风雨、田猎等事，以龟卜决疑。殷人信仰帝与上帝，不过帝与上帝并不是西方宗教的“创世者”。在殷代，卜辞之帝即殷之高祖夒，天神上帝与祖先合而为一。这一传统也是从夏代开始的。

及至周代，作为附属国的小邦周取代大殷商，其政治的合法性仍以上帝、天神之命为根据。周武王死后，成王年幼，周公代行王政，在讨伐武庚等人的叛乱时，曾以《大诰》布告天下，仍然用夏、商的老办法进行政治动员：

已！予惟小子，不敢替上帝命。天休（按：嘉美之意）于宁王（按：宁王即文王），兴我小邦周，宁王惟卜用，克绥受

> 兹命。今天其相民，矧亦惟卜用？呜呼！天明畏（按：即威），弼我丕丕基。（《尚书·大诰》）

周公启用文王传留下来的大宝龟，去占卜天帝的意旨，从卜辞里得到天帝的命令。他说："我不敢违背天帝的命令。上天庇佑文王，使我们小邦周兴旺起来。文王按占卜办事，故能承受天帝的大命。现在上天仍庇佑我们周人，况且我们也应该依照占卜去办事。天已显示了它的威灵，庇佑我们完成这伟业。"

前面我们说到，夏代已开始了天神崇拜与祖宗崇拜的合一。在夏、殷、周的祭祀活动中，只有王者才有资格祭天，祭天的大祭师（也是王者）又总是以其先祖作为配祭。这就是所谓的"以祖配天"。原因正如《礼记·郊特牲》所说，万物的本源是天，人的本源是祖，所以祭天帝至上神时要以远近的先祖作为配享。追思天神，也追思先祖，时时要想到报答他们的恩德，返回身心的源头，不致忘本。

在殷、周之际的革命中，较之夏、殷两代的主政者，周公等人的观念发生了一定的变化，即把"以祖配天"发展成"以德配天"，把血缘性的祖宗崇拜，发展为政治与道德性的祖宗崇拜，把外在性的天神崇拜，逐渐内在化、道德化。这些变化对整个中国文化史、思想史的走向起了决定性的作用。

我们不能说殷商时代只有宗教意识而无道德意识。实际上在盘庚迁都的几个文诰中，我们已经能感受到道德性的诉求。"呜呼！古我前后（按：君主），罔不惟民之承保。后胥戚。鲜，以不浮于天时。殷降大虐，先王不怀厥攸作，视民利用迁。"（《尚书·盘庚中》）“今我民用荡析离居，罔有定极，尔谓朕。曷震动万民以迁！肆上帝将复我高祖之德，乱（按：治理）越（按：于）我家。朕及笃敬，恭承民命，用永地于新邑。”（《尚书·盘庚下》）盘庚说：“从前我的先王没有不尽心爱护人民的，臣民也互相体谅，无不顺从天意行事。以前上天降灾给殷，先王不敢留恋旧都，为保护人民的利益而迁都。”又说：“我们遇到大水灾，人民没有安居之处。我为什么要兴师动众迁都呢？上帝降大灾，是叫我们迁到新都，恢复高祖的事业，振兴我们的国家。我诚恳小心地顺着上帝的命令去办事，我尽心地去拯救人民。”在盘庚的这些训诫中，已包含了尊重民意、民利和当政者的笃诚敬业精神，有了一点点人文主义的萌芽。当然，殷代仍以敬事鬼神为主。

小邦周取代大殷商以后，周初人们进一步有了人文的自觉。这种自觉源于他们以小邦承受大命，又面临内外的叛乱，总结夏、殷两代的“天命”得而复失的教训，不能不有一种忧患意识。强大的夏、殷王朝分别在桀、纣手中一朝败亡，说明“天命”是可以转移、变更的。在《康诰》中，周公告诫康叔“惟命不于常”，命是可以更改的，关键是主政者要“明德”“敬德”。他指出，文王能够“明德慎罚”，即修明自己的德性，小心谨慎地处理刑罚事务，不欺侮鳏寡孤独，勤恳、诚敬、审慎、敬畏，任用、尊重贤人，惩罚坏人，其德行在人民中非常显著，上帝知道了，便降给他灭殷的大任。在《召诰》中，周公指出，“我不可不监于有夏，亦不可不监于有殷”。夏、殷灭亡的教训是“不敬厥德，乃早坠厥命”，因而“皇天上帝改厥元子，兹大国殷之命”。夏、殷违背了天道，因而丧失了天命。周公告诫成王“不可不敬德”，“王其疾敬德！王其德之用，祈天永命”。周人把天神与鬼神作为人间政治与道德的立法者、评判者，使人们崇拜的对象有了可以认识的内容，在宗教神学里加入了尽人事的理性活动。他们改造夏、殷两代的王权神授论，不仅创造出天子说，假天神权威为王权的合理性做论证，而且创造出天命转移论，假天神权威对君主的权力做出一定的限制和道德约束，又赋予君主不仅要治理人民，而且要教化人民的双重责任。

周初人们认识到“天命靡常”（《诗经·大雅·文王》），“皇天无亲，惟德是辅”（《左传·僖公五年》引《周书》）；“天惟时求民主”，人主只有敬慎其德，治理好国家，“保享于民”才能“享天之命”（《尚书·多方》）。周初人们的“敬”“敬德”“明德”的观念，是一种充满责任感的忧患意识，从把责任、信心交给神转为自我担当。“如临深渊，如履薄冰”，这种由警惕性而来的心理状态，具体表现为精神敛抑集中，对政务和事业谨慎、认真，对自己的行为负责，不同于宗教的虔诚。这不是消解主体性，而是自觉、主动、自省地凸显主体的积极性与理性。这是中国人文精神最早的表现，是以“敬”为动力的、具有道德性的人文主义或人文精神。

周公提出的“敬德保民”“敬德安民”等一系列人道主义的思想是非常深刻的，在社会实践中起过一些作用。从考古发掘上看，周代与殷代很大的不同，是人殉与人牲的现象大大减少。周初的统治者已认识到人民的生命、生活与意志、意向的重要性，将其抬高到与天命同等的地位，要求统治者通过人民生活去了解天命。也就是说，天意是通过民意来表现的，王者要以民为镜，从民情中去把握天命。这就是“天视自我民视，天听自我民听”（《孟子》引《尚书·泰誓中》）；“民之所欲，天必从之”（《左传·襄公三十一年》引《尚书·泰誓上》）；“古人有言曰：人无于水监，当于民监”（《尚书·酒诰》）。这是我国民本思想的源头。

《洪范》属《周书》，是中国政治哲学的重要经典。洪范九畴，就是九种治国的根本大法。“初一曰五行，次二曰敬用五事，次三曰农用八政，次四曰协用五纪，次五曰建用皇极，次六曰乂用三德，次七曰明用稽疑，次八曰念用庶征，次九曰向用五福，威用六极。”（《尚书·洪范》）其中的五行思想、皇极中道思想、天人相关思想等，对于后世有非常深远的影响。“无偏无陂，遵王之义；无有作好，遵王之道；无有作恶，遵王之路。无偏无党，王道荡荡；无党无偏，王道平平；无反无侧，王道正直。会其有极，归其有极。”（《尚书·洪范》）皇极中道思想成为儒家政治理念的重要内涵，而以君主为中心的政治统治也以此为自我约束的理想法则。天人相关思想，特别强调诚敬、和谐及以天道为法则等方面，也是中华传统文化的重要内容。

《尚书》的内涵与意义非常丰富，以上我只是就其政治智慧的某些方面做出评介，以窥见其在中华文化史上的价值与地位。

3.《礼》的理念与制度建构

中华文明传承过程中，三礼及三礼之学随着时代，随着礼器、礼仪、礼乐、礼典、礼俗、礼法、礼治、礼教的因革损益，不断发生变化，到现代则几成绝学，但其中有一些因素仍积淀在我们的生活方式和族群的记忆之中。“礼”本起于民间习俗和原始宗教活动。

“礼”的涵盖面很广，一般说来，是社会规范、制度、法规与行为方式。传统中国没有今天分科的学问，如社会、政治、法律、伦理、宗教、艺术、哲学等，这些内容其实都在“礼”之中。

“礼”发展为“礼制”，其功能主要是确定亲疏、远近、贵贱、上下的等级，确立君臣、父子、兄弟、夫妇的社会结构，整饬风俗，节制财物之用，理顺社会秩序并约束贵族的生活，等等。春秋中期，鲁国曹刿指出：“夫礼，所以整民也。故会以训上下之则，制财用之节；朝以正班爵之义，帅长幼之序”（《左传·庄公二十三年》）。这就是说，礼的作用是整饬社会生活秩序，确立上下等级，规定官员职责，节制财物之用，维护长幼之序。《礼记·曲礼上》曰：

> 夫礼者，所以定亲疏、决嫌疑、别同异、明是非也……道德仁义，非礼不成；教训正俗，非礼不备；分争辨讼，非礼不决；君臣上下，父子兄弟，非礼不定；宦学事师，非礼不亲；班朝治军，莅官行法，非礼威严不行；祷祠祭祀，供给鬼神，非礼不诚不庄。

足见“礼”是社会的等级规范，“礼”使整个社会生活秩序化。

“礼”在一定意义上就是“法”，即所谓“礼法”，这里面当然有时代与阶级的局限性，但我们不能不承认，在群婚制之后，随着一夫一妻制的逐渐确立，父权制家庭与私有制、阶级、国家的形成，这些由男女之别、伦理秩序不断扩展的“礼法”就是所谓“进步”与“文明”的标志和结晶，其等级规范整合了整个社会生活并使之有序化。当然这里不仅仅具有“法”的意义，更重要的是其中有早期信仰和道德价值。

按荀子的看法，社会的整合、维系及秩序化，靠社会分工及等级名分制度加以确立。“礼”的作用是“别异”“定伦”：“礼别异”（《荀子·乐论》），“礼以定伦”（《荀子·致士》）。伦就是序，这里指血缘关系，更指社会属性和等级秩序。荀子说：“礼者，贵贱有等，长幼有差，贫富轻重皆有称者也。”（《荀子·富国》）“故尚贤使能，等贵贱，分亲疏，序长幼，此先王之道也。”（《荀子·君子》）他又说：

> 礼也者，贵者敬焉，老者孝焉，长者弟焉，幼者慈焉，贱者惠焉。（《荀子·大略》）
>
> 国无礼则不正。礼之所以正国也，譬之犹衡之于轻重也，犹绳墨之于曲直也，犹规矩之于方圆也，既错之而人莫之能诬也。（《荀子·王霸》）

一个国家没有礼就没有处理政务的尺度，没有规矩方圆就寸步难行。

就治理家国天下的事务而言，礼以遇事符合一定的节度，无过无不及，做得恰当为可贵。当然，不是为恰当而恰当，这里有文化价值的内涵。但以一定的规矩制度来节制人们（尤其是为政者）的利欲、言行，则是礼的主要功用。这其中蕴含的“节度”的观念是值得发掘的。

“子曰：‘礼乎礼！夫礼，所以制中也。’”（《礼记·仲尼燕居》）

“礼”与我国思想史上的“中庸”“中和”“中道”“适中”的传统有着密切的关联。这其中蕴含的“度”的观念，动态平衡、执两用中的观念亦是值得发掘的。

> 大上贵德，其次务施报。礼尚往来，往而不来，非礼也；来而不往，亦非礼也。人有礼则安，无礼则危，故曰：礼者，不可不学也。夫礼者，自卑而尊人。虽负贩者，必有尊也，而况富贵乎？富贵而知好礼，则不骄不淫。贫贱而知好礼，则志不慑。（《礼记·曲礼上》）

这一交往原理包含如下内容：以德为贵，自谦并尊重别人，讲究施惠与报答，礼尚往来。无论富贵或贫贱，都互相尊重，互利互惠。这里我们尤其强调对于负贩者、贫贱者的尊重。

孔子批评有的为政者对百姓“动之不以礼”，强调爱惜民力，“使民也义”，“节用而爱人，使民以时”。这里又提到对负贩者、贫贱者等弱者的尊重和对等的施报关系。过去我们对“礼不下庶人”的理解有误，据清代人孙希旦的注释，“礼不下庶人”说的是不为庶人制礼，而不是说不以礼对庶人或庶人无礼制可行。古时制礼，自士以上，如冠礼、婚礼、相见礼等都是士礼，庶人则参照士礼而行，婚丧葬祭的标准可以降低，在节文与仪物诸方面量力而行。

尽管“礼”与“乐”有不同的侧重，“礼”主别异，“乐”主合同；“礼”主治身，“乐”主治心；礼自外作，乐由中出，但“礼”“乐”是相互配合发生作用的，特别是来“管乎人心”的。礼乐教化能和谐社会并提升百姓。

且乐也者，和之不可变者也；礼也者，理之不可易者也。乐合同，礼别异，礼乐之统，管乎人心矣。（《荀子·乐论》）

乐者为同，礼者为异。同则相亲，异则相敬。乐胜则流，礼胜则离。合情饰貌者，礼乐之事也。礼义立，则贵贱等矣。乐文同，则上下和矣。好恶著，则贤不肖别矣。刑禁暴，爵举贤，则政均矣。仁以爱之，义以正之。如此，则民治行矣。（《礼记·乐记》）

乐，所以修内也；礼，所以修外也。礼乐交错于中，发形于外，是故其成也怿，恭敬而温文。（《礼记·文王世子》）

以礼乐合天地之化、百物之产，以事鬼神，以谐万民，以致百物。（《周礼·春官·大宗伯》）

三礼大体上体现了先秦儒家的理念与制度设计。透过三礼，一方面我们体验到儒家理念的深刻，另一方面我们又惊叹其制度与规范之建构的全面性。它涉及天、地、人、物、我的各个方面，有一部分制度曾执行过。

其中，有不少制度文明的成果值得我们重视。如有关应对灾荒、瘟疫，予以组织化救治的制度，有关对老弱病残、鳏寡孤独、贫困者等社会弱者的尊重与优待的制度，这些都是极有人性化的制度，且后世对此在理论与实践上都有发展，包含着类似今天的福利国家与福利社会的因素。有关颁职事及居处、土地、赋税、商业的制度和政策中对老百姓权利、福祉的一定程度的关注与保证，有关小民的受教育权与参与政治权的基本保障，有关对百姓施以道德与技能教育的制度，有关刑律制定与审判案件的慎重、程序化与私人领域的保护方面等，也都涉及今天所谓社会公平公正的问题。[①]

儒家在生态方面的很多礼制出自对周代传统礼法制度的继承，从《礼记·月令》《周礼》的很多记述来看，周代应该有专门负责生态资源的部门设置。儒家以礼保护生态资源有三个重要的内容：（1）禁止灭绝性砍伐、捕猎；（2）保护幼小生命；（3）重“时”。儒家坚持从礼的层面认识生态保护问题有重要的意义，儒家的很多主张在后世被纳入律法中，对生态资源的保护起到了切实的作用。先秦儒家认为礼乐的制作来源于神圣的天道，用礼乐之道来处理人与生态系统的关系是顺应“天地”精神的表现。礼乐是儒家体会“天地”与我一体同源的宗教性手段。[②]

四、五经与传统人文精神

经、经学及其历史与我国的社会文化史是相辅相成、相交相融的。儒家发挥了周公、孔子以来的人文主义精神，主要是经的传统在中国传统民间社会中影响最大。经学、儒学是一个不断与时俱进的活传统，也可以作为中国式现代化的重要精神资源和现代人安身立命的根据。

中华人文精神是人与人、族与族、文与文相接相处的精神，是

① 《〈周礼·地官司徒〉、〈礼记·王制〉中有关社会公正的论述》，载蔡方鹿主编：《经学与中国哲学》，华东师范大学出版社，2009。

② 参见崔涛、郭齐勇：《先秦儒家生态伦理思想探讨》，载邓正来主编：《中国社会科学辑刊》，2010年6月夏季卷（总第31期），复旦大学出版社，2010。

“天下一家”的崇高文化理想。中华文化是“一本相生”的，其全部体系中有一个主要的中心，即以人为本位，以人文为中心。传统的礼乐教化代替了宗教的功能，但不与宗教相敌对，因此不妨称之为“人文教”。

中华人文精神源于五经。周公把远古宗教转移到人生实务上来，主要是政治运用上；孔子进而完成了一种重人文的学术思想体系，并把周公的那一套政治和教育思想颠倒过来，根据理想的教育来建立理想的政治。经周、孔的改造，五经成为中国政（政治）教（教育）之本。经学精神偏重人文实务，同时保留了古代相传的宗教信仰之最高一层，即关于天和上帝的信仰。

钱穆指出：“中国思想以儒学为主流。”① “儒学为中国文化主要骨干。”② 孔子的时代是中国人“人文意识”觉醒的时代。孔子说：“周监于二代，郁郁乎文哉，吾从周。”（《论语·八佾》）孔子把继承了夏、商两代文明而又有所创新的丰富繁盛的“周文”，作为我们民族深厚的大传统。“周文”源于且不脱离原始宗教，而又强调了礼乐教化。孔子点醒了、拯救了周代礼乐文明的活的精神，并将它加以弘扬，这就是“仁”的精神！“仁”是礼乐的内核，没有“仁”的礼乐，只是形式躯壳、虚伪仪节。

中华人文精神其实不是别的，就是孔子“仁学”的精神！“仁”是什么呢？“仁”是人的内在的道德自觉，是人的本质规定性，即孟子所说的人与禽兽的那么一点点差别。“为仁由己”（《论语·颜

① 钱穆：《中国思想史》，台湾学生书局，1985，第 171 页。
② 钱穆：《新亚遗铎》，东大图书公司，1989，第 417 页。

渊》)，“我欲仁，斯仁至矣”(《论语·述而》)，凸显的是人的主体性，特别是道德的自主性。“仁”又是天、地、人、物、我之间的生命的感通，是“天下一家，中国一人”的价值理想。这种价值理想以“己欲立而立人，己欲达而达人”，“己所不欲，勿施于人”等“忠恕”之道作为主要内涵。这可以推广为人与人之间，乃至国家间、民族间、宗教间、文化间的相接相处之道，乃至人类与动植物、人类与自然的普遍和谐之道，是人与天地万物为一体的智慧。

与儒家相比，墨、道两家的视野与理论，皆能超出人的本位而从更广大的立场上寻找根据。墨家根据天，即上帝鬼神；而道家则根据物，即自然。墨、道两家都有很多思想精华和伟大贡献，但无论是从思想渊源还是从思想自身的特点来看，儒家都在墨、道两家之上。这是因为儒家思想直接产生于中国社会历史，最能反映和体现中国社会历史的实际和中国人的生活方式、行为方式与思维方式。先秦以后，历代思想家大体上都是以儒家为轴心来建立自己的思想体系并融会其他诸家的。如果说儒家是正，那么，墨、道两家是反，它们是以批评、补充儒家的面貌出现的。如果说儒家思想多为建设性的，那么墨、道两家则主要是社会批判性的。

孔子和儒家极大地弘扬了人的自强不息、积极有为的创造精神，特别是人在物质文化、制度文化、精神文化诸层面的积极建构，促进文化的发展与繁荣，肯定道德、知识、智慧、文采、典章制度、礼乐教化等。但孔子和儒家在极大地肯定人的文化创造的同时，并没有陷于人类中心主义和人文至上主义的立场，反而谨慎地处理了人文与自然、人文与宗教、人文与科学的关系。

孔子的“仁学”是中华人文精神的内核，是人文主义的价值理想，其不仅是协和万邦、民族共存、文化交流的指导原则，而且也是“人与天地万物为一体”的智慧。无怪乎《全球伦理宣言》的起草者孔汉思先生，把孔子的“己所不欲，勿施于人”作为全球伦理的黄金规则，这是很有见地的。[①]

唐君毅先生曾经指出，现代人所面临的荒谬处境是“上不在天，下不在地，外不在人，内不在己”。中华人文精神，特别是儒家的人文精神，可以化解现代人的危机。如前所述，它强调用物以“利用厚生”，但不可能导致对自然的宰制、控御、破坏；它强调人文建构，批评迷信，但决不消解对于“天”的敬畏和人所具有的宗教信仰。

一般我们说，儒家思想的重心与价值，只是为人类提出一个解决自身问题的共同原则。这些原则本之于人类之心性，本之于社会，本之于历史经验，最为近人而务实。可是，儒家的终极关怀又具有天命根据与冥悟体认的宗教性。“天”“天命”“天道”是宇宙万物、人类生命的本源，是生命意义的价值源头，亦是一切价值之源。儒者彻悟生死和在精神上超越俗世、超越死亡的根据，是天、天道、天命及其对人之所以为人的规定。儒者确实有极其浓厚的世间关怀，然而在其世间肯定之中仍有超越的形而上的要求，即终极的关怀。

儒者为捍卫人格尊严而不惜“杀身成仁”“舍生取义”，儒者“以天下为己任”“救民于水火”的信念目标和救世献身的热诚，尤其是至诚至信、虔敬无欺的神圣感，尽心知性、存心养性、“夭寿

① 参见孔汉思等：《全球伦理》，雅歌出版社，1996。

不贰，修身以俟之”的安身立命之道，都表明了他们具有超越性的品格。儒者的使命感、责任感、担当精神、忧患意识和力行实践的行为方式，特别是信念信仰上的终极承担，都有其超越的理据。

儒家主张人性、物性中均有神性，人必须尊重人、物（草木、鸟兽、瓦石），乃至尽心—知性—知天，存心—养性—事天。至诚如神，体悟此心即天心，即可达到一种精神的境界。儒家并不脱离生活世界、日用伦常，相反，恰恰在庸常的俗世生活中追寻精神的超越。外王事功、社会政事、科技发展，恰恰是人之精神生命的开展。因此，中华人文精神完全可以与西学、与现代文明相融合。正如我们前面所说的，它不反对宗教、不反对自然，也不反对科技，它可以弥补宗教、科技的偏弊，与自然和谐相处，因而求得人文与宗教、科技、自然调适顺遂的健康发展。

重人生、重道德的中华人文精神在几千年的形成与发展过程中，涵盖并包容了自然、宗教与科学技术，并不与它们相对立、相排斥。内在与外在的和合、自然与人文的和合、道德与宗教的和合，是中华人文精神不同于西方人文主义的特点。不了解这些特点，亦无从界定中国民族精神。

中华人文精神提倡的仁、义、礼、智、信、忠、孝、诚、恕等价值，在剔除其历史上附着的负面因素之后，完全可以提炼、转化、活化其合理因素，渗透到今天的社会生活中，进而作为正面、积极、健康的力量参与现代化建设，作为指导价值，治疗现代社会的病症，恢复人的尊严，重建人的意义世界，重构人与天、地、人、物、我的良性互动。

礼乐：安顿人的心灵

礼乐文明十分重要，我们应该继承和创造性地转化。礼之中有不少行为规范，即文明的习惯，在今天仍然有价值。比方说吃饭的时候不要发出声音、用筷子夹起的鱼肉不要再放回盘中、不要专挑一样东西吃、不要侧耳偷听别人说话、答话不要高声喊叫、看人的时候目光不要游移不定、站立要正、坐姿要雅等。这些行为规范都是礼。

《礼记》还有不少道德训诫，这些训诫也具有普适的意义。比如《曲礼上》说："敖不可长，欲不可纵，志不可满，乐不可极。"还有"临财毋苟得，临难无苟免"，这些都是有益我们身心的格言。

我国自古就是礼仪之邦，也就是文明的国家或者文明的民族。礼是什么？儒家的礼是古代社会生活的规范、规矩，它包括等级秩序等。当然礼起源于习俗，儒家的礼节除日常的应事接物以外，重大的礼节像冠、丧、婚、祭、朝、聘、乡、射等，都有它具体的含义。比方说冠礼，在明成人之责，是成年礼；婚礼在成男女之别，立夫妇之义；丧礼在慎终追远，明死生之义；祭礼使民诚信忠敬，其中祭天为报本返始，祭祖为追养继孝，祭百神为崇德报功；朝觐之礼，在明君臣之义；聘问之礼，使诸侯相互尊敬；乡饮酒之礼在明长幼之序；通过射礼可以观察德行；等等。这些古礼包含、综合了宗教、政治、伦理、艺术、美学的一些价值，对于稳定社会、调治人心、提高生活品质都有积极意义。

儒家除了礼教还有诗教、乐教、书教、易教、春秋教等，统称为六艺之教。总体上，这些教育、教化能使人扩充善性，敦厚庄敬，相互和睦，克服人性中负面的东西，能提升人的素养，使人有教养，更加文明。而礼治、礼防、礼教，其根本目的是使社会有序化；乐教，使社会和谐化。

一、儒家重构了礼乐文明并弘扬了其内在价值

礼乐文化是孕育儒家的文化土壤。礼乐文明的出现早于儒家的正式诞生。夏、商都有礼仪，西周礼乐制度完备，但是我们见到的西周的典章制度、礼仪规范，大多是经过孔子之后的儒家改造、重建、整理过的。可以说，儒家重构了礼乐文明，并弘扬了它的内在价值。杨宽先生的《西周史》考证了西周春秋的一些乡遂、宗法、文教等制度，以及社会结构、贵族组织等，可见“三礼”及诸经典所说确有其实，当然也有儒家的理想化、系统化的成分。可见儒家

和礼乐文化的关系是密不可分的。徐复观先生讲，“礼在《诗经》的时代已转化为人文的征表。则春秋是礼的世纪，也即是人文的世纪”①。这个判断也是礼乐早于儒家，而儒家又强化了礼乐。礼是一种人文性的象征。

行礼图（清　冯云鹏《金石索》）

黄侃先生有《礼学略说》一文，特别强调有礼之意、礼之具、礼之文。礼之意也就是礼的内涵与意义，礼之具就是礼的器具，礼之文就是礼的仪节。他引用《郊特牲》所说的“礼之所尊，尊其义也。失其义，陈其数，祝史之事也。故其数可陈也，其义难知也”云云。他指出礼的器具、仪节背后的意义和义理更为重要。他说比方“三年之丧”，原来并不是过度的，而“毁之者不知礼也”，批评

① 徐复观：《中国人性论史》（先秦篇），台湾商务印书馆，1987，第47页。

它的人不知礼义。他又引《檀弓》子游回答有子“丧之踊”之问，以言“礼道”之文，认为“丧礼有不可妄訾者”，“观此则《丧礼》仪文无不具有微意，后世虽不能尽行，而不可以是非古人也”①。所以黄侃先生指出礼的细节中蕴含圣人的微旨，它的意义在于远别禽兽，近异夷狄，也就是今人所谓文明。

礼具是指各种礼器，我们识礼器、学仪礼，首先就要辨其名物。名物必当精究，辨是非而考同异，然后礼意可得明也。所以学习三礼，最难的还是这些名物训诂，但是又非常必要。

礼文是指节文度数，比方说丧礼、祭礼，丧礼主哀，祭礼主敬。但是如果没有器物，没有威仪，那这些感情就表达不出来。宴享相见、三辞三让等，都是礼乐的一些步骤，这些仪节、程序、过程都非常重要。

礼之失则或专重仪文而忘其本意。所以礼意、礼具、礼文这些都很重要，不能偏废，不能减省，正是在细节中才能体会出礼意，但是我们又不能沉溺在礼具、礼文中。相较而言，在礼具、礼文、礼意三者中礼意更重要，而礼具、礼文中蕴含的价值是很重要的。另外，没有仪节就不可以行礼，所以仪文度数也很重要。当然，它只是礼之粗迹，不是其中精要的东西，更重要的是其中蕴含的礼意，即意义的世界和价值的世界。

传统社会有关礼的系统和功能还有一些讲法，比如礼防、礼制、礼治、礼教等。《礼记·坊记》云：“礼者，因人之情而为之节文，以

---

① 黄侃：《礼学略说》，载陈其泰、郭伟川、周少川编：《二十世纪中国礼学研究论集》，学苑出版社，1998，第27页。

为民坊者也。”“坊”通“防”，取防御水灾的堤防之意。礼防是防什么？防民邪僻，使情感欲望的表达有所节制，达到适中的状态。

以礼治国的“治”是水治的治，涵盖面广；而礼制的“制”则是刀制的制，强调制度、体制的层面，与礼中包含的成文与不成文的法有关。礼、乐、刑、政四者协调配置，总体上叫礼治。礼教所凸显的是礼治教化的层面，礼教又和乐教相配合，是礼文化中最重要的内容。所以礼教的积极意义现在开始被人们重视起来，但还是很不够的。

至于乐，当然没有乐防这一说，乐也是礼、乐、刑、政四种治理社会的方法之一。乐是乐教，起教化的作用。礼乐是以礼为中心、以乐为补充的，当然是很重要的。礼乐文化中，有它的知识系统，有它的价值系统，有它的信仰系统。按照黄侃先生的说法，知识系统就是礼的器具、仪节和仪文；价值系统就是其中所蕴含的礼意，仁义礼智、孝悌忠信、诚敬恕、廉耻勇，或者君仁臣忠、父慈子孝、夫义妇顺、兄友弟恭、朋友有信等。徐复观先生讲，从礼仪中抽绎出来的礼的新观念，淡化了宗教的意味，特别是许多道德观念，几乎都是由礼加以统摄的。从《左传》《国语》来看，敬、仁、忠信、仁义等观念，是和“礼”紧密地联系在一起的。

除了知识系统、价值系统之外，还有信仰系统。信仰系统就是对终极性的昊天上帝，对天地、山川等自然神灵，对祖宗神灵、人文始祖的崇拜，礼之中虽然淡化了这样一些宗教成分，但是仍然保留了一些宗教的意涵。

下面来讲讲礼乐文明中有终极信仰的层面，其中有政治正义和社会治理的智慧，有生态的智慧，有道德理性和君子人格，有艺术和美学的精神，以及对现代社会和现代人的精神安立的积极意义。

二、礼乐文明是具有宗教性的人文精神

儒家的人文不反对宗教，包容了宗教。礼乐文明是具有宗教性的人文精神，礼乐文明中有终极关怀。刚才讲到，礼是人文化的宗教，是道德性人文精神的自觉。尽管如此，它仍有终极关怀在其中。礼不仅是人间的秩序，而且是天地的秩序，还是宇宙的秩序。我们中国文化和外国文化的区别，就在于中国有系统的“礼”，包含着宗教和法制。不是说外国文化中没有礼仪、礼貌、礼敬，也不是说外国文化中没有礼制，只是说外国文化中虽然很重视礼仪，但是它没有把“礼”作为正统性的大文化系统。外国凸显的是宗教和法律，中国强调的是人文性的礼。礼包含宗教和法制，但是不堕入盲从性、排他性的宗教，也不堕入太过刚性的法律。礼是宗教、政治、社会、伦理、道德、法律的综合体，它的实质是道德人文主义的，它强调人文教化、感化等。

《礼运》曾经假孔子之口回答言偃的提问，讲“礼，必本于天，效于地”。孔子讲，“夫礼，先王以承天之道，以治人之情。故失之者死，得之者生。……是故夫礼，必本于天，效于地，列于鬼神，达于丧、祭、射、御、冠、昏、朝、聘。故圣人以礼示之，故天下国家可得而正也”。这就指出礼是前代圣王秉承天之道用来治理人情的，以礼治天下是十分重要的。礼根据于天，效法于地，具有神圣性。

孔子见老子图（汉画像石）

《礼运》又指出，规范有序、庄严肃穆的祭祀，用以迎接上天之神和祖宗神灵的降临。祭礼的社会功能，即可以端正君臣，亲和父子兄弟，整饬上下关系，使夫妇各得其所。这是接受了上天的赐福。祭祀最重要的是祭天、祭地，祭天地就是追本溯源，尊重其所自出。在这个意义上，天地是我们的父母，天地有着价值本体的意涵，又具有宗教性的意涵。所以从《礼运》来看，天神是至上神，对天神的崇拜要重于对地神的崇拜，然后就是对山川诸神的崇拜。除祭祀至上神与自然神灵外，还要祭祀祖宗神灵。这就反映出人文化的“礼”仍然具有“宗教性”与“超越性”。

“宗教性”与“超越性”是既不同又有联系的两个概念。天是人文之礼最终的、超越的根据。我们都读过《礼记》的《孔子闲居》，其中有“五至”（志至、诗至、礼至、乐至、哀至）与“三无”（无声之乐、无体之礼、无服之丧）等思想。志向到了，诗到了，礼到了，乐到了，哀情也到了。

“五至”“三无”，马一浮先生是怎么解读的呢？他说这是秉承天的性德流出了六艺的动态过程，就是包括礼乐在内的六艺六经，已经成为与生活世界内在相通的真善美的内容。[①] 六艺不仅仅是儒家经典、经学形态、学术研究的对象，更是人类性德中所本具的生命意涵、文化脉络。所以马先生讲，通过礼教、乐教这些人文之教，能够唤醒人之天赋的内在性德；我们又通过修身养德，才使自己成为一个真正的人。

人是具有宗教性的动物，人有终极性的信仰，对至上神与昊天上帝、对天地自然神灵、对祖宗神灵、对人文始祖与至圣先师礼敬礼拜，这样可以增加人的生命的庄严感和神圣性。冠婚丧祭之礼不可废，我们要结合现代和传统，结合西方现代文化中有益的观点，有创造性地在现代重新制礼作乐。尤其我们现在的国家礼、社会礼、家庭礼，还要把它们健康化地重建起来。

三、礼乐文明中的政治正义和社会治理的智慧

中国人对于社会治理有高度的智慧，其中所包含的政治正义的内涵也非常丰富。我们现在谈谈《周礼》提供的一些材料。钱玄先

① 详见马一浮：《复性书院讲录》，载《马一浮全集》第一册，浙江古籍出版社，2013，第223-248页。

生认为，《周礼》是儒家之书，它成书在战国后期，它的思想主要属早期儒家，但是也有一些是发展到战国后期的儒家融合道、法、阴阳等家思想而成。杨宽先生说，《周礼》虽然是春秋战国年间的著作，但是它所讲的一些制度，已非西周时代的本来面目，夹杂着一些拼凑和理想的成分。但是其中的一些制度，如乡遂制度等，基本还保留着西周、春秋时代的思想。

《周礼》所载，当然已不是西周原有的制度了，它是儒家按后世流行的制度改造过的。《周礼》和《礼记·王制》都是讨论制度的，大体上体现了先秦儒家的理念和制度的设计。其中有的制度在西周、春秋时代实行过，有的制度在战国时代实行过。《周礼·地官司徒》和《礼记·王制》，前者是古文经，后者是今文经，假如我们打破今古文经的壁垒，从两者有关社会公平正义和福利制度的内容来看，其实相关性还是比较强的。

在礼的制度设计中，有对后世的土地制度极有影响力的“一夫授田百亩”的制度设计。《王制》有“制农田百亩”，制度规定，一个农夫到了一定年龄就要单独立户，一个农夫授田百亩。百亩土地按肥瘠分类，上等土地一个农夫可供养九人，次一等的可供养八人，依次递减为七人、六人、五人。庶人在官府任职者的俸禄，依这五等农夫的收入区分等差。诸侯的下士的俸禄比照上等土地的农夫，使他们的俸禄足以等同他们亲自耕种所得。中士的俸禄比下士多一倍，上士的俸禄比中士多一倍，卿的俸禄是大夫的四倍，君的俸禄是卿的十倍。俸禄显然是有差等的，但农夫有农田是最基本的生活保障。

《周官》和《王制》都有对社会弱者给予关爱的一些制度设计。比方说养老制度，上古虞、夏、商、周都有养老之礼。综合前代的周制，特别强调实行养老的礼仪制度。50 岁以上的老人，包括平民都享受优待。三代君王实行养老礼之后，都要按户来校核居民的年龄，年 80 的人可以有一个儿子不服徭役，年 90 的人可以全家不服徭役；残疾人、生病的人、生活不能自理的人、为父母服丧的人，三年不服徭役；从大夫的采地迁到诸侯采地的人，三个月不服徭役，从别的诸侯国迁来的人，一年不服徭役。

关于如何对待鳏寡孤独等社会弱者，《王制》几乎重复了孟子之说，比方说“少而无父者谓之孤，老而无子者谓之独，老而无妻者谓之矜，老而无夫者谓之寡。此四者，天下之穷而无告者也，皆有常饩”。“常饩”就是经常性的食物救济或者生活补贴。对于盲人、聋人和肢体有残疾、智力有障碍的人，有供养制度，由国家养活，即以工匠的收入来供养他们。“庶人耆老不徒食”，就是说普通老人不能只有饭而没有菜肴。“养耆老以致孝，恤孤独以逮不足”，就是通过教化，形成风气，引导人民孝敬长上，帮助贫困者。

古时候借助民力耕种公田不收人民的田税；贸易场所只征收店铺的税不征收货物的税；关卡只稽查不征税；开放山林河湖，百姓可以按时令去樵采渔猎；耕种祭田不征税；征用民力一年不超过三天；土地和居邑不得出卖。在《孟子》《荀子》里面都有这样一些相关的、内容很相近的，甚至文字都相同的表述，这都是儒家的制度诉求。这是经济制度非常重要的方面。

孔子圣迹图（明　佚名绘）

涉及政治参与权、受教育权和有关人才选拔的制度，是我们中华优秀传统文化的一部分。《王制》对庶民中的人才选拔、任用，以及授以爵禄，都予以肯定，并规定了步骤。

礼乐文化中，关于社会治理和国家治理，它强调的是前面提到的礼、乐、刑、政的配置。《乐记》讲：“是故先王之制礼乐，人为之节。衰麻哭泣，所以节丧纪也；钟鼓干戚，所以和安乐也；昏姻冠笄，所以别男女也；射乡食飨，所以正交接也；礼节民心，乐和民声，政以行之，刑以防之，礼乐刑政，四达而不悖，则王道备矣！”就是从四个方面来调节，“礼以道其志，乐以和其声，政以一其行，刑以防其奸。礼乐刑政，其极一也，所以同民心而出治道也”。礼乐里面讲到的王道、治道，都是讲治理社会和国家，要用礼、乐、刑、政四种方法来加以配合。

“乐者为同，礼者为异，同则相亲，异则相敬。乐胜则流，礼胜则离。合情饰貌者，礼乐之事也。礼义立，则贵贱等矣；乐文同，则上下和矣。好恶著，则贤不肖别矣；刑禁暴，爵举贤，则政均矣。仁以爱之，义以正之，如此，则民治行矣。”由此可见《乐记》所讲的这些道理，是把礼乐中的文化、价值，看作滋养刑政的工具，政令刑罚一定要配上礼乐，“乐所以修内也，礼所以修外也，礼乐交错于中，发形于外，是故其成也怿，恭敬而温文”。所以礼乐教化在社会治理和国家治理中是强调和谐的，并且可以提升百姓的素养。

礼乐之教把天地精神、人的性情与日用伦常打通了，贯穿起来了。礼乐的社会功能尤其是与法律、政令相配合，使社会和谐。礼乐之中有秩序、节度、交往、和谐的原则与原理。所以这就是古代一种治理社会的方略，即礼、乐、刑、政四者相配合，礼乐中有文化、有价值。

前面讲到，礼是带有宗教性、道德性的生活规范，在礼这种伦理秩序中，也包含着一定的人道精神、道德价值。荀子推崇礼，认为它是“道德之极”。“极”是标准，最高的标准。“治辨之极，人道之极”，“极”就是如屋梁一样的、大中至正的标准。“礼”的目的是使贵者受敬、老者受孝、长者受悌、幼者得到关爱、贱者得到恩惠。在贵贱有等的礼制秩序中，包含敬、孝、悌、慈、惠这些德目，以及对于弱者的保护问题。这方面的内容，我们在首章中

“《礼》的理念与制度建构”部分已做了简要介绍，读者诸君不妨参看。

在社会治理上，儒家既重视道德教化，同时也重视法制。《王制》有关于刑法制度的记录和设计，涉及在审案、判案、处罚过程中如何做到审慎、认真、讲规范，还要避免冤假错案，要严格程序，以及保护私人领域。

总之，《周礼》的《地官》、《礼记》的《王制》等有关理念和制度安排中，体现了我们先民的原始人道主义。如果我们结合《论语》《孟子》《荀子》，就可以看到其中体现了中华民族以仁爱为核心的价值系统和人文精神。用历史主义的观点去审视，同样是在等级制度中，将我国先秦和同期的古希腊、古印度、古埃及的政治文明相比照，不难看出中国的政治理念和制度的可贵之处，这些资源在今天还可以做进一步的创造性转化。

现在一提到中华文化、儒学、礼制，就说是等级秩序。那请问，人类哪一个社会没有等级秩序呢？人类的社群组成社会，当然要有等级秩序。关键在于我们的制度文明、礼制、礼学中，不仅有等级制度，而且有等级间正常流动的机制。比方说通过教育公平达到政治公平，“朝为田舍郎，暮登天子堂”。历朝历代由布衣而为三公者不乏其人。前面讲到的对于贫贱者的尊重，对于最不利者的关爱，还有礼的制度化，以及由教育公平达到政治公平，这都是礼制中的宝贵因素。

《礼运》的作者认为，政治权力根源在天、天命，所以“政必本于天”。“故政者君之所以藏身也，是故夫政必本于天，殽以降命。”这里讲国政本于天理，要效法天理来下达政令，政令要符合地德，也要符合人的道德。另外，《礼运》开篇讲大同之世，它所讲的社会理想也是中国人的社会理想、文化理想。所以大同之世和小康之世不同，这个理念包含对最高的政治正义的追求。

四、礼乐文明中的生态智慧

“天地”是万物之母，一切皆由“生生”而来。《礼记·月令》讲：“天地和同，草木萌动。”《乐记》讲：“和故百物皆化。”所以“草木”“百物”的化生都是以“和”为条件的。天地不和，则万物不生，“天地合而后万物兴焉”。天地是万物化生的根源，生态系统的生生大德是借天地两种不同力量相互和合、感通而实现的。

《礼记·乐记》有一段话，跟《周易·系辞传》里的话是相通的：“天地相荡，鼓之以雷霆，奋之以风雨，动之以四时，暖之以日月，而百化兴焉。如此则乐者天地之和也。”礼的文化中通过对天地生物于四时的描述，认为乐是天地之和的体现。反观之，天地通过雷霆、风雨鼓动宇宙间的阴阳两种力量、两种气，而四时无息地展现出生生大德的景象，这又何尝不是宇宙间最壮丽动人的生命交响乐呢？

儒家对生态系统的生生大德的认识与对天地、阴阳和以化生的认识是非常深刻的。生态系统是一个不断创生的系统，也是一个各类物种和谐共生的生命共同体，这是儒家对天地这个大生态居所的一种深切感悟。这在今天也成为东西方的环境伦理学的一个基本共识。

天人合一的理念中，天是一切价值的源头，而从生物而言，天与地往往需要并举，有时候要举天来统摄地。所以也可以说，天或者天地是生态系统中一切价值的源头。儒家有着人与天地万物为一体的体悟。就是在这样一种情况下，人才可以说对万物都有一种深切的仁爱、关怀，将整个天地万物都看作与自己的生命紧密相连的。在这种价值来源的共识之上，儒家的生态伦理可以建立“范围天地之化而不过，曲成万物而不遗”的生态共同体，将生态系统真正视为人与万物共生、共存的生命家园。

正是这样一种生命家园的意识，使得《礼运》讲宇宙生态的各种层次中，人处在较高的层次，人体现了生态系统的整体意义。人体现了天地的德性、阴阳的交感、鬼神的妙合，荟萃了五行的秀气。人又是天地的心脏、五行的端绪，是能够调和并且品尝各种滋味、创造并且辨别各种声调、制作并且身披各色衣服的生物。尽管人是万物之灵，但人仍从属于生态系统的整体。因此，圣人制礼作乐，制作典则，以生态天地的大系统为根本，以阴阳二气的交感为起点，以四时所当行的政令为权衡，以日月的运行来计时，以十二个月来计量事功，以鬼神为依傍，以五行的节律为本位，以礼义为器具，以人情为田地，以四灵为家畜。

因此，人在天地之中一定要尊重山川、动物、植物等。这种尊重和敬畏，是通过祭祀山林川泽来加以表达的。“天子祭天地，诸侯祭社稷，大夫祭五祀。”此外，《礼记》还强调，礼要配合时令，配合地的物产，不同的地理环境有不同的物产，我们取用动植物，要依据不同的季节。

礼“合于天时，设于地财，顺于鬼神，合于人心，理万物者也。是故天时有生也，地理有宜也，人官有能也，物曲有利也。故天不生，地不养，君子不以为礼”。比方说在山地生活的人，不能拿鱼鳖等湖区的物产去送人，因为太昂贵；居住在湖区的人，不能拿山里面的物产如鹿豕等作为礼物，因为这一类物产在这里是贵重的。所以礼是大伦，我们要从地理出发，制礼行礼的原则不违背自然的原则。在一定时空条件下，不适于生长的物产，君子是不用来行礼的，这样鬼神也是不会享用的。若以本地稀罕的物产作为礼品，这种人是不懂得礼的，行礼要用本地、本国的物产。行礼必须量力而行，要依据土地的大小、年成的好坏。这是关于行礼的一些要点。

关于生态的保护，比方说仲春之月，“安萌芽，养幼少”，“毋竭川泽，毋漉陂池，毋焚山林”；孟夏之月，“继长增高，毋有坏堕，毋起土功，毋发大众，毋伐大树”。人们取用动植物，要考量季节、时间，不可以在动植物的生长期、繁衍期滥杀滥砍，不要砍伐小树，不射杀幼兽和怀孕的兽，否则就是不孝。曾子讲了一句话，他说是圣人孔子讲的：“树木以时伐焉，禽兽以时杀焉。夫子曰：‘断一树，杀一兽，不以其时，非孝也。’”砍树、杀兽，如果不注意时令，跟不孝敬父母一样。可见时令的重要性。孟春之月要怎么做？要保护山林川泽，不要杀母兽，要禁止伐木，保护昆虫、飞鸟、母兽及幼小的生命。在讲述天子、诸侯田猎礼的时候，特别强调不要赶尽杀绝，不要竭泽而渔。田猎的过程中，网开一面，即一方面使小民可以跟着打一点猎，狩一点猎物，另一方面不赶尽杀绝，不合围、不掩群。草木凋零的时候，才能够入山林，不用火烧田，不杀胎取卵，不覆巢，等等。另外，怀胎的牲畜，即使是天子也不得食用，郊祭的时候也不能用，这是对天地生养万物的礼敬。

此外，《王制》讲，“林麓川泽以时入而不禁”。“不禁”是说小民也可以去，不是禁止老百姓进林麓川泽中取用动植物。但是也要以“时”入，这就是孟子讲的“泽梁无禁”。同时要“以时入山林”，要注意时令。这考虑到人取用的可持续性，当然还不止此意。《礼记》诸篇都隐含礼制秩序和自然节律的一致性。《月令》把春夏秋冬四季又各自分出孟、仲、季三个时段，按不同的季节时段详细规定了祭祀活动、农业生产、资源取用、政令发布的内容，这些都需要有相关的部门去完成。

从这里可知，儒家以礼法保护生态资源有三个重要的方面：第一是禁止灭绝性的砍伐、捕猎；第二是保护幼小的生命；第三是重“时”。禁止灭绝性的砍伐、捕猎，这很好理解，因为这种行为与天地的生生大德是背道而驰的。保护幼小的生命与儒家重视“养”的思想有关，天地生万物要养育之，这是符合天地自然之道的。重“时”体现为砍伐、捕猎的季节性，以及关注动物繁衍、植物生长过程中的时间节点。

《乐记》也讲，“是故先王之制礼乐也，非以极口腹耳目之欲也，将以教民平好恶而反人道之正也”。就是说饮食等礼节的制定，不是为了满足人的口腹欲望，而是为了让人返归“人道之正”。所以儒家有关生态保护的礼乐观念，既遵从天地的生养之道，也出于对人的物欲进行节制的目的。

歌乐图（南宋　佚名绘）

儒家以天地为人与万物之祖，对天地的尊崇有着强烈的宗教性情怀，因其生养万物而礼敬、礼拜。另外，儒家一向认为生态资源是天地所赐，对此充满虔诚、礼敬的情感。年成不好的时候，儒家特别要求饮食节制，以体恤天地生养万物的不易。

有人说，儒家是人类中心主义者。是这样吗？从上可知显然不是。儒家主张生态系统存在客观的内在价值，人有人性，物有物性，甚至人性中也有神性，物性中也有神性。儒家对生态系统的价值判断是基于天地对万物赋形命性的认识。万物生生不已的过程都被赋予了形以及性，这种赋予是普遍的、无遗漏的，差异只是阴阳创化的不同。当然，无物不出于创化。从天地创生、赋形命性的普遍性去做价值的判断，价值自然不仅限于有机的生命体，万物和人一样，具有客观的内在价值。

因此，在儒家那里，“天地”这种创生是具有价值本体论的意义的。事实上，儒家对万物都是关爱的，而且是从其所具有的内在价值去确定这种爱的。因为万物的内在价值都是“天地”所赋予的，与人的内在价值同出一源。当然，万物的内在价值是有差异的。

古代中国的生态环保意识是被逼出来的，因为我国是个自然灾害多发、频发的国家。根据邓拓的《中国救荒史》、竺可桢的《中国近五千年来气候变迁的初步研究》，可以知道古代的自然灾害从未间断过，大的灾荒每半年就有一次。在这样一种状况之下，我们有了一些应对灾荒的本领。

总之，儒家对于以礼乐来理顺生态资源有三条原则：

第一，人要生存，就不得不对生态资源有所取用，当然应该顺应生态系统的生养之道。要做到有理，“顺于鬼神、合于人心”；还要做到有节，“合于天时，设于地财”。人类不能为了一己之私，日益竭尽天地之材。

第二，《乐记》讲，“是故大人举礼乐，则天地将为昭焉。天地欣合，阴阳相得”。即以礼乐精神观照生态问题，意味着对天地之道的清醒的认识。天地默运而万物化成，因此，对于生态系统的保护，人类最有效的策略是尽可能地少去干预它的完善自足的生养之道。只要人不去破坏生态环境，天地自然会让万物生化不已、充满生机。

第三，生态问题的彻底解决，要“暴民不作，诸侯宾服，兵革不试”，这就是礼乐所起的作用。大乐和天地和同，大礼和天地同节。如果人类自身不能和睦共处，导致战争四起，社会动荡，那么所谓生态保护就是一种奢望。

礼文化认为，生态系统是在容纳着天、地、人、神等诸多要素的天地概念下进行的，是一个整体论、系统论的观念。以“和”为条件的不断创生，是古人对生态系统的根本认识。他们对天地的创生现象持有价值判断，肯定天地万物皆有内在价值，要求一种普遍的、生态的道德关怀。而他们对人性、物性的辩证认识，同时清楚地表明了一种生态伦理的等差意识，或者是对不同伦理圈层进行区分的意识。儒家即使从工具价值的立场取用生态资源，也并不忽视动植物的内在价值。从儒家天人合一的理念来看，生态伦理作为一种新的伦理范式，其确立的基础必须建立在对人性的重新反思之上。

五、礼乐文明中的道德理性和君子人格

《礼记》中有《表记》，“表”就是标准，即以仁德为标准。《儒行》中记载了孔子论述儒者的 16 种高尚品行，有温良、敬慎、宽裕、逊接、礼节、言谈、歌乐、散财等，都以仁德为本。其中讲到澡身浴德、特立独行，见死而不更其守，可亲而不可劫，可近而不可迫，可杀而不可辱，这些都是儒家志不可夺的刚毅品格。

“儒有忠信以为甲胄，礼义以为干橹，戴仁而行，抱义而处。”

儒者应该把忠信作为甲胄，把礼义作为盾牌，头戴仁而行，怀抱义而居。“儒有不宝金玉，而忠信以为宝，不祈土地，立义以为土地；不祈多积，多文以为富。”儒者不以金玉为宝，而把忠信当作宝贝；不祈求土地，以道义作为立身之地；不祈求多积财富，而以学识广博、多才多艺为富有。

儒者生活在现代，却与古人的意趣相合，叫作“儒有今人与居，古人与稽；今世行之，后世以为楷”。现代社会的行为可以成为后世的楷模。有君子恰好生不逢时，上面没有人援引，下面没有人推举，一些奸佞小人结伙陷害他；虽然他的身体可能面临危险，但是他的志操却毫不动摇，虽处于险境，举动行事仍然施展着自己的抱负，念念不忘老百姓的疾苦。儒者忧国忧民的心就是这样的。

儒者广博的学习无止境，切实笃行不倦怠，隐居独处时不淫邪放纵，被国君重用时不会失态困窘；以礼待人，以和为贵，有忠信的美德，有从容的风度，仰慕贤能而包容众人，有时可以磨掉自己方正的棱角而依随众庶，有如房瓦之垒合。儒者宽厚容众如此，又不失他的刚毅、刚强、刚健的品格。

熊十力先生、钱宾四先生都很重视《儒行》。三礼中有关于人格教养和人格成长，特别是君子人格养成的智慧，它体现了儒家文化的特点，儒家教育是多样的、全面的。它的内核是成德之教，尤其是培养君子成圣成贤；它的方法是用礼乐、六艺浸润身心，用自我教育调节性情心灵；它的功能在于改善政治与风俗，美政美俗；它的特点是不脱离日常生活，是知行合一、内外合一的一种体验。所以在当代我们构建社会主义和谐社会、培养平民化的自由人格的过程中，尤其需要调动儒家的修养身心和涵养性情的文化资源。

忠信是礼的基本精神，义理就是规矩仪式。这就是《礼器》讲的“忠信，礼之本也，义理，礼之文也。无本不立，无文不行”。礼有本有文，“故礼义也者，人之大端也”。也就是《礼运》讲的，“所以讲信修睦，而固人之肌肤之会，筋骸之束也。所以养生送死，事鬼神之大端也”，以此来达天道、顺人情。《礼运》所强调的是礼对于人的人格养成和治国理政的重要性。我们强调的是礼的功用在于治理人情。

礼是义之实，义是仁之节，仁是义之本。它肯定治国不以礼，就像没有耒耜而耕田一样。“为礼不本于义”，就像耕了田不播种一样；“为义而不讲之以学”，就像播了种不去耨田一样；“讲之于学而不合之以仁”，就像耨了田也没有收获一样；“合之以仁而不安之以乐”，就像有收获而不吃一样；所以“安之以乐而不达于顺”，就像吃了而不长胖一样。它的意思是说，我们人格成长的过程、治理人情的过程，要以礼义等德目来修炼自己，一定要有受用、有收获。

《礼运》对于人的界定，是把人放在天地之中。尽管人是天地中最灵秀的，是具有终极信念的，但人又是在自然生态序列中的，是治理的主要对象，所以“人情以为田，故人以为奥也”。要用礼来节制人的过分的欲望欲念。这里对人的界定是以礼义、仁德为中心，即人应当是一个道德的人。这里也强调了治国之本，即在礼义规范中，重要和主要的是道德仁义的精神。

道德教化，比方说《王制》讲到了六礼、七教、八政，司徒之官的使命是节民性、兴民德，当然这首先是精英阶层自身的一种道德修炼。但同时也要重视教化，肯定人文教育，发挥退休官员、乡下贤达的作用，加上射礼、乡饮酒礼，通过习礼来对民众尤其是青年进行持续不断的教化。

所以司徒修习六礼，包括冠、婚、丧、祭、乡饮酒和乡射礼，来节制民众的性情；讲明七教（父子、兄弟、夫妇、君臣、长幼、朋友、宾客等伦理），来提高人们的德行；整顿八政（饮食、衣服、技艺、器物品类、长度单位、容量单位、计数方法、物品规格等制度和规定），来防止淫邪。规范道德来统一社会风俗，赡养老人来引导人民孝敬长上，抚恤孤寡来引导人们帮助贫乏的人，尊重贤能的人以崇尚道德，检举、摒除邪恶，实在屡教不改的人，再流放到远方。由此可见，王制就是道德之治。

在人与自然、人与社会、人与人的交往关系，以及人自身的身心关系方面，儒家有极其重要的资源，尤其是“修己及人”“将心比心”的“恕道”，“推爱”“推恩”的方式，以及“爱有差等”等具体理性和实践理性。在“爱有差等”的过程中，恰好可以成就众爱。儒家强调的是在这样一种差等爱中来推己及人，因为人不是上帝，上帝可以没有差等，因为其没有时间、空间，而人只是一个具体的人，他的爱当然有差等。但是儒家说“老吾老以及人之老，幼吾幼以及人之幼”，推己及人，所以儒家强调的这种爱，注重人己关系、人物关系，是交互主体性的。成己、成人、成物，是仁德之心推扩的一个过程。这相当于今天的人际交往和文明对话中的一些伦理原则，具有积极的意义。

中国哲学的突破、中国人的觉醒的一个特点是，它并不斩断人与宗教、神灵、自然万物的联系。所以我们前面讲到，《礼记》强调，人是宗教、神性意义上的天的产儿，人又是自然生态序列中的一个成员，这是连续性的、整体性的中国哲学的题中应有之义。人又是一个道德的人，人的道德性尤其表现在对自然物取用上的反思性，如前面讲到反思贪欲、反思占有欲等。人是宇宙大家庭的成员，应自觉地维护生态平衡。

前面讲到，人的道德性又表现在社会治理上，尊重庶民大众的权益，予不利者以最大的关爱，有更多制度的保障，促成社会的和谐。教育公平之于政治公平是一个基础，它使得阶级、阶层间有合理的流动，保证一定意义上的社会公正，这些都是礼学的真义。人应是一个有终极信仰的人，他当然要对底层的人有恻隐之心，他需要在人和天地万物交往中不断地反省、调节自身。这样，人才不至于像西方近代文化中的人那样不断自我膨胀、妄自尊大。

六、礼乐文明中的艺术和美学的精神

郭店楚简中讲到，多听古乐对君子心性人格的培养尤其重要。诗和乐舞相配，现任教于深圳大学的王顺然君，他在香港中文大学哲学系的博士论文即专门研究这一课题，他指出很多古乐篇章与《诗经》中有的篇章一样，都是多幕的音乐舞蹈剧，他认为不要轻视其中类似于今天戏剧的一些形式和内容。

《乐记》讲："乐由中出，礼自外作。乐由中出，故静；礼自外作，故文。""乐者，天地之和也；礼者，天地之序也。和，故百物皆化也；序，故群物皆别也。"礼、乐有不同的侧重，"乐合同，礼别异"。礼用来治理身，乐用来陶冶心。荀子讲："且乐也者，和之不可变者也；礼也者，理之不可易者也。乐合同，礼别异，礼乐之统，管乎人心矣。"（《荀子·乐论》）礼乐是相互配合发生作用的，它是特别关乎人心的。

徐复观先生在《中国艺术精神》里面特别论述了乐的本质，他认定乐是仁德的表现，是美与仁的统一。他指出，孔子所要求的乐，是美与仁的统一，而孔子之所以特别重视乐，也正是因为仁中有乐、乐中有仁的缘故。可见孔子把仁德作为礼乐最重要的内涵。徐先生重视古代的乐的内在精神，他说尧舜的仁德的精神，是融到了《韶》乐中去的，形成了与乐的形式完全融合统一的内容。仁德是道德，乐是艺术，孔子把艺术的尽美和道德的尽善——仁德融合在一起。这又是如何可能的呢？徐先生说，这只是因为乐的正常的本质与仁德的本质仍有其自然相通之处。乐的正常的本质，可以用一个"和"字来总括。在先秦、秦汉的典籍中，都称乐的特征和功能为"和"。"和"本是各种相异、有差异的东西的相成相继，谐和统一。所以荀子在《乐论》里面讲"乐合同"，《礼记·乐记》讲，"乐者为同……乐者，异文合爱者也"。《儒行》讲，"歌乐者仁之和也"。也就是说，仁者必和，"和"中有"仁"的意味。仁者的精神状态，也就是"乐合同"的境界。《白虎通》讲"乐仁"，也就是认为乐是仁德的表现、流露，所以把乐和五常之仁配在一起，把握到乐的最深刻的意义，即乐和仁的会通统一，就是道德和艺术，是最深的根底中一种最高的境界，会自然而然地融合。道德充实了艺术的内容，艺术助长了、增强了道德的力量。所以徐先生论证了夫子的“吾与点也”之叹，显示了艺术境界和道德境界是可以融合的。

徐复观先生阐发了音乐、艺术的这样一种政治教化和人格修养的意义，他说：“乐的艺术，首先是有助于政治上的教化。更进一步，则认为可以作为人格的修养、向上，乃至也可以作为达到仁地人格完成的一种工夫。”[①] 他认为，同样是起教化作用，和礼教相比较起来，乐教是更加顺乎人的情感而加以引导的，它是积极的。“儒家在政治方面，都是主张先养而后教。这即是非常重视人民现实生活中的要求，当然也重视人民感情上的要求。（原注：‘礼禁于未然之前’，依然是消极的。）乐顺人民的感情将萌未萌之际，加以合理地鼓舞，在鼓舞中使其弃恶而向善，这便是没有形迹的积极地教化。”[②] 按照徐先生的理解，构成音乐（这里指古代的“乐”）的三要素：“诗”“歌”“舞”，是直接从人的“心”发出的，主体性很强。他说：“儒家认定良心更是藏在生命的深处，成为对生命更有决定性的根源。随情之向内沉潜，情便与此更根源之处的良心，于不知不觉之中，融合在一起……由音乐而艺术化了，同时也由音乐而道德化了。”[③]

① 徐复观：《中国艺术精神》，台湾学生书局，1966，第 20 页。
② 同上书，第 23 页。
③ 同上书，第 27 页。

所以中国的乐不是一般的器物和形式，它与人的内在精神、情感紧密联系在一起，是从心中流出的，乐和乐教起着安顿情绪、支撑道德、修养品格、提升境界的作用。

关于礼乐与礼乐之教，《荀子·劝学》讲："礼之敬文也，乐之中和也。"《礼记·乐记》讲："礼节民心，乐和民声……乐者为同，礼者为异。同则相亲，异则相敬。乐胜则流，礼胜则离。""大乐与天地同和，大礼与天地同节……礼者，殊事合敬者也。乐者，异文合爱者也。礼乐之情同，故明王以相沿也。""仁近于乐，义近于礼。乐者敦和……礼者别宜……""乐也者，圣人之所乐也，而可以善民心。其感人深，其移风易俗，故先王著其教焉。"足见礼乐有不同的特性与功能，乐比礼更与人的内在情感相通，两者又相辅相成。总体上说，礼乐教化或礼乐之治，有助于社会安定、人格完善，至少有助于上层社会的文明化与下层社会的移风易俗，亦是文明化的题中应有之义。

七、礼乐文明的现代意义

中国人之所谓人文，其实就是指礼乐之教、礼乐之治。《周易》的"观乎人文以化成天下"，实即兴礼乐以化成天下。"儒家的政治，首重教化；礼乐正是教化的具体内容。由礼乐所发生的教化作用，是要人民以自己的力量完成自己的人格，达到社会（风俗）的谐和。由此可以了解礼乐之治，何以成为儒家在政治上永恒的乡愁。”[①]

徐复观先生指出，礼乐有三方面的功能或作用。第一，在政治层面上，人把人当人看待，这是理解礼治的一个基础。第二，在社会层面上，建立一个“群居而不乱”“体情而防乱”的组织，既有秩序，又有自由、合理的社会风俗习惯。第三，在个人修养层面上，“仁德修养的根本问题，乃在生命里有情和理的对立。礼是要求情理得其中道，因而克服了这种对立而建立一种生活形态”[②]。“现代文化的危机，根源现在不只一个。但是人的情感得不到安顿，趋向横决，人的关系得不到和谐以至于断绝，应当也是其中最主要的根源。”[③] 现代文化的危机，人的情感得不到安顿很可能是最主要的原因。“那么这个时候我们提出中国人文的礼乐之教，把礼乐的根源意义在现代重新加以发现，这是现代知识分子得以重视的重大的课题之一。”[④] 所以，徐先生这个说法是值得我们深思的，也确需我们重新发现礼乐的现代价值。

关于礼乐的现代价值，徐先生说它包罗广大，其中之一“乃在于对具体生命的情欲的安顿，使情欲与理性能得到和谐统一，以建立生活中的中道，使情欲向理性升进，转变原始性的生命，以成为成己成物的道德理性的生命，由此道德理性的生命，来承担自己，承担人类的命运。这就可以显示出中国人文主义的深度，并不同于西方所谓人文主义的深度”[⑤]。中国人文主义和西方人文主义确有不

---

① 徐复观：《中国艺术精神》，台湾学生书局，1966，第 23 页。

② 徐复观：《中国思想史论集》，台湾学生书局，1959，第 240－241 页。

③ 同上书，第 241 页。

④ 同上。

⑤ 同上书，第 239 页。

同，中国的人文主义不是寡头的人文主义，它不与宗教对立、不与自然对立、不与科学对立，的确有其深度。

徐复观先生对于“礼教吃人”的说法也加以批评，他说，“即使在所谓的封建时代，礼也是维系人的地位和人与人的合理关系，而不是吃人的。封建的宗法制度，主要是靠亲亲、尊尊的两种精神，礼是把这两种精神融合在一起，以定出一套适切的行为规范。这些与法家只有尊尊没有亲亲的精神所定出的秦代的礼仪，是决然不同的。在实际上，儒家礼乐大大缓冲了政治中的压制关系，汉儒多反对叔孙通取秦仪来定汉仪，而思另有所制作的根本原因在此”①。

所以，我们以礼节来节制人的性格和行为，这是近仁的功夫，也是孔子立教的最大的特色。我们现在讲要在礼乐文明中来调动它的资源，在现代重新诠释礼乐，借助礼乐之教的推行来改善刑法、政令的单面化，发展民间社会，调整政治、社会和人生。在一定意义上，礼乐是补充、调整、改善单面化的刑法和政令的，有助于文明的建构和民间的道德资源的保护。

儒学以仁义为道体，以礼乐为路径。礼是民族、国家、社会、家庭的秩序。以个人言，守礼则文明，无礼则禽兽；以群体言，隆礼则致治，悖礼则致乱。乐是礼的补充。礼调理身形，乐陶冶性情。

法律出于强制，礼则出于人性之自然，靠人的良知与社会习尚即可推行。法制无礼乐辅助，则徒有具文；民主无礼乐维系，则徒

① 徐复观：《中国思想史论集》，台湾学生书局，1959，第237页。

增混乱。如人人不知尊重他人，亦不知尊重自己，又怎能实行民主？礼的作用在于保障人与人自由的界限，人民要求的自由不能离开礼与礼乐。

礼与礼乐是传统市民社会具有内在约束力的信仰系统，是从社会上层到底层百姓的行为规范。西方法律背后是基督教精神在支撑，在起作用，中国新时代法律背后一定要有本土文化精神来支撑，特别是长期积淀下来并对公序良俗有滋养作用的儒家礼乐文明。

“礼”具有秩序、节度、和谐、交往四大原理。三礼之学是中华民族宝贵的精神遗产，仍有其现代价值。礼让为国，安定社会，消弭争夺战乱，节制骄奢淫逸，是人民得以安居乐业的前提。以一定的规矩制度来节制人们的行为，调和各种冲突，协调人际关系，使人事处理恰到好处，这些是礼乐制度的正面价值。这里有社会正义的意蕴，即反对贫富过于悬殊。一部分人富起来了，富了以后怎么办？孔子讲“富而后教”“富而好礼”，讲教化、教养，反对铺张浪费、夸财斗富，用今天的话来说，就是不要有“土豪”的心态与做派。“礼”恰好能调节、调治我们的欲望和人情。

就现代生活而言，外在强制的法律与内在自律的道德良知之间有很大的空间，即包含社会礼俗在内的成文与不成文的生活规范，这就是所谓的“礼”。古今社会规范的差异不可以道里计，但提高国民的文明程度，协调群体、乡村、社区、邻里的关系，促成家庭与社会健康、和谐、有序地发展，不能没有新时代的礼仪文化制度、规矩及与之相关的价值指导。今天我们仍然面临提高国民的文明程度的任务。在这一方面，礼学有丰富的资源。就国家间的交往而论，尽管周秦之际的诸侯国与现代的民族国家不可同日而语，但互利互惠、和平共处的交往之礼仪，亦有可借鉴之处。

过去讲五伦，是指君臣、父子、夫妇、兄弟、朋友。现在，君臣这一伦可以发展为上下级关系一伦。从朋友一伦，以及《大学》中的“与国人交，言而有信”，可以发展为同事关系一伦，或群己关系一伦。五伦关系可以改造转化为新的礼治秩序，进而发展为文明间、宗教间、民族间、国家间的交往伦理，乃至生态伦理。所以，我曾在《新时代“六伦”的新建构》一文中指出，应增加同事一伦，还应增加群己一伦，以应对个人与社会、国家、人群之间或陌生人之间的交往，乃至调整人类与天地、山河、动植物的关系，处理好自我与他者的关系问题。新“六伦”似应为：父（母）子（女）有仁亲、夫妻有爱敬、兄弟（姊妹）有情义、朋友有诚信、同事有礼智、群己有忠恕。还可以有新“七伦”等。

礼乐文明在社会与国家治理方面，在人的精神安立、安身立命方面的意义甚大甚广，不可轻视。我们今天建设新时代的礼与礼乐，应以此为目标。

四书：熔铸中国人的共同意识

“四书”“五经”是我国最重要的经典。中国人的文化价值观主要汇集于或者来自“四书”“五经”。学好“四书”是走进“五经”的门径、阶梯。

“四书”指《大学》《中庸》《论语》《孟子》。“四书”或称“四子”，是儒家重要的经典，也是中华文化的宝典。朱子的《四书章句集注》无疑也是经典，它是宋代人注疏、诠释“四书”的集大成者，影响了东亚（今天中、日、韩、朝、越等国家和地区）七八百年。

一、“四书”的意义

“四书”是中国人必读的书。“四书”之于中国，如同《吠陀经》或《奥义书》之于印度，《古兰经》之于阿拉伯，《新约》《旧约》之于西方。“四书”，特别是《论语》，就是中国人的“圣经”，涵养了中国人的精神世界。

“四书”根本上是教人如何做人。对于中国人来说，不读“四书”，就不知道做人的尊严、人格的力量、人生的价值与意义。宋代张载（横渠）说：“为天地立心，为生民立命，为往圣继绝学，为万世开太平。”这是中国古代知识分子的文化理想，也是他对儒学精义的概括。按照梁启超先生的说法，《论语》《孟子》是两千年中国人思想的总源泉，支配着中国人的内外生活，其中有益身心的圣哲格言，一部分久已在我们全社会形成共同意识，我们既做这社会的一分子，总要彻底了解它，才不致和共同意识产生隔阂。

我认为，“四书”所讲的，正是我们平凡的老百姓真正安身立命的精神支柱，是人之所以为人的依据。

任何一个社会、一个族群，作为其文化土壤或社会文化背景的有两个东西，一个叫“伦理共识”，一个叫“文化认同”。所谓“文化认同”或“民族文化的自我身份认同”，解决的是“我是谁”和“我来自哪里”的问题，是个体所归属的民族文化的基本身份的自我定位，是精神信仰的归乡与故园。所谓“伦理共识”，其实是民众中隐性的，然而又是具有约束力的价值观、生活态度、对待家庭与社会的方式以及终极信念的共同点。一个社会、一个族群的生活如果没有“伦理共识”与“文化认同”，不免会遭受脱序的危险，当然也就不可能有健康的现代化，健康的政治、经济、科技、文化的建设。

实际上，一个健康的现代化的法治社会、工商社会的建构，不能不依赖于“伦理共识”与“文化认同”。而“四书”，正是孕育中华民族的“伦理共识”与“文化认同”的基本经典，其中所讲的道理，例如五常（“仁”“义”“礼”“智”“信”）、四维八德（“孝悌忠信”“礼义廉耻”）等，就是中华民族的核心价值观念，一直到今天还深深地扎根在老百姓之中，继续为中华民族的发展与复兴起着积极的作用。人类文明的经典，可以调治现代的生活。中国经典如儒家的“四书”“五经”，道家的《老子》《庄子》，佛家的《六祖坛经》《心经》等，同样有调治的作用。

钱穆（宾四）先生说，中国文化史上有两位伟人地位越出其他人，前古是孔子，近古是朱子。钱先生的这个说法是很有根据的。朱子是百科全书式的学者，同时也是一位积极入世、关怀百姓疾苦的有为的政治家。其实真正的儒家，从来都是“内圣外王”一致的。“内圣”指心性修养，“外王”指建功立业。没有所谓一心只研究“心性论”或只修身养性的儒家，或一心参与政治事务的“政治儒学”。这两者分化了就不是儒家或儒学了。儒家中人对内圣与外王或因客观条件限制而有所偏重，但绝不会偏废其中任何一方。现代人也是这样，修养身心的同时担负着一定的公共事务，有一定的社会职责，仍然是德业并进的。

二、“四书”的缘起

《论语》是孔子的弟子和再传弟子对孔子言行之记载的汇集，

不成于一人一时。大约在春秋末期，弟子们把“接闻于夫子之语”记载下来；通过口耳相传，再传弟子把孔子言行追记下来，后人编纂成不同的简策（篇章）。大约在战国早期就有了汇集本，传至汉朝，至少有了鲁、齐、古文三种汇编本。今传本源于西汉末年张禹融合的鲁、齐本。《论语》记载了孔子与弟子或当时的政治家、学者的对话，平易亲切，恬淡中寓意深长。

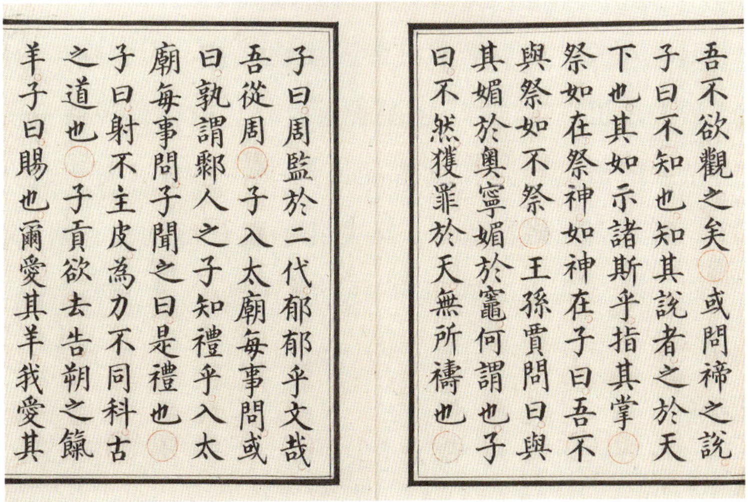
吾不欲觀之矣○或問禘之說子曰不知也知其說者之於天下也其如示諸斯乎指其掌○祭如在祭神如神在子曰吾不與祭如不祭○王孫賈問曰與其媚於奧寧媚於竈何謂也子曰不然獲罪於天無所禱也○

子曰周監於二代郁郁乎文哉吾從周○子入太廟每事問或曰孰謂鄹人之子知禮乎入太廟每事問子聞之曰是禮也○子曰射不主皮為力不同科古之道也○子貢欲去告朔之餼羊子曰賜也爾愛其羊我愛其

《论语》（明　姜立纲《四书白文》）

《论语》不是一整套思想体系或伦理教条，多半是师生共同讨论和体验天道、人事的真实记录。《论语》是儒家经典之一，东汉时列入经部。《论语》在汉至唐代是妇女、学童的启蒙读本。《论语》是我国第一重要的书，是中国人安身立命、立身行世的教科书。

《大学》是《礼记》（《小戴礼记》）四十九篇中的第四十二篇，作者已不可考，很有可能出于孔门曾子（曾参）及其弟子。唐代韩愈《原道》引用了《大学》，李翱开始阐发《大学》的“格物致知”论。宋以前没有单篇别行之本，宋仁宗于天圣八年（1030年）曾将单行本赐新第进士王拱辰等。司马光著《中庸大学广义》一卷，《学》《庸》并称别出。程颢、程颐兄弟表章《学》《庸》《论》《孟》，合称“四书”，以此作为上达六经的法门，又称《大学》为“初学入德之门”。

据程朱的解释，古代王公贵族至普通庶民的俊秀子弟，八岁入小学，十五岁入大学；小学学习待人接物之礼，大学则学习穷理正心、修己治人之道。《大学》之理兼通内外，内则详说修身的步骤，外则讲明做人的格局，是初学者的入门书。先学《大学》，以明学习的次序，其要点在格物致知、诚意正心的修养功夫。格物的重心在即物穷理，诚意的重心在毋自欺、慎其独。《大学》的修身、齐家、治国、平天下，其本只是正心、诚意而已。心得其正，然后才知人性之善。

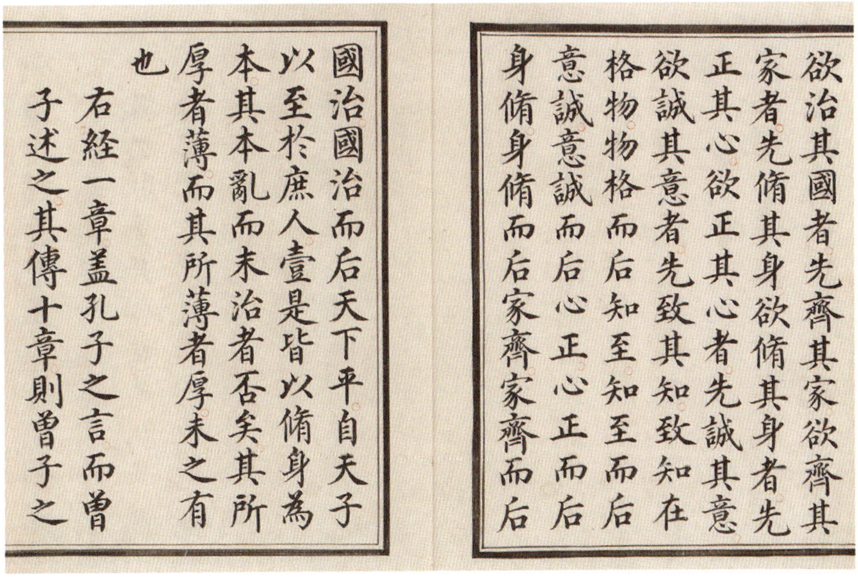
欲治其國者先齊其家欲齊其家者先脩其身欲脩其身者先正其心欲正其心者先誠其意欲誠其意者先致其知致知在格物物格而后知至知至而后意誠意誠而后心正心正而后身脩身脩而后家齊家齊而后國治國治而后天下平自天子以至於庶人壹是皆以脩身為本其本亂而末治者否矣其所厚者薄而其所薄者厚未之有也

右經一章蓋孔子之言而曾子述之其傳十章則曾子之

《大学》（明　姜立纲《四书白文》）

《中庸》是《礼记》（《小戴礼记》）中的第三十一篇，但单篇别出，由来已久。《中庸》为孔子之孙子思所作，其文句虽在汉代有增删，然其思想是子思的则毫无疑问。班固《汉书·艺文志》载有

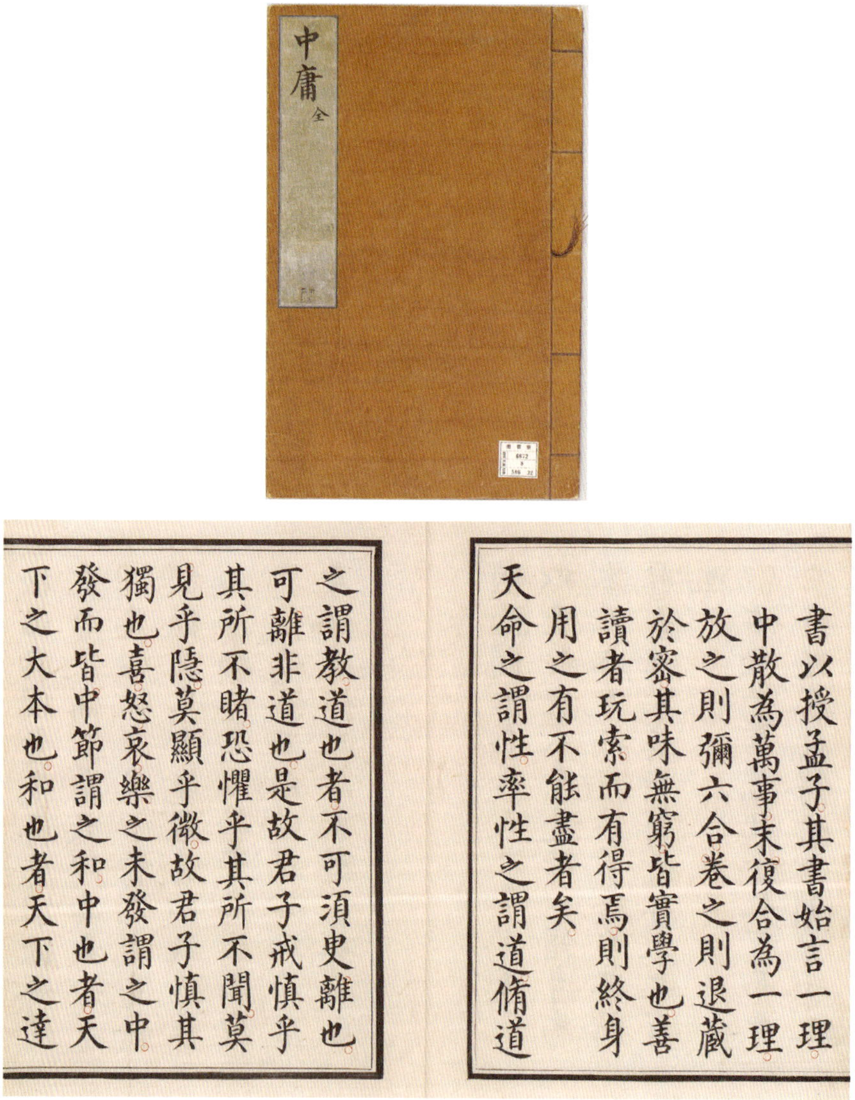

書以授孟子其書始言一理中散為萬事末復合為一理放之則彌六合卷之則退藏於密其味無窮皆實學也善讀者玩索而有得焉則終身用之有不能盡者矣

天命之謂性率性之謂道脩道之謂教道也者不可須臾離也可離非道也是故君子戒慎乎其所不睹恐懼乎其所不聞莫見乎隱莫顯乎微故君子慎其獨也喜怒哀樂之未發謂之中發而皆中節謂之和中也者天下之大本也和也者天下之達

《中庸》（明　姜立纲《四书白文》）

《中庸说》两篇，以后受到历代朝野的重视。唐代李翱的《复性书》，最早发掘了《中庸》的性命之学的价值。宋儒周敦颐等进一步阐发了《中庸》的形上学与心性论。邢昺向真宗陈述《中庸》大义，为真宗所采纳。仁宗以《中庸》赐进士，范仲淹授《中庸》于张载，启导张载入圣人之室。二程夫子表章《中庸》，与《学》《论》《孟》并行。程颐认为此篇乃孔门传授心法，始言一理，中散为万事，末复为一理。

《中庸》重在揭示人心、道心的区别，人心生于形气之私，道心源于性命之正。该书讲天命、率性，即讲道心，所谓“择善固执”的，即“惟精惟一”之道；所谓“君子时中”，即执中的意思；所谓“率性”，只是循天理而已。

《孟子》一书主要是孟子自著，或者是其高弟记录孟子言行，孟子晚年加以整理而成。《孟子》一书有七篇，汉代赵岐的《孟子章句》为之分章、断句。《汉书·艺文志》虽将《孟子》放在诸子类，但在汉代人的心目中，却把它看作辅翼“经书”的“传”。汉文帝把《论语》《孝经》《孟子》《尔雅》各置博士，便叫“传记博士”。赵岐尊孟子为亚圣，把《论》《孟》并列，王充也把《孟子》看作“传”。中唐以后，韩愈的《原道》提出儒家道统说。五代十国后蜀后主孟昶将包括《孟子》在内的十一经刻石，宋太宗又加以翻刻，自此《孟子》列入经书。北宋第一流的学者与政治家孙复、石介、欧阳修、王安石等，响应韩愈的道统说，尊崇孟子，重振儒学的工作遂为士子所认同。到二程时，已将《论》《孟》并提，地位已凌驾于六经之上。

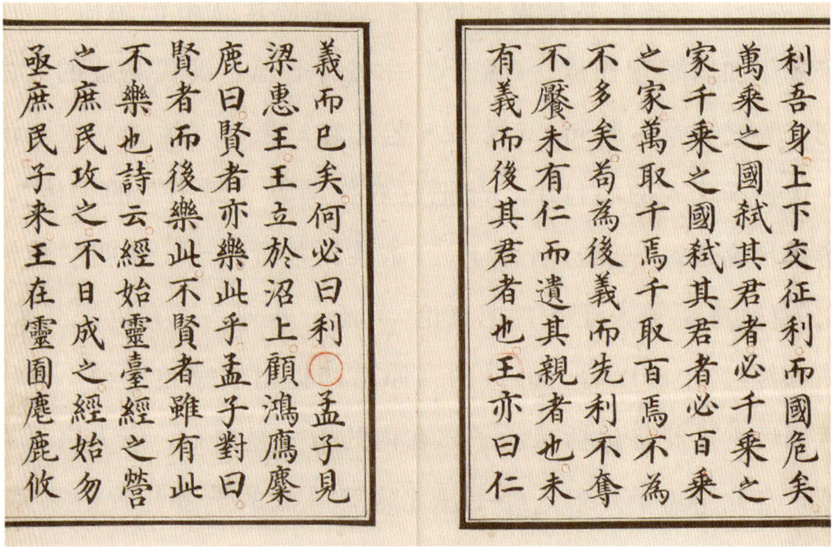
利吾身上下交征利而國危矣
萬乘之國弒其君者必千乘之
家千乘之國弒其君者必百乘
之家萬取千焉千取百焉不為
不多矣苟為後義而先利不奪
不饜未有仁而遺其親者也未
有義而後其君者也王亦曰仁
義而已矣何必曰利○孟子見
梁惠王王立於沼上顧鴻鴈麋
鹿曰賢者亦樂此乎孟子對曰
賢者而後樂此不賢者雖有此
不樂也詩云經始靈臺經之營
之庶民攻之不日成之經始勿
亟庶民子來王在靈囿麀鹿攸

《孟子》（明 姜立纲《四书白文》）

《孟子》一书，只是要正人心，教人存心养性，收其放心。韩愈说：“惟孟轲师子思，而子思之学出于曾子。自孔子没，独孟轲氏之传得其宗。故求观圣人之道者，必自孟子始。”程子说：“《孟子》有功于圣门，不可胜言。仲尼只说一个仁字，孟子开口便说仁义。仲尼只说一个志，孟子便说许多养气出来。”[①]

自宋代（特别是南宋）以来，“四书”地位大大提高。元至清代，“四书”成为科举考试的内容，成为士子必读的书。

原来分别刊行的《论语》《孟子》与《礼记》中的《大学》《中庸》慢慢结集成为“四书”，有文化原因与社会原因。

面对佛学、道教的挑战而重建中华文化的精神内核，是“四书”形成的文化原因。经过历史上外在的排佛和形式上模仿，至宋代，士人开始积极并内在地吸收、消化、扬弃佛学，也吸收本土的道教，重建适合于中国人的精神系统，包括哲学的宇宙观、形上学、心性论。宋代真正实现了儒释道三家的融合，特别是以历史实践证明最适合中国社会的儒家思想为主体的融合。宋元明清是“道学”或“理学”作为精神世界的时期。其兴起正是中国知识分子面临政治、民族危机，特别是外来文化思想的严重挑战，而产生的一种“文化自觉”。

自唐韩愈开始，至宋初三先生、北宋五子直到南宋朱子，可以说是数代知识分子重塑中国人的终极信念与价值系统，从高的层次与水平上回归中国人的精神源头，即回归“六经”、《论语》、《孟子》、周公、孔子的过程。

唐代以后中国社会的转型，是“四书”形成的社会原因。宋代与唐代及之前时代的区别，在于宋代开始了平民化的过程，传统社会贵族与庶民的二元对立的结构开始解体。宋代的经济水平、城市

① 以上韩、程的话，俱见《孟子序说》，见朱熹：《四书章句集注》，中华书局，1983，第198－199页。

规模与文化繁荣的程度，都是当时世界其他地区生存的民族所无法企及的，是世界文明史上的奇观！二元对立的社会结构解体之后的平民化的社会，需要汇聚中华各民族所能接受的精神性的，蕴含社会理想、做人之道与终极信仰的文本或经典。于是，唐代及此前上层社会人士诵习的“五经”，逐步让位于平民诵习的“四书”。这个过程比较漫长，“四书”当然不可能取代“五经”。宋代以后，士子有关“五经”乃至“十三经”的研究仍然代不乏人，颇多创构；然而从整个社会文化来看，“四书”成为家传户诵之学，成为朝野、城乡文化的主流。

“四书”与“四书学”是因社会民间的需要应运而生的，是文化下移的产物。孔子是中国知识分子第一次文化下移的代表，把王官之学下移民间，开创私学，删修“六经”，在士子中开启经典整理与诠释的传统。朱子是中国知识分子第二次文化下移的代表，讲学民间，注释“四书”，在社会群体中开启“四书”的新传统。假借今天的话来说，点击率高的关键词，宋以前是“周孔”（或“孔颜”）与“五经”，宋以后则是“孔孟”与“四书”，这也是钱宾四先生说过的。北宋确有扩大经学范围和重新注释经书的文化运动，于是有了“四书”的形成与流行。

三、朱子的诠释

朱子穷其一生为《大学》《中庸》作章句，为《论语》《孟子》

作集注，用功甚勤，修改不辍，四十余年，“改犹未了”，直到临终前三日还在修改《大学·诚意》，真是做到了“毕力钻研，死而后已”。

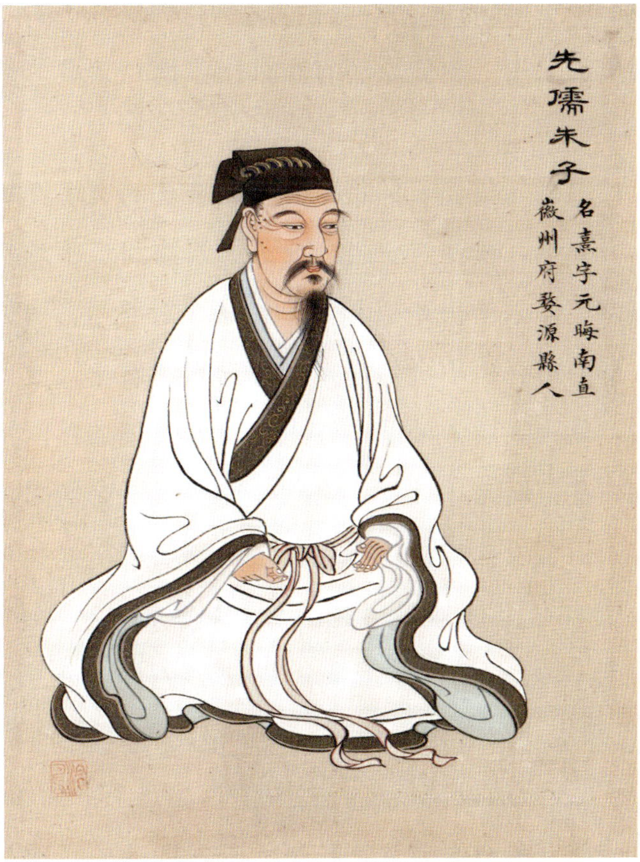

朱子（圣君及先儒图册）

2003 年上半年我在日本关西大学访学。5 月 27 日，我与内子曾到大阪市立美术馆参观流失海外的中国书法展览，乃美国、日本收藏的书法精品，有一些是我在北京、台北两个故宫博物院和上海博物馆都未曾见到的珍品，如王右军的《行穰帖》等。有一件珍品尤其使我流连忘返，那就是京都国立博物馆藏朱子行书《论语集注》残稿，是一位日本人 1914 年在北京文物市场上购买到的。展出的是“颜渊”部分，写于南宋淳熙四年（1177 年）。我与内子在这一珍贵文物前伫立良久。全部展览看完后，我们又回过头来再次行注目礼。此次展出的朱子的墨宝，还有东京国家博物馆藏的朱子草书尺牍（3 件合）等。

朱子《四书章句集注》的特点是，以洗练的文字逐句解释“四书”之难点、要点，先注音，再释典故、人物和难字难句，再解释其义理。应该说，朱子仍是以训诂和疏通文字为主。《四书章句集注》有关义理的解释也不全然是宋代理学家的看法，他首先还是讲通行的看法，就先秦儒学的基本知识与道德义理加以阐发；特别疑难处，遇到一些范畴与关键词，遇到一些与汉至唐代儒家不同的看法，遇到特别适合发挥宋儒的观点处，他或引用二程及其学生或他人的看法，或自己直接加以解释。在引用了前人或当时人的看法后，如不需再说则不说，如需要加以抉择判断处，则加“愚按”“愚谓”予以判定，或者留有余地。在章节之末，以“此一节”“此章言”“此言”云云加以总结。需提醒读者注意上下文相互关联处，也特别加以说明。除哲学名词和特别便于发挥处的义理是宋人的或朱子个人的理解外，一般说来，全书注释大体上是公共性的知识，故这是非常精要、深刻且难以替代的“四书”教材。朱子的学生李性传说该书“训释最精”，是非常确当的。当然，清代、近世有了其他训释“四书”的著作，如焦循的《孟子正义》，刘宝楠、刘恭冕父子的《论语正义》，程树德的《论语集释》，杨树达的《论语疏证》等，在训诂上更加完备、准确，但仍然无法代替朱子的这部著作，读者不妨参读。朱子的这部著作无疑是宋代“四书学”的集大成者，它把“四书”体系化了。

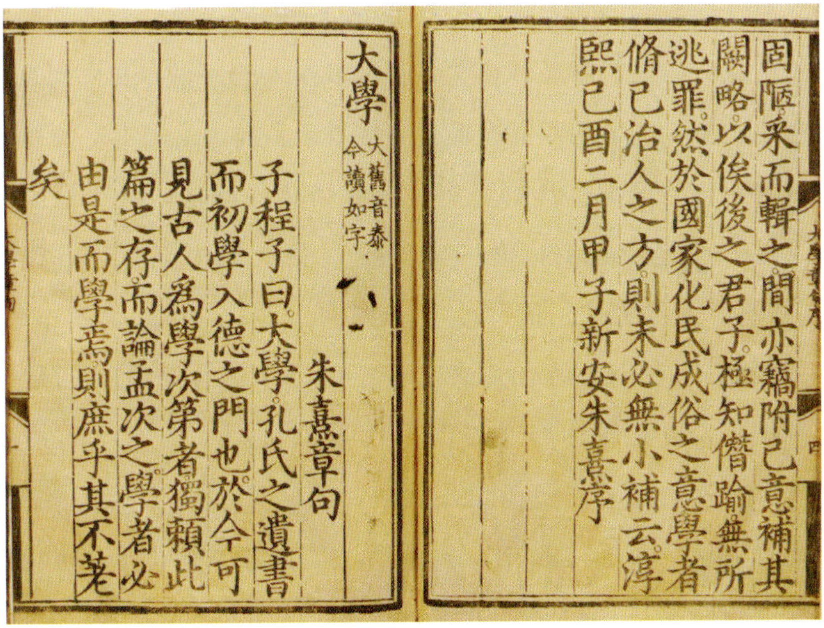
固陋采而輯之間亦竊附己意補其
闕略以俟後之君子極知僭踰無所
逃罪然於國家化民成俗之意學者
脩己治人之方則未必無小補云淳
熙己酉二月甲子新安朱熹序

大學 大舊音泰今讀如字
朱熹章句
子程子曰大學孔氏之遺書
而初學入德之門也於今可
見古人爲學次第者獨賴此
篇之存而論孟次之學者必
由是而學焉則庶乎其不差
矣

《四书章句集注》

四、如何读“四书”

儒学、“四书学”都越出了我国的疆域，成为整个东亚的精神文明。朱子的《四书章句集注》在元仁宗时期被钦定为科举考试的主要教材之后，在朝野有了更为广泛的流传，影响更大。当然，一旦被钦定为官方哲学，成为士子追求功名利禄的工具，越到后期则越僵化，削弱了原本活泼、质朴、创进、健康的精神资源的价值。

朱子的《四书章句集注》不仅是影响我国最深远的著作之一，也是影响东亚最深远的著作之一。该书传到朝鲜半岛、日本列岛和越南之后，当地的儒学专家多少有了不同于中国内地的发展，赋予其富有本土意味的创新意义，在学界有很多深入的探讨，在民间也有广泛的影响。东亚儒学的四书诠释有非常复杂多样、生动丰富的传统。

现在对古代经典的诠释，有一些庸俗化的倾向，对于民间文化来说，浅一点是正常的，但一定要提升受众的水平，努力把“戏说”“俗讲”引导为“正讲”。

“四书学”在今天仍有勃兴之势。从近十多年来我与同仁在学校、社团、企业、媒体、地方图书馆等处讲授“四书”的情况来看，深感民众的迫切需要与热烈欢迎，他们对“四书”有一种亲近性，而且能从生命的体验中、从生活的实践中加以理解。我相信，“四书”仍是现代中国人最好的精神食粮！

最后，关于“四书”的读法，朱熹说：“某要人先读《大学》，以定其规模；次读《论语》，以立其根本；次读《孟子》，以观其发越；次读《中庸》，以求古人之微妙处。”（《朱子语类》卷第十四）有人说，为什么一定要按朱子的步骤呢？我们当然可以各行其是，不过，朱子的读法符合循序渐进、由浅入深的原则。

学习“四书”，首先要疏通文句，读通弄懂每一个字、词、句、段的本来意思。这还是要从文字、音韵、训诂入手，借助于相对准确的注疏、解释，把握原文、原意。

学习“四书”，根本上是学习如何做人做事，一定要联系实际，知行合一，修身养性，完善自我。如程子说："今人不会读书。如读《论语》，未读时是此等人，读了后又只是此等人，便是不曾读。"[①] 我们不是为读书而读书，为读经典而读经典，读经典一定要与自己的身心修养、与自己的生活实践联系并贯通起来，变化气质，改过迁善，严于律己，诚心为民。程子说，学者须将《论语》中诸弟子的发问当作自己的提问，把圣人的回答，视作今日耳闻，自然会有所得。假如孔孟复生，不过以此教人。如若我们能把"四书"中的话，深切求索，反复体会，再三玩味，定能涵养自我，提升境界，做好本职工作，服务大众。这样，就能做一个有尊严的人，做一个君子，改变自己，改变世界。

所以，"四书"要用心去读，以生命对生命，以真诚对真诚。古代圣贤指点人，不是权威说教，而是启发学生或读者自己去领会。儒学是生命的学问，要体验、实践，身心合一。学习这些典籍要身体力行、学以致用，不能所学与所行脱节。《四书章句集注》这部书，我不知读过多少遍、教过多少遍了，反复诵读，每一次都有新的体验与收获。

总之，"四书"是中国人的基本信念、信仰，是中国人的安身立命之道，是家传户诵之学，哪怕是乡间不识字的劳动者，也自觉实践其中做人的道理。其中包含着"仁爱"思想，"己欲立而立人，己欲达而达人"、"己所不欲，勿施于人"、"老吾老以及人之老，幼吾幼以及人之幼"等格言，一直流传到今天，不仅是中国人做人的根本，而且是全人类文明中最光辉、最宝贵的精神财富。

---

① 朱熹：《四书章句集注》，中华书局，1983，第44页。

诸子：整合自然宇宙、道德世界与艺术天地

如何深入研究先秦诸子百家？

我与吴根友教授合著的《诸子学志》（“中国文化通志”丛书）1998 年由上海人民出版社出版，近年改名《诸子学通论》由商务印书馆重新出了修订版。[①] 这本书以现代学术视野综论先秦诸子及其学说的文化背景、思想主旨、历史命运，分别讨论了儒、道、墨、法、名、兵、阴阳、杂诸家及其主要代表人物有关自然、社会、人生的智慧。该书不仅研究了诸子的思想与著作，而且探讨了后人对它们的研究。这本书不仅是学术专著，还带有教材的性质，详细准确地评介了诸子的代表性著作、文献及其版本，以及后世研究的主要成果，尤其是清代至现代有代表性的研究成果。通过该书，可以

---

① 郭齐勇、吴根友：《诸子学通论》，商务印书馆，2015。该书“法家”一章由龚建平教授撰写。

把握子学的概貌，体悟诸子的睿智，并提供进一步探讨的门径与线索。

我们要重视早期的子学史观。《庄子・天下》、《尸子・广泽》、《荀子・非十二子》、《荀子・解蔽》、《吕氏春秋・不二》、《韩非子・显学》、司马谈《论六家之要指》、《汉书・艺文志》等反映了古人对先秦学术流派的最早的分析。诸子思想都有同一性、互渗性，儒、道、墨、法、名、阴阳诸家及其主张都不是绝对对立的，个别的“子”更是兼有几个学派的特色，有些学派在源头上甚至发展的初期本来就是混一的、交叉的，故战国至秦汉的人已难以给诸子定位分派。无论是用六家，还是用九流十家，或者再增加几派，去概括、分疏诸子，都不能无病；但没有这些概括、分疏，又茫然无绪，不知其统。况且，派属的定位也不是绝无根据的，许多思想家确有师承、流派的传衍关系或思想理论、学术方法的继承关系，可以划为一定的文化共同体。因此，尽管六家分疏，特别是后几家的加入，有画蛇添足甚至不伦不类的毛病，但为方便论说思想史，特别是先秦思想史，人们还是习惯于以家数论诸子。从先哲的早期子学史观中，我们可以得到一些启示。

我认为，研读诸子重要的还是要下苦功夫读书，首先是文字、训诂与文献的功夫，辨析的功夫。如近些年有关儒墨的讨论（如孟子与夷之，夷之的“爱无差等，施由亲始”），关于“亲亲互隐”的讨论等。《孟子・尽心上》“桃应问曰”章与《孟子・万章上》“万章问曰”章是孟子师徒讨论大舜的两章，费孝通先生的“差序格局”诸论批评儒家，引的例证中就有这两章。费先生对孟子论舜两章的评论极其简单，太过随意，攻其一点，不及其余。[①] 此说影响了西方学者，西方学者又反过来影响了国内学者。由此人们自然联系到《论语·子路》中的“父子互隐”章。这些讨论首先还是辨析功夫的问题，也涉及方法论问题。方法论问题更为重要，因为我们还要善于“合观”，诸子合观建立在辨析、比较之上。

最近笔者收到台大陈昭瑛教授赐赠的她的大著《荀子的美学》[②]，我觉得这本书写得很好。此书以比较哲学视野挖掘荀子思想，全书共三大部分，以“类”的概念贯串各章，分别为：“类的自觉”“类的本质”“类的生活”。各章分别讨论荀子与儒学的宗教性问题，《荀子》与《易传》、《中庸》的系谱关系，荀子的性恶说，公共理性与公共感性的相关问题，以及礼、乐、法作为“类的生活”如何实现荀子的王道理想。陈昭瑛教授运用黑格尔-马克思学派的美学，以及维科与赫尔德的民族诗学的思想源流，从中西会通的美学语境彰显荀子思想的精华，其中涉及公共理性与民主政治的分析很有意思。这对诸子学方法论有一定启发。

以下系统地讲讲诸子。

一、时代精神与诸子概说

“诸子”，指我国周秦之际、秦汉之际不同的学术流派、思想

---

① 详见苏力：《较真“差序格局”——费孝通为何放弃了这一概念？》，《北京大学学报》（哲学社会科学版）2017 年第 1 期。

② 陈昭瑛：《荀子的美学》，台大出版中心，2016。

家、社会活动家、教育家、学者及其著作。特别是周秦之际，诸子蜂起，大家辈出，学派林立，著作繁富，气象万千，是我国文化思想史、学术史和教育史上第一个光辉灿烂的黄金时代。

从世界文化史来看，公元前8世纪至公元前2世纪前后，希腊、埃及、印度、波斯与中国，这几个高度发达的文明古国，好像同时把宝盒给打开了一样，第一流的神奇人物通通出现了。在希腊，神话、史诗、数学、哲学十分繁荣，悲剧诗人、数学家、哲学家，如荷马、赫西奥德、三大悲剧作家、毕达哥拉斯、赫拉克利特、巴门尼德、苏格拉底、柏拉图、亚里士多德等，纷纷涌现出来。在埃及，从旧王朝转变为新王朝，在宗教上有很多宝典涌现出来，在艺术上有许多雕刻、建筑、绘画涌现出来。在印度，四大《吠陀》、《奥义书》，一直到数论派的哲学、大小乘佛学等都出现了。在波斯，琐罗亚斯德出现了。在中国，六经（《诗》《书》《易》《礼》《乐》《春秋》）出现了，诸子（老子、孔子、墨子、孟子、庄子、荀子等大哲）出现了！释迦牟尼、孔子、苏格拉底先后于公元前6世纪至公元前4世纪出现于印度、中国和希腊。当时各领域的天才都涌现出来，创造了古代各民族最辉煌的文化精神成就。这就是雅斯贝斯所说的“轴心时代”。这是人类精神的源头活水！

从中国文化史来看，自公元前770年周平王东迁洛邑，到公元前221年秦统一中国的春秋战国时期，是所谓五霸七雄逐鹿中原、纷争鼎立之际。“溥天之下，莫非王土；率土之滨，莫非王臣”的西周宗法制度逐渐解体。西周的土地、财产、权力都属天下之大宗——天子所有，并逐层依照嫡长子继承制、封邦建国制和宗庙祭祀制度等，分别分封给诸侯、卿大夫、士。东周时期，随着牛耕和铁制农具的使用，农业生产力进一步提高，井田制被破坏，土地国有形态之“公田”逐渐变为“私田”。周天子的权威被削弱了，代之而起的权威是实力和利益。这就是孔子所说的“礼乐征伐自天子出”变成“自诸侯出”、“自大夫出”和“陪臣执国命”的时代。

那是一个社会大变革、大动荡的时代。列国间、贵族间为资源、财产和权力的再分配争斗不休，夺取城池、土地、农人的战争愈演愈烈。土地私有化及土地买卖的出现，打破了贵族世袭土地的旧例，集体生产的农耕方式逐渐向以家庭为单位的个体生产形式过渡。

文化、学术、教育乃至典籍的垄断亦失去了原有的经济支柱和政治依据，形成孔子所谓“天子失官，学在四夷”的局面。按西周的体制，学术与教育只可能以国家公有的方式出现，这就是“学在官府”、“官守学业”、政教一体、官师一体。典册秘籍、图书文物与礼乐器具等都收藏在宫府之中，担任礼乐之职、执掌文化教育学术事业的人，既是师又是官，是一些世代相传的职业文化人。他们有的就是贵族，或者是贵族中等级较低的人，或者是为贵族服务的人。

周朝政治权力中心的旁落及其向强势诸侯国的转移，各诸侯国内纷纷出现的旧秩序崩坏、旧价值瓦解，即“失序”的状态，导致文化、学术、教育中心的下移。天子与诸侯宫府中的典籍文物、礼乐器具，以及掌管它们的官师合一的司礼、司乐或所谓祝、巫、卜、史等逐渐下移，流散于民间。而政治上、经济上逐渐强盛起来的新兴阶级迫切要求打破“学在官府”的垄断地位，要求开放典籍文物，掌握知识文化，接受教育、培育人才，而且他们也有实力供养礼乐文明的器物及精通者。所有这些，都为文化、学术、教育的私有化创造了条件。

养士之风有赖于又进而促进了私学的发展和学术的自由。“官失其守”，文献流布，为私学兴起提供了适宜的土壤。

文化学术的下移、私学的兴盛、“士”阶层的崛起、诸子百家的形成，是春秋战国时期社会大变革带来的相互影响、互为因果的四重奏。或者我们也可以说，诸子百家是在文化学术的下移、私学的兴盛和“士”阶层的崛起的背景下逐渐形成的。

此外，我们也不能不看到，由于铁制工具的广泛使用，以及纺织手工业的进步，书写工具有了更新，知识文化的载体由甲骨、铭器变为简、帛，进而由简牍刀漆演变为纸帛笔墨，加上书写符号有所简化，文化传播手段得以改观，这也是“诸子”形成的一个客观条件。“竹帛下于庶人”，民间得以藏书，得以成书，是学术自由的一个前提。

先秦诸子百家的产生，也与不同的文化区域、文化传统有着密切的关系。例如儒家与邹鲁文化，道家与荆楚文化，法家、纵横家、名家与三晋文化和秦陇文化等，都有着一定的渊源。

春秋战国时期是一个需要巨人也产生了巨人的时代。当时的“子”们，整理弘扬文化遗产，发挥创造，使之显现出新的精神；又针砭时弊、著书立说，提出各不相同的救世方略，并力行实践，奔走于天下。他们大多是行动的实践派，在历史上形成了为后世知识分子所仿效的典范人格。且由于他们的人生际遇、生存体验不同，因而对于宇宙之根源、社会之治乱、人生之真谛，对于天人之际、性命之源等种种问题，发挥出最具原创性的睿知睿识。世变的纷繁，思想言论的自由，磨砺出各具特色的异说新思，成为尔后中国思想的不同基因。然而，“天下同归而殊涂，一致而百虑”，“万物并育而不相害，道并行而不相悖”。诸子之间都是可以会通的。诸子的思想观念丰富多样，彼此相反相成、相灭相生、相非相续、相需相涵。

自先秦至汉世，诸子发展的第一阶段是春秋末期至春秋与战国之际的老、孔、墨的时代；第二阶段是战国时期诸家鼎盛期，即孟子和庄子的时代；第三阶段是战国末期荀子、韩非、吕不韦的时代；第四阶段是两汉诸子的时代。

第一阶段是诸子的初兴期，出现了老、孔、墨这样具有原创性的典范人物和兵家、名家的早期代表，产生了在中国学术史上影响深远的道家、儒家、墨家等三大基元思想系统。当时所讨论的中心问题是一个“礼”字，即在礼坏乐崩的秩序面前，贵族阶级如何走正路、如何成为正当的问题，以及正在发生转变的社会价值系统如何与传统礼乐文明相联系和区别的问题。

老子和早期道家以空灵的智慧、生命的感悟、精巧的哲思和冷静的观照，透悟社会变革带来的一系列变化，尤其是反思包括礼乐文化在内的人类文明给人类生存的环境和人本身所带来的异化，从而提出“回到自然”的口号。

孔子和早期儒家的回答是：古代的典籍和贵族社会流行的礼文仪节的核心价值是可以继承下来的，如“仁者爱人”“孝悌忠恕”

"博施济众"的原则和"礼乐教化"的秩序是必须持守并可以转化的。他们代表平民批评贵族内部和外部的暴发户对社会秩序的践踏给平民带来的苦难，因而主张克己-正名-复礼。他们实际上是以理想社会来批评现实社会。孔子和早期儒家是贵族与平民的结合，是承先启后的一代人物。

墨子和早期墨家是从孔子的营垒中突破出来的。他们不满意孔学的繁文缛节和固守传统文化的情结，完全代表平民阶级立功立言。他们中多数人是手工业者。墨家具有积极的救世精神，摩顶放踵，奔走于列国，制止不义的战争。他们批评贵族生活的内容和方式与儒家不同。他们既继承了民间宗教，尊天事鬼，倡导"天志""明鬼"的信仰，又反对厚葬久丧、靡费财物的习俗，而主张"节用""节葬""非命""非乐"。他们的道德价值和政治诉求是"非攻""兼爱""尚贤""尚同"。这反映了他们欲建立新秩序的要求。这些主张从劳动者的利益出发，注重民生，讲求实效，决不放言高论，同时又在现实社会中追求平民阶级的价值理想。他们有丰富的防御战争、制造机械的经验，发展了我国古代的工业技术、科学知识和经验主义的认识论、逻辑学思想。他们开启了与儒家孔子不同的另一路向的思想传统。

老、孔、墨确乎代表了三种样态的人生和相互补充的三种人格。无论是"到山林去"（老）还是"到庙堂去"（孔）抑或"到民间去"（墨），无论是"隐逸情采"还是"圣贤人格"抑或"平民作风"，都有真、善、美合一的意境，而且常常是同一个社会不同的人或同一个人在不同时期、不同境遇的生存理想。它们都是"生命的学问”！

第二阶段是诸子的鼎盛期，学者们大大地丰富、完善、发展了儒、道、墨思想，并产生了新的儒、道、墨学派，同时形成了大范围的争鸣对话，形成了兵家、法家、名家、农家、纵横家等不同的思想系统和实践活动。他们讨论的中心既有“治”的问题，又有“仕”的问题，即社会秩序如何重建和知识分子应当如何自处。

儒家有了孟子，道家有了庄子，才真正使儒、道两家成为中国思想史上的双璧！他们分别使儒、道两家在本体论、宇宙论和人生论上有了新的理论深度。

战国时期涌现了一大批进取的、急功利而明法度的法家代表人物，如李悝（李克，子夏的弟子）、吴起（曾子的弟子）、商鞅、慎到、申不害等，继承了管仲和子产的思想，在治理现实社会方面做出了很大的贡献。如前所述，春秋末年以降，贵族阶级崩坏，整个社会政治生活处于失序的状态，亟待重建。孔子强调人道化的政治，在“仁”“礼”的学说中进一步把古代的宗教、政治伦理化，淡化周礼的宗教性，增强“礼”的教育性、人道性，希冀实现新的礼治秩序。孟子进一步把这种秩序的重建与人心内在的道德律联系起来。法家的思路与此相反。在财产和权力再分配的过程中，新兴阶级（有的是从平民中产生的）逐渐掌握了统治权。列国在改革的实践中，与经济上重本抑末、奖励耕战、富国强兵的政策相一致，必须实现政治上的“明法审令”，即以法令去规范人们的行为。慎到以“势”（权力、权威）、申不害以“术”（办事、用人的技巧与手段）、商鞅以“法”（法律、政令、赏罚）作为政治和治术的根本。

与当时政治礼法上的“正名”问题之争和法律诉讼活动相伴随，出现了一些机智的辩者，著名的有惠施和公孙龙。他们通过对形名、实名等关系的讨论，探讨了古代逻辑学、知识论的问题，表现出很强的抽象思维能力。

第三阶段是诸子进一步发展和初步总结期，继续围绕“礼”“仕”“治”等问题展开讨论。此时出现了儒家的重要代表荀子，阴阳家的重要代表邹衍，法家的重要代表韩非、李斯，杂家的重要代表吕不韦。

荀子是与孟子比肩的儒学大师，传孔门弟子子夏、仲弓之学，对六经与上古文化的承传发挥了很大的作用。荀子不仅在人性论，而且在天道观、认识论、逻辑学等各方面创发新说，对先秦诸子做了批判总结。韩非是荀子的学生，是法家思想的集大成者，提出了法、术、势相结合的君主专制的中央集权的理论。秦相吕不韦及其宾客对诸子做了调和统一工作，兼收并蓄，融合诸家，在宇宙观、历史观、认识论、人性论、养生论，以及军事、音乐各方面，对先秦思想都有综合与发挥，但没有产生超越诸子的更伟大高明的理论。

第四阶段是对先秦诸子做再总结的时期和两汉诸子的时期。此时期出现了三大思潮：一是秦汉新道家思潮；二是官方儒学思潮；三是在野派的批判思潮。

二、儒家

儒家的正式形成当在孔子时代。儒家是继承周公孔子之道，讲述六艺之学的学者和教师，活跃于民间社会，以其道德理想批判现实的污浊黑暗，以礼乐文明的精神滋养社会道德，纯洁人们的心灵。战国时，各国当政者都不接受儒学，儒学被视为迂阔之学，各学派也对儒家持批判态度。汉初，刘邦改变了打天下时对儒生的痛恨态度，开始亲近儒学。刘邦过鲁，“以太牢祠焉”。但汉初六七十年间，即高、惠、文、景时期，主导思想为黄老之学。汉武帝“表彰六经”之后，儒学地位上升。在承平时期，为了治天下，统治者将目光转向儒学。由于儒家善于继承传统文化、典章制度并依时代加以因革损益，平易合理，所以朝野都能接受。其所强调的仁、义、忠、恕之道，使社会秩序得以维系，即所谓“序君臣父子之礼，列夫妇长幼之别”，足以内裕民生而外服四夷。所以，在先秦诸子各家学说中，唯有儒学被汉朝最终选定为治国平天下的统治思想。

先秦儒家有孔子及其门徒曾子等，之后有子思、孟子、荀子等。讨论的问题包括：天道观，性命与天道的关系；人性论，人性善恶；道德论，仁义内在还是外在；社会治理，德治仁政或礼法共治。

1. 孔子

孔子承先启后，最大的贡献是创造性地奠定了中华民族人文精神的核心价值观。孔子继承了三代传统的天命观念，如：“获罪于天，无所祷也”；“道之将行也与，命也；道之将废也与，命也”；“不知命，无以为君子也”；“君子有三畏：畏天命，畏大人，畏圣人之言”。孔子一方面保留了天的神秘性和对于天、天命的信仰、敬畏，另一方面又修正了周代关于天帝、天命只与天子、诸侯、大夫等贵族阶级有关的看法，而使每个君子直接地面对天帝，在人生的道路上去“畏天命”进而“知天命”，这就肯定了个人所具有的宗教性的需求。孔子为什么要反复申言对天的信仰和对天命的敬畏呢？在这里，“天”关涉到人的类本质和类特性，首先是宗教性和道德性。孔子把对超越之天的敬畏与主体内在的道德律令结合起来，把宗教性转化为内在的道德性。

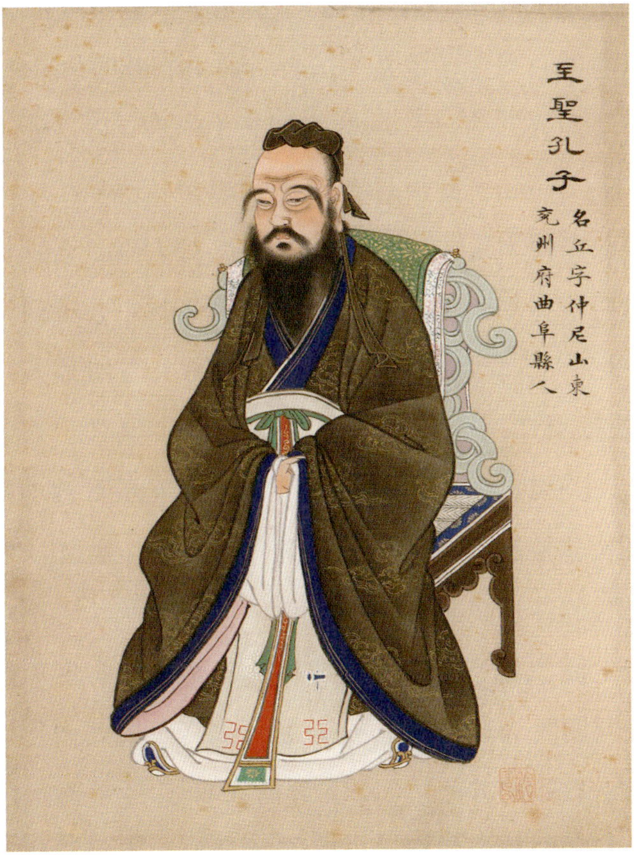

孔子（圣君及先儒图册）

“不怨天，不尤人，下学而上达；知我者其天乎！”正因为生命有了这一超越的理据，所以儒者才有了积极有为的担当意识和超越生死的洒脱态度。孔子的人性、天命、天道的思想有深刻的哲学形上学与宗教的终极关怀的内容。在孔子那里，“天”有超越之天（宗教意义的终极归宿）、道德之天（道德意义的秩序与法则）、自然之天（自然变化的过程与规律）、偶然命运之天等不同内涵。

孔子超乎前代思想家最主要的贡献，是把“礼”的内核“仁”即人文价值理想确立起来，并做了多层面、多维度的发挥。“仁”是孔子思想的中心观念，也是中国哲学的中心范畴之一。

孔子以“爱人”为“仁”。“樊迟问仁。子曰：‘爱人。’问智，子曰：‘知人。’”孔子主张仁智双彰，以爱人为仁，以知人为智。他继承周公以来的人道主义传统，不仅反对人殉、人牲，甚至对以人形的木陶俑陪葬都表示厌恶。有一次退朝时，孔子闻知马厩被烧了，他首先问“伤人乎？”而不问马。孔子关心的是人，而不是马（及马所代表的财产）。他关心的人，包括饲养马的普通劳动者。爱人、同情人、关切人，包括爱、同情、关怀下层百姓，是“仁”的主旨。孔子所重在“民、食、丧、祭”。他反对暴政，主张像子产那样“惠民”，“养民也惠”“使民也义”，希望统治者不违农时，使百姓能维持生活、生产，有一定的生活保证。他肯定民生问题、老百姓的吃饭问题是为政之本。孔子主张藏富于民并教化人民，他提出“庶、富、教”的方略。“庶”是指人口多起来了，在人口稀少的当时，这是社会繁荣的标志。没有战乱的地方容易招徕百姓。孔子主张“富民”“教民”，庶而后富，富而后教。他注重社会公正问题，反对贫富过于悬殊。

什么是孔子的一以贯之之道？曾子说：“夫子之道，忠恕而已矣。”“忠”就是“中”，讲的是人的内心。“人之生也直，罔之生也幸而免。”人的生存出于正直，不正直的人也可以生存，那是他侥幸免于祸害。孔子讲内在的“直”德，就是内不自欺、外不欺人，反对巧言令色、虚伪佞媚。“忠”是尽己之心，“己欲立而立人，己欲达而达人”。这是内心真诚的“直”德的不容已的发挥。“恕”讲的则是待人接物。“恕”是推己之心，“己所不欲，勿施于人”。综合起来就叫忠恕之道或絜矩之道。实际上，“忠”中有“恕”，“恕”中有“忠”，“尽己”与“推己”很难分割开来，这是仁道的一体之两面。这不仅是人与人之间关系的仁道原则，推而广之，也是国家与国家、民族与民族、文化与文化、宗教与宗教的相互关系的准则，乃至为人类与自然之普遍和谐之道。“仁”的内涵包括物我之间、人与人之间的情感相通。

2. 孟子

战国时期，人性问题成为争鸣的一个焦点。当时具代表性的几种观点有：一是告子主张的“性无善无不善”论；二是有人主张的“性可以为善，可以为不善”论；三是无名氏的“有性善，有性不善”论。世硕的主张是性有善有恶，至于人趋向于善或恶，取决于“所养”，即后天的环境及教育的影响。

孟子则提出了与当时流行的看法迥然有别的有关人性的新看法，即人的不善不是由他的本性决定的。也就是说，人之为善是他的本性的表现，人之不为善是违背其本性的。孟子认为，犬之性与牛之性不同，牛之性与人之性不同。人有自然的食色之性，但人之所以为人，或者说人与禽兽的本质差异，在于人有内在的和道德的知、情、意，这是人所固有的道德属性。

孟子（圣君及先儒图册）

恻隐、同情、内心不安、不忍人之心（不忍牛无辜被杀等），是善的开端、萌芽。人内在具有的恻隐、羞恶、恭敬、是非，道德的同情心、正义感、羞耻感、崇敬感，和道德是非的鉴别、判断，这些东西就是道德理性"仁""义""礼""智"的萌芽。这是人内在固有的，而不是外力强加的。把这些萌芽状态的东西扩充出去，就可以为善。孟子认为，仁是人的心，义是人的路。人都有仁义之心，之所以丧失良心，是因为不善于保养。"人之所以异于禽兽者几希，庶民去之，君子存之。舜明于庶物，察于人伦，由仁义行，非行仁义也。”舜是由内心保存的仁义去行事，而不是在外力之下勉强地去行仁义。“由仁义行”，是内在的道德命令，是人的道德自由；而“行仁义”，则是被动地按社会规范去做。

孟子关于人性的讨论，是从人的情感——不忍人之心、恻隐之心出发的，即人的道德直觉、道德担当，是当下直接的正义冲动，并没有任何其他的功利目的。例如你冲过去救一个即将落入水井的孩子，刹那间并不是要结交孩子的父母或在乡党朋友面前彰显自己，谋取虚荣，而是你内心有一个无条件的道德要求和绝对命令，使你不假思索地去做。人作为道德主体，自己为自己下命令，自己支配自己。这一主体既是意志主体，又是价值主体，更是实践主体。仁、义、礼、智、信等，不完全是社会外在的道德规范，同时也是本心所制定的法则。这就是道德生活的内在性。恻隐心、羞恶心、辞让心、是非心等，既是理，又是情。这种“四端之心”本身既含有道德价值感，同时又是道德判断的能力和道德践履的驱动力，成为现实的道德主体自我实现的一种力量。没有这些东西，人就会成为非人。

孟子把良心称为本心，本心是性善的基础或根据。良心本心是上天赋予的，“此天之所与我者”。孩提都知道爱其亲，长大也都懂得敬其兄，亲情之爱、敬长之心就包含仁义。这都是不学而能、不虑而知的。仁义是内在的禀赋。

孟子与告子辩论，以类比法在杞柳之辩、湍水之辩中取得胜利，又进一步运用反诘式、归谬法，在“生之谓性”之辩、“仁内义外”（告子方）还是“仁义内在”（孟子方）之辩中，最后取得胜利。按告子的思想逻辑，犬、牛之性与人之性没有根本的差异。孟子在中国哲学史上第一次明确揭示了关于人性的新观念：人具有不同于动物或他物的特殊性，这就是道德性。孟子不否认人有自然欲望，他的意思是，如将自然欲望作为人之本性，则无法讲清人与动物或他物的区别；只有道德本性才是人最根本、最重要的特性，是人之所以为人的标尺。

孟子指出，仁、义、礼、智这些道德规范源于本心，只是人们常常不能自己体认良心本心，因此需要常常反躬自问，自省良心本心。他说：“万物皆备于我矣。反身而诚，乐莫大焉。强恕而行，求仁莫近焉。”这里所说的“我”具备了一切，不是指外在的事物、功名，而是说道德的根据在自己，元无少欠，一切具备。在道德精神的层面上，探求的对象存在于我自身之内。道德的自由是最高的自由，不受外在力量的左右，因为道德的行为总是自我命令的结果。反躬自问，切己自反，自己觉识到自己的行为无愧于天人，就是最大的快乐。不懈地以推己及人的恕道去做事，达到仁德的途径没有比这更便捷的了。除了反求本心，还要推扩本心，即把人的这种道德心性实现出来。由上可见孟子思想的仁义内在、性由心显、以心善言性善的特征。

孟子的社会政治思想是以他的性善论为前提的。正因为人有“不忍人之心”，所以才能行“不忍人之政”。他把道德仁义推行到社会、国家的治理之中。他提出“亲亲而仁民，仁民而爱物”的推恩原则，“仁者以其所爱及其所不爱”，“推恩足以保四海，不推恩无以保妻子”。如此，治天下“可运于掌”。他反对“以力服人”的“霸道”，反对以暴力和强制对待百姓，而主张“以德服人”的“王道”，爱护百姓，指出只有不喜欢杀人的人才能统一天下。

仁政学说的目的是为民。因此，仁政首先要解决民生问题，在先儒养民、富民和安顿百姓的生命与生活的基础上，孟子首次明确提出为民制产，认为人民只有在丰衣足食的情况下才不会胡作非为，并接受教化。教育可以调治人心，和谐社会关系，安定社会秩序。教育可以使人“明人伦”，形成“人伦明于上，小民亲于下”的社会风气。所谓“明人伦”，就是教民懂得并实践社会生活的准则（父子有亲、君臣有义、夫妇有别、长幼有序、朋友有信）。“居仁由义，大人之事备矣”，即掌握了仁义道德，就好像居住在“仁”里，行走在“义”的路上。

孟子“仁政”思想是对孔子“德治”“重民”思想的发展，他提出了“民贵君轻”的著名思想。他很看重民心的向背，认为民心的向背是政治上成功与否的决定因素。他说：“民为贵，社稷次之，君为轻。”在治理国家、统一天下的问题上，老百姓是最重要的，国家政权是次要的，国君是更次要的。孟子有“不召之臣”的说法，君有过错，臣可规劝，规劝多次不听则推翻他。残暴的君主是独夫民贼，人民可以联合起来诛杀他。这是孟子思想中可贵的民主精华。孟子的民本思想对历代批判君主专制的思想家影响很大，成为中国乃至东亚重要的政治资源。

孟子十分重视人格独立和节操。继承子思思想的孟子有着自由知识分子的骨气和傲气，有着“舍我其谁”的气魄、胆识。他发展了孔子关于“德”与“位”的矛盾学说，举起了“以德抗位”的旗帜，对后世知识分子有极大的影响。

在子思的德气论的“五行”学说基础上，孟子创造了“浩然之气”的概念。保养浩然之气的根本在于养心，即恢复、保任四端之心。孟子主张调动气来配合道义，不仅使理义集于心，而且使理义之心有力量，可以担当，可以实践，可以使理想实现。这样，面对任何安危荣辱、突然事件，都无所惧、无所疑，能担当大任而不动心。浩然之气是天地之气，也是我们生而有之的气，只要不人为地破坏它，善于保养它，就能合乎道义，辅助道义。养气在于养心，而言为心声；不正当的言论反过来会诱惑、伤害心，故需要知言。对各种言论有独立思考和分析评判，不盲目信从，谓之知言。知言是为了辨志，知言也是养心的功夫。故以道德心为枢纽，孟子把持志、养气、知言统合了起来。

孟子提倡宏大刚毅、坚定不移的气节和情操，崇尚死而后已、无所畏惧的任道精神。孟子笔下“立天下之正位，行天下之大道”的“大丈夫”的行为标准是：“得志，与民由之；不得志，独行其道。富贵不能淫，贫贱不能移，威武不能屈。”这种任道精神和崇高人格曾激励了我国历史上无数的仁人志士。

3. 荀子

荀子是先秦儒学的殿军，也是集大成者。与孟子的“性善论”不同，荀子提出“性恶论”的主张。他提出“性伪之分”的命题，指出：与生俱来的本能是“性”，而后天习得的则是“伪”。“伪”是人为的意思。“本始材朴”是人的自然本性，“文理隆盛”是人类的社会制度、文化创造，包括礼义道德。前者需要后者的加工，才能完善；后者没有前者为基础，就无法加工。荀子认为道德是后天习得的，是经过人的思虑的积累、官能的反复运用然后形成的行为规范。他认为孟子没有分清“性”与“伪”的区别。礼义是圣人制定的，通过学习和践行才能变为道德品质。

荀子提出“化性起伪”的命题。导情、化性而起伪，改变人性，造就治世，是荀子的主要思路。荀子主张“性伪合而天下治”。通过后天的教育，或通过国家刑罚与社会规范的制约，使人以理性支配感性，维护社会道德秩序，达到天下出于治、合于善的目标。

荀子性恶论的主要意图是要改变人的性恶之质而迁于善。因为凡是善的、有价值的东西都是人努力的结果。他肯定人有智能，可以向善，可以通过后天的学习、教化成就自己。“涂之人也，皆有可以知仁、义、法、正之质，皆有可以能仁、义、法、正之具；然则其可以为禹，明矣。”

孟子是理想主义者，荀子是现实主义者。张岱年先生说：“孟子言性善，乃谓人之所以为人的特质是仁义礼智四端。荀子言性恶，是说人生而完具的本能行为中并无礼义；道德的行为皆必待训练方能成功。孟子所谓性，与荀子所谓性，实非一事。孟子所注重的，是性须扩充；荀子所注重的，是性须改造。虽然一主性善，一主性恶，其实亦并非完全相反。究竟言之，两说未始不可以相容；不过两说实有其很大的不同。”①

---

① 张岱年：《中国哲学大纲》，商务印书馆，2015，第312页。

荀子学说的中心是其“礼论”。性恶论是“礼论”的基础。正因为人性本恶，所以才需要以礼义、法治来教育、改造和制约人性。从社会与人的性情的角度看，他认为，礼义源于对人的自然本性、情欲情感的限制，源于人们无限的欲求与社会有限的财富的矛盾。

荀子认为，人们的生存离不开社会，一个社会的组成及其秩序，靠社会分工和等级名分制度加以确立。礼、义则是维系一个社会正常运转的纽带。他指出，人与动物的区别就在于能“群”。而人之所以能群居，是因为能“分”。靠什么“分”？靠礼、义。人是社会性的动物，面对自然、面对野兽，必须联合成社会群体，而任何群体，必然有一定的组织形式，要有分工和合作，要有等级名分，并以此决定消费品之分配，以免发生争斗和内乱。他提出“明分使群”的命题，指出一个人不能兼通数种技艺，兼管各种事务；一个人的生活所需，要靠众人的生产品供给。群居生活一定要明其职分和等级。明确各人的职分是人能“群”的前提，而礼义是维持“分”的手段。荀子把合群的力量归结为“圣王”“君主”。

荀子主张“以礼正国”。他所倡导的“礼治”，是通过社会分工，确立贫富贵贱的等级秩序。他指出，少事长、贱事贵、不肖事贤，是天下之通义，要求人们遵守维持贵贱贫富等级秩序的礼，安分守己。他说：“人无礼则不生，事无礼则不成，国家无礼则不宁。”“国无礼则不正。礼之所以正国也，譬之犹衡之于轻重也，犹绳墨之于曲直也，犹规矩之于方圆也，既错之而人莫之能诬也。”礼一旦制定，就不能违反。王公士大夫的子孙也不能违反，如果违反了，就应当贬为庶人。相反，庶人的子孙遵守礼义，注重修身，也能提拔到社会上层。礼需要教育，需要向师长学习。“礼者，所以正身也；师者，所以正礼也。无礼，何以正身？无师，吾安知礼之为是也？”同时，他又主张，“士以上则必以礼乐节之，众庶百姓则必以法数制之”。

荀子虽然主张以“法治”补充“礼治”，但“礼治”本身仍然是“人治”。他强调隆礼义，是因为礼义法度属于后王现行的东西，比起先王的《诗》《书》更为切近明确。法令固然重要，但根本上是人的问题，特别是任用贤人的问题。荀子还是主张信用贤能，天下为公。荀子向秦昭王明确表示了实行王道政治的立场，肯定儒家的仁义爱民主张，并认为只有儒家之道才能统一中国。总之，礼是由仁义所生，礼治本质上也是仁政，由君子实行。礼义是社会认同的道义原则，统治者与庶民都必须遵守。在这些方面，荀子与讲法、术、势的法家有很大的区别。

荀子指出，礼以中道调节情绪、情感的表达。有了礼的仪节，贤者可以表达敬爱之心，不肖者用此成就行义之美。礼可以节制人们情感的表达，兼而用之，及时行动，交互为用。

荀子的礼论又是与乐论相结合的，礼乐不仅调节人们的物质需求，而且满足人们的精神需求。儒家的治道是一种教化形态，它也包含法治、刑政，但主要是通过礼乐教化提升每一个人的人格。以礼节民，以乐和民，礼、乐、刑、政相辅相成。

孔子、孟子均继承了夏、殷和周初的宗教神性意义的天道观，并依据《诗经》《尚书》，发展出个人德性为天所赋，个人“畏天”

“知天”之说，又结合道德、宗教，把天作为道德的超越根据。另外，孔子、孟子均有将“天”视为自然意义的天的看法。荀子也继承了以天为神的传统，如说“皇天隆物，以示下民”，把“天”“帝”合称为“动如天帝”等。荀子也以“诚”说“天”：“天地为大矣，不诚则不能化万物。”他的“君子与天地相参”等思想亦与《中庸》相通。

荀子天论的创新发展在于阐发“天”的自然义和规律义。天是不为而成、不求而得的。人们看不见它的行动，可是看得见它的功绩，这就叫作“神”；人们都知道它的成就，却不见它的形迹，这就叫作“天功”或“天职”。圣人只修人事，不希求了解天道自然。荀子把自然天地作为万物生成长养的源泉。

他提出“天行有常”的命题，天道即自然规律，并不与人事相涉，不以人的意志为转移。社会的治乱不是由于天的主使。日月、星辰、节气，在禹王、桀王时都是相同的，可是禹王时天下太平，桀王时天下大乱，这都不是天的意志，而是人事的问题。荀子说，星宿坠落，树木发声，人们都会感到恐惧。但这不过是天地的运动、阴阳的变化，没有什么可怕的。日食、月食、异星的出现或风雨不调，是任何时代都有的现象。

他提出“明于天人之分”的思想，也就是界定好天的职分和人的职分。天和人各有不同的职能。人类的命运在上天，国家的命运在礼制。产生万物和人类社会的是自然之天，而治理万物和人类社会的则是有为的人。荀子主张不要迷信天，但要尊重天道，在这样的前提下人是有所作为的。

荀子进而提出了“制天命而用之”的思想。与其迷信、思慕、歌颂“天”的权威，等待“天”的恩赐，不如了解自然，掌握规律，使自然得到充分合理的利用。在区分自然与社会、天与人的基础上，人可以依据自然之天道，去使用、控制、改变自然。

接着再看荀子的正名思想。战国之世，名辞淆乱，刑名从商，爵名从周，文名从礼，散名从习俗，没有统一标准。针对此现象，荀子继承孔子的正名思想，以儒家政治、伦理原则为根据，明贵贱，辨邪说。他说，怪辞兴起，名实紊乱，增加了人民的疑惑和辩讼，不利于认识的统一，因此必须正名。语言的正确使用，是实现良好秩序与和谐社会的重要条件。他的正名学说中有一套名、辞、辩、说的逻辑系统。

荀子主张名实统一，以名指实。为确保名实的相符，达到“名闻而实喻”“名定而实辨”的效果，应以“实”为主、以“名”为副。作为“君”之“心”的征知，必须通过“天官”（感官）接触具体事物，然后才能形成概念。

他提出“制名之枢要”，即制名的几条原则。第一，“约定俗成”。第二，“同则同之，异则异之”。名必须依据于实。物同则名同，物异则名异；异实则异名，同实则同名。第三，能用一个字的就用单名（如马、牛），不能用一个字的就用兼名，即词组（如白马、骊牛）。如果单名、兼名所表达的事物属同一类，就可以用共名（如黄牛、黑牛以“牛”为共名）。第四，对名相做出分类，提出了“大共名”“大别名”的概念。前者为遍举，是从逻辑综合的角度而言；后者为偏举，是从逻辑分析的角度而言。第五，“稽实定数”。

荀子还提出了辩论的逻辑原则，如“正其名”“当其辞”“辨异而不过”“推类而不悖”“辨则尽故”等。

儒家和孔子的地位因两千年专制政治的需要而不断提高。儒学成为官方意识形态以后，其弊病逐渐暴露。到宋元明时期形成的理学（或“道学”），是儒释道诸学说新的整合，对我国等东亚诸国都带来很大影响，其中的心性论和道德学说等都有很高的价值。理学的一些负面思想演变为桎梏人心的“吃人的礼教”，遭到历代思想家及五四启蒙健将的抨击。近世以降，孔子、儒学由圣人、经学降到与诸子平列的地位。新文化运动以后，又有“现代新儒学”思潮，谋求儒学的新发展。洗汰历史附着其上的污淖和自身的局限，儒家思想作为中华民族优秀传统文化的重要组成部分，其正面价值和积极作用是不能低估的。

三、道家

道家学派，实始于老聃。其最为核心的概念曰“道”，其次曰“德”，整个学派皆以“道论”为理论基础，而以“德论”为处世之根本方法，纵论人世兴衰成败之奥义。其创始人的学说着力批评周文之制及仁义之说的弊陋，主张尊道贵德、离形去智、返璞归真、无为而治。在论述社会政治之道、人生修养之术时，阐述了祸福、成败、强弱、大小、高低、贵贱、曲直、无为有为等一系列相反现象之间的辩证关系。其后学则或偏重于政治学之治国治兵用民之道，或阐扬人性的自由、生命的意义，批驳现实的黑暗、是非的颠倒，然归其要，俱在追求一个不用礼法制度，而又秩序井然、民风淳朴、生活安定富裕、人生自在放达的理想社会。

道家以“道”为旨归。儒家、道家之“道”有所不同。春秋时期的文献中，多次提到“天道”“天之道”“人道”等概念。老子的贡献是把“道”抽绎出来，使之成为一个独立的形上学的范畴。

1. 老子

老子的“道”，是古往今来独立地、不停息地、周而复始地按自己的样态运行、流转的。它是整体，是大化流衍的过程及其规律。它是自然流行的，没有情感、欲望、意志，不是人格神。它是天地万物（即有名、有形、有限的现象世界）的本始、根源、门户、母体，是其根据、本体。现象世界发源、依据于道，又返归于道。人们勉强可以称它为“道”“大”“一”“朴”，或将它比喻为山谷、玄牝。它是空虚的、不盈满的，因此有无限的、神妙莫测的功能和作用，其活动的时间、空间、能力、效用是无穷尽的。但它决不有意造作，决不强加于人或物，而是听任万类万物各遂其性，各按本己的性状自然而然地生存变化。正因为“道”是空虚的，没有为既定的现实事物或种种制度文明、价值判断、条条框框所塞满和所限定，故而有无限的可能性、无限的作用及活动的空间。以上说的是老子以虚无为用。

老子骑牛（明　陈洪绶绘）

另外，老子又以反向为用。老子认为，“道”的变化、功用有一定的规律：“反者，道之动；弱者，道之用。”意思是，向相反的方向变化发展，是“道”的运动；柔弱，是“道”的作用。举凡自然、社会、人生，各种事物现象无不向相反的方向运行。既然如此，柔弱往往会走向刚强，生命渐渐会走向死亡。老子看到了事物相互依存、此消彼长的状况。

“道”的展开，走向并落实到现实。如“道生一，一生二，二生三，三生万物。万物负阴而抱阳，冲气以为和”（《老子》42章，以下只注章序）。道产生原始混沌的气体，原始混沌的气体又产生阴、阳两种气，阴、阳两种气产生中和之气，中和之气则产生万物。万物各自具有阴、阳二气，阴气、阳气相互摇荡就成为和气。“和”是气的流通状态。道在展开、实现的过程中，生成长养万物。从宇宙生成论的进路来看，个体事物的形成有一个过程，如气化、凝聚的过程。接下来还将看到，老子哲学除了可以从本体论的进路理解虚无之“道”乃万物所以为万物之形而上的根据外，还可以从宇宙生成论的进路理解天地万物形成的过程。

老子不仅讲“道”，而且讲“德”。德者，得也。“道生之，德畜之，物形之，势成之。是以万物莫不尊道而贵德。”（51章）就是说，自然天道使万物出生，自然天德使万物发育、繁衍，它们养育了万物，使万物能以一定的形态、禀性而存在、成长，千姿百态，各有特性。所以，万物没有不尊崇“道”而重视“德”的。“道”之所以被尊崇，“德”之所以被重视，并不是因为有谁强迫和命令，它是自然而然、自己如此的。“道”使万物生长，“德”使万物繁殖。它们使万物生成、发展、结果、成熟，并爱养、保护万物。它们生养了万物而不据为己有，促进了万物而不居功自恃，统领、管理万物而不对万物强加宰制、干预，这才是最深远的“德”。一般说来，“道”成就了万物之“德”，“德”代表了“道”，内在于千差万别的个别事物之中。按这种思路，老子亦肯定文明建构、人伦生活。

老子认识到事物发展的极限，主张提前预测设计，避免事物向相反的方向发展，防患于未然，因而提出了“不争”“贵柔”“守雌”“安于卑下”的原则，他主张向水的品格学习。他说：“上善若水，水善利万物而不争，处众人之所恶，故几于道。”（8 章）大意是至善之人像水一样，水善于滋养万物而不与万物相争，停留在众人厌恶的地方，所以最接近于“道”。水不仅有至善之功，也有至谦之德。“江海所以能为百谷王者，以其善下之，故能为百谷王”（66 章），江海之所以能够成为百川汇往之处，是因为它处在低下的地方，因此它能够成为百川之王。水虽然柔弱，但它却具有至柔之刚，老子说“天下莫柔弱于水，而攻坚强者莫之能胜”（78 章），意为天下再没有什么比水更柔弱的东西了，但是论攻坚克强却没有什么东西可以胜过水。

按照老子的道德理想、道德境界、人生智慧和人格修养论，他推崇的美德为见素抱朴、少私寡欲、贵柔守雌、慈俭谦退、知足不争、致虚守静、清静无为、返璞归真。老子以此为至圣与大仁。这是老子对人生的感悟，特别是对春秋末年贵族阶级奢侈生活的批判，对贵族社会中财产与权力争夺的反思，对崇拜财产、权力和骄奢淫逸的警告。老子通过冷静观照，显示了淡泊宁静的生活旨趣，看到了富贵、荣华、暴利、暴力、权势、欲望、奢侈、腐化、夸财斗富、居功自恃、逞强、骄横等负面因素。故老子的解构与孔子的建构有异曲同工之妙。

《庄子·天下》赞扬关尹、老聃“建之以常无有”是真正的哲学智慧。道家这种既无又有、既相对又绝对、即妙用即存有之双向圆成的玄道，启发了后世魏晋玄学、宋明道学（理学）即体即用、即无即有的模型建构。但道家之道的现实方式是负的方法、否定的方式，是“不”“反”“复”，即通过虚无来保证存有，通过不有、不恃、不宰、不争、贵柔、守雌、去生、不为来长养万物，那么这种“有”其实也是虚有。

道家强调无用之用，儒家强调有用之用。儒家之有用，即建构人文世界，以人文化成天下；道家之无用，则要从人的世界中超越出来，回归到自然而然的自然境界。道家之“无”在道德论、道德境界及超越境界的慧识是值得发掘的。在人生境界的追求上，道家破除、超脱有相的执着，荡涤杂染，消解声色犬马、功名利禄的系缚，在顺人之本性、养心之清静方面，则不能不加以肯定。虚、无、静、寂，修炼内在生命，祛除逐物之累，正是道家修养论的一个重要方面。这种“无为”“无欲”“无私”“无争”，抑制生命本能的盲目冲动，平衡由于人的自然本性和外物追逐引起的精神错乱，也是道家哲学的基本内容。

2. 庄子

《庄子》以“寓言”“重言”“卮言”为主要表现形式。其书“寓言十九”，意即绝大部分是寓言。所谓“寓言”，乃言在此而意在彼。

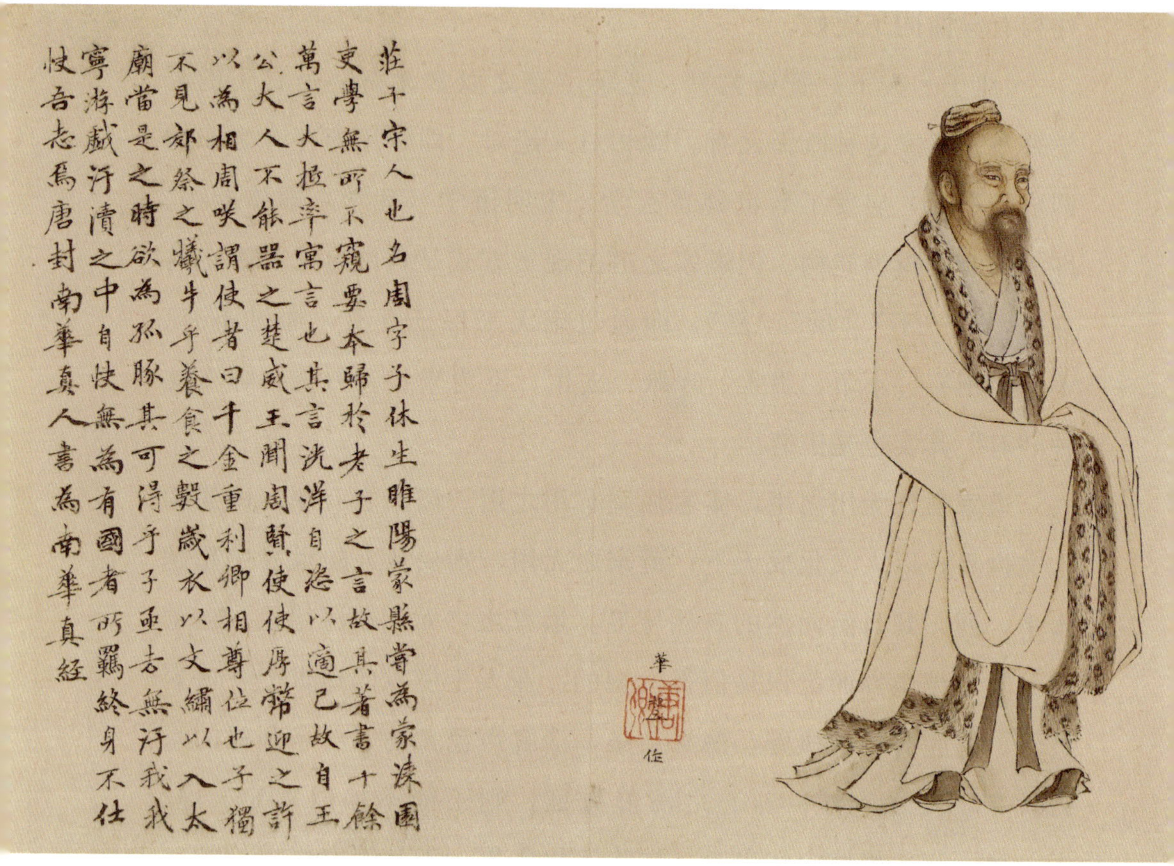

庄子（玄门十子图）

先讲讲庄子的“道论”。“道”是宇宙的本原，又具有超越性。“道”是无作为、无形象而又真实和客观的，是独立、不依赖外物、自己为自己的根据的，是具有逻辑先在性与超越性的，是有神妙莫测的、创生出天地万物之功能与作用的本体。这个“道”不在时空之内，超越于空间，无所谓“高”与“深”；也超越于时间，无所谓“久”与“老”。

“道”先于物并生成万物，是使万物成为其自身的那个“物物者”即“本根”；它不是“物”，是“非物”，即“道”。由于“道”生物，万物得以不断生存。道是万物的根本，是万物的根据。

“道”是“未始有始”和“未始有无”的。“道”具有普遍性，它是一个整体，其特性为“通”。世间的事物，都有其存在的原因、合理性与价值，个体的禀性与命运千差万别，但无论有什么差别，或成或毁，在道的层面上却并无亏欠，万物都是可以相互适应、沟通并在价值上齐一的。也就是说，莛虽小而楹虽巨，厉虽丑而西施虽美，只要不人为干预，因任自然，因物付物，任万物自用，可各尽其用、各遂其性，都有意义与价值。凡事在不用中常寓有其用，日用的即世俗所行得通的，而世俗所通行的必是相安相得的。“道”是一个整体，通贯万物。庄子所谓“一”“通”“大通”，都是“道”，万物在“道”的层面上“返于大通”“同于大通”。

庄子的“道”是“自本自根”的。此“道”是不可感知与言说的，语言不能表达与限定，但“道”是可以用人的生命来体证的。以上无穷、无始、无为谓先生，以及《大宗师》中的真人，《逍遥游》中的天人、神人、至人、圣人等，都是道体的具象化。因为道不仅是宇宙万有的终极根源，同时也是人的精神追求的至上境界。

再看看庄子的人生论与境界论。《逍遥游》是《庄子》的第一篇，它反映了庄子的人生观。他把不受任何束缚的自由，当作最高的境界来追求，认为只有忘绝现实、超脱于物，才是真正的逍遥。此篇宗旨是“至人无己，神人无功，圣人无名”。“无功”“无名”也就是“无己”，“无己”也就是《齐物论》所说的“丧我”，《天地》所说的“忘己”。庄子指出，“逍遥”的境界是“无所待”，即不依赖外在条件与他者的力量。

“各适己性”的自由观的前提是“与物同化”的平等观。逍遥无待之游的基础正是天籁齐物之论。庄子自由观的背景是宽容，承认自己的生存、利益、价值、个性自由、人格尊严，必须以承认别人的生存、利益、价值、个性自由、人格尊严为先导。这种平等的价值观肯定、包容各种相对的价值系统，体认其意义，决不否定他人的利益、追求，或其他的学派、思潮的存在空间。这样，每一个生命就可以从紧张、偏执中超脱出来，去寻求自我超拔的途径。

儒家的理想人格是圣贤人格。儒家心目中的圣人或圣王，有着内圣与外王两方面的辉煌。虽然“内圣外王”一说出自《庄子》的《天下》，然而后来却成为儒家的人格标准。内圣指德性修养，外王指政治实践，儒家强调在内圣基础之上的内圣与外王的统一。因此，儒家人格理想不仅是个体善的修炼，更重要的是责任感和担当意识，是济世救民，努力为国家、民族和人民建功立业，即使遭到贬谪也以深沉的忧患之心系念天下百姓的疾苦和国家的兴亡。儒家也有其超越精神，穷居陋巷，自得其乐，安贫乐道。道家庄子的真人、圣人、神人、至人、天人的理想人格与儒家有别，其特性是：独善其身、超然物外、一任自然、遂性率真，与人情俗世、社会热潮、政权架构、达官显贵保持距离。这是庄子和道家的神韵情采。与儒家积极入世的现实品格相比，道家凸显的是超越和放达，以保持距离的心态，批评、扬弃、超越和指导现实。

《大宗师》从天人关系中把握“真人”之境。何谓“真人”？在庄子看来，所谓“真人”是天生自然的人，不在徒劳无益的人为造作中损害自己的天性，专心做心灵虚静的修养功夫，以达到“天人合一”之境。“真人”能去心知之执：不欺凌寡少，不自满于成功，不凭借小聪明耍小把戏；纵然有过失也不追悔，行事得当也不自鸣得意；登高不怕下坠，入水不怕溺毙，蹈火不怕被烧死；在得失、安危之际，能够坦然自处。“真人”能解情识之结：睡时不做梦，醒来无忧虑，没有口腹耳目之欲；呼吸深沉，直达丹田，直通脚跟。“真人”与俗人的区别在于，俗人气息短浅，呼吸仅及咽喉，嗜欲甚深，精神不内敛涵藏，心知欲求缠结陷落，天然的根气寡浅。而“真人”能破死生之惑，不执着生，不厌恶死；一切听其自然，视生死为一来一往，来时不欣喜，去时不抗拒。“真人”深知生命的源头，故不忘其所自来；又能听任死的归结，故不求其所终。当他受生为人时，自在无累；当他一旦物化时，又忘掉自身，任其返于自然。也就是说，不以自己的心智去损害大道，不以自己的作为去辅助天然，这才叫作“真人”。真人的心悠然淡泊，可以清冷如铁，也可以温暖如春，生命感受与四时相通。真人之心虚静无为，与天地万物有自然感应。真人守真抱朴，与天为徒；同时又随俗而行，与人为徒；既不背离天理，又不脱离人事。由此，天与人不相排斥、不相争胜而冥同合一。达到物我、主客、天人同一境界的人，才是真人。

庄子之真人、至人、神人、圣人，都是道的化身，与道同体，因而都具有超越、逍遥、放达、解脱的秉性，可达到精神上的自由、无穷、无限的境界。这深刻地表达了人类崇高的理想追求。这种自然无为、逍遥天放之境，看似玄妙莫测，但实际上并不是脱离实际生活的。每一时代的类的人、群体的人，尤其是个体的人，虽生活在俗世、现实之中，然总要追求一种超脱俗世和现实的理想胜境，即空灵洁净的世界。任何现实的人都有理想，都有对真、善、美的追求，道家的理想境界就是至真、至善、至美的合一之境。

关于庄子的“知论”，他认为，人们往往执定、拘守于“一偏之见”，彼此纷争，妨碍了对于完整的“道”与天地之理的领悟。因此，必须破除“成心”，反对师心自用。世界上有些所谓大小、久暂的差别相，其实是因时间、空间的相对观念而产生的。细小的草茎与粗大的屋柱，不知晦朔的朝菌、春生夏死或夏生秋死的蝉虫，与以数百、数千年为春，以数百、数千年为秋的神龟、大椿，确有差别，这些差别是在“物观”的视域中产生的。站在高山上俯视地面，原来在地面上认为差别较大的东西，已没有什么分别了。若把“以物观之”换成“以道观之”，参考系一变，大小、夭寿的差别也会显得微不足道。以无限的整全的“道”去省视，很多区分都不存在了。故庄子在《秋水》中借海神之口说：“以道观之，物无贵贱；以物观之，自贵而相贱；以俗观之，贵贱不在己。以差观之，因其所大而大之，则万物莫不大；因其所小而小之，则万物莫不小。知天地之为稊米也，知毫末之为丘山也，则差数睹矣。”人们很容易去观察与分析现象界的差别相，即有关事物之差异、矛盾、特质等。庄子意在打破由此而产生的执着，认识到事物的迁流变化；主张换一个角度（或参照系，抑或视域）再去省视事物，会看到不同的面向；乃至以道观之，有些差别完全可以忽略不计。

道家的发展脉络是以老聃为开山祖师，后经《文子》、黄老帛书的作者和关尹、列子、杨朱等的发展逐渐形成了“政治论”和“人生论”两大学术派别，到战国中期稷下黄老道家和庄子学派的出现而蔚然鼎盛，后至战国末期、西汉中期，又分别出现了兼采各家的杂家著作《吕氏春秋》和《淮南子》。

道家思想与儒家思想相配合，成为中国思想的主流，后来佛教中国化了，及至三教合流，逐渐形成宋明理学。这些都是古代中国人的安身立命之道。

四、法家

法家真正的始祖是李悝，其后有吴起、申不害、慎到、商鞅，到韩非集其大成。这里介绍两位：商鞅与韩非。

与儒、道、墨诸家相比，法家之成熟相对较晚。法家极力推崇法治，主张“以法为本”“以法为教”，对儒家主张的德治、仁义，以及墨家强调的“兼爱”“非攻”等，均提出了批评。“不贵义而贵法”，“夫严家无悍虏，而慈母有败子，吾以此知威势之可以禁暴，而德厚之不足以止乱也。夫圣人之治国，不恃人之为吾善也，而用其不得为非也”。法家之所以力主严刑峻法以治国，是因为其对人性的认识与孔孟儒家几相左。法家认为人之本性在“自利”，“利之所在，民归之；名之所彰，士死之”。自利的本性普遍地体现在君臣、夫妇、父子等人际关系中。要使处处有自利之心的人最终统一在君国公利的旗帜下，就必须以法、术、势三者作为保证，方可使其“不得为非也”。这里，法家不仅否定了儒家的德治，而且否弃了墨家的“尚贤”以及道德规范与文化教育的功能。同时，法家鼓吹耕战，使百姓“闻战而相贺也，起居饮食所歌谣者，战也”。乃至军人以杀敌多而赐爵位，与墨家“非攻”的宗旨相悖。此外，法家积极有为地进行有利于富国强兵的制度改革，谋求争霸诸侯之道，这是与道家“致虚”“守静”“无为而治”的政治主张迥异的。法家因以法作为群体社会的唯一规范，以法治作为治国安邦的根本方略而著称于世。法家以执掌“刑赏二柄”为推行法治的关键，以图用“严刑”“重罚”，“使国安而暴乱不起”。

1. 商鞅

商鞅明确主张“法治”。“不可须臾忘于法”，“一任于法”，统一法令“为治之本也”。“法者，君臣之所共操也。”法的推行与实施，关键在赏罚。在赏罚问题上，他重罚轻赏。“重罚轻赏，则上爱民，民死上；重赏轻罚，则上不爱民，民不死上。兴国行罚，民利且畏；行赏，民利且爱。国无力而行知巧者必亡。怯民使以刑，必勇；勇民使以赏，则死。怯民勇，勇民死，国无敌者强，强必王。”并且，商鞅主张“重刑而连其罪”。在变法实践中，他实行连坐法、编户制，五家为伍，十家为什，互相连坐告奸，告奸者赏，不告者斩。商鞅认为，君主治国，首在制其民。要战胜强敌，必先胜其民。民乃本，制民，就必须重法，“故善治者塞民以法”。商鞅对其主法重罚有自己的解释，他以为主法在“以法去法”，重罚在“以刑去刑”。他说，实行重罚重刑，乃在去罚去刑。

商鞅说：“治世不一道，便国不必法古。汤、武之王也，不循古而兴；殷、夏之灭也，不易礼而亡。”普通人安于旧习，不思变法，乃不足以与言事，不足以与论变。他不仅提出“不法古”，而且还主张“不修今”，即不要维持现状。因为，他认为社会人事是不断改变的。在改变了的社会现实及其时代面前，效法古代必落后，维持现状则跟不上新时代的要求。社会人事的改变是变法治世的根据。君主要“因世而为之治，度俗而为之法”；“法不察民之情而立之，则不成”。世俗之民情乃法的依据。商鞅认为，社会历史的变法是有定数的，他称之为“理”，所谓“必然之理，必为之时势”。人应该认识这些“必然之理”而治理天下。

商鞅之治秦，“其国富而兵强”，为秦王政统一中国奠定了基础。商鞅的变法思想在战国时代便有广泛的影响，他所主张的法治、农战政策与“治世不一道，便国不必法古”的基本思想，后来均为韩非所继承。韩非成为将法家推向巅峰的重要人物。但商鞅的严刑峻法也多遭后人诟病。韩非肯定其法治及其现实成就，但指出商鞅“无术以知奸，则以其富强也资人臣而已矣”。太史公说：“商君，其天资刻薄人也……少恩矣。”或说商鞅“弃道而用权，废德而任力，峭法盛刑，以虐戾为俗，欺旧交以为功，刑公族以立威，无恩于百姓，无信于诸侯。人与之为怨，家与之为仇。虽以获功见封，犹食毒肉愉饱而罹其咎也”。或说“商鞅之法亡秦”。商鞅之法治，亦被称为“法律万能主义”。

2. 韩非

韩非的法治思想集中体现在他所提出的一套完整的以“法”为中心，“法”“术”“势”相结合的君主集权思想中。

韩非对法给出了自己的界定。他说："法者，宪令著于官府，刑罚必于民心，赏存乎慎法，而罚加乎奸令者也。"又说："法者，编著之图籍，设之于官府，而布之于百姓者也。"法具有这样几个特点：强制性与权威性（"刑罚必于民心"）；普遍性与客观性（"设之于官府，而布之于百姓"）；稳定性与公开性（"编著之图籍""布之于百姓"）。韩非继承并发展了商鞅关于法治的思想，将法置于群体及社会唯一的行为规范与标准的位置上，提出"以法为教""以吏为师"的思想，以与儒家（以文乱法）、墨家（以武犯禁）相对抗。他提出"刑过不避大臣，赏善不遗匹夫"的司法平等思想。他甚至认为，即使是君主亦"不得背法而专制"，而应该"明公私之分，明法制，去私恩"。他批评申不害的失误就在其"不擅其法，不一其宪令"，故"奸多"。

势，指君主所处之势位，或君主所掌握的统治权力。韩非认为，治国者必须依凭其君主之势位，运用自己手中的权力，才能禁众抑下。相反，圣人虽德若尧舜、行若伯夷，若不处君主之位，也断不能正三家。他仍然认为治国不能凭德与贤。君主不能将其势位与权力牢牢控制在自己手里，就是"势乱"。与慎到只谈"于物无择，与之俱往"的"自然之势"不同，韩非认为还有"人之所得"的人为的"势"。他突出了人对于势的主体地位。韩非认为，君主权力的主要内容在赏罚二柄、生杀大权。"君执柄以处势，故令行禁止。柄者，杀生之制也；势者，胜众之资也。"君主治国，如御马驾车，国为君之车，势为君之马。御马驾车，令行禁止，其国乃治。若弃车下马，君失去其赏罚杀生之权，则失去其威势。如此，君主无以号令天下。君主失势无权，则权势势必在权臣，君主有其名而无其实，此为上下易位。上下易位，国家就危险了。“赏罚下共则威分”，“赏罚共则禁令不行”。赏罚生杀大权是断不可旁落的。“夫赏罚之为道，利器也。君固握之，不可以示人。”因为，君主失掉一分权，臣下就可能滥用此权做出百倍的行动。“权势不可以借人，上失其一，臣以为百。”

术，是君主所操持的驾御群臣百官的秘术、权术。韩非说：“术者，藏之于胸中，以偶众端，而潜御群臣者也。”又谓：“术者，因任而授官，循名而责实，操杀生之柄，课群臣之能者也，此人主之所执也。”术乃藏于君主胸中，不以之示人，但能驾御群臣。此为臣下所不可知而为君主所独掌的、无为而无不为的君人南面之术。术的具体内容为“因任而授官，循名而责实”。“因任而授官”，指君主知人善任，因能力大小而授群臣以不同官职，使其职能相当；“循名而责实”，则指“循名实而定是非，因参验而审言辞”。其作用在察督群臣之是非功过，审合形名，杜绝失职擅权的行为。术虽专以御臣，但实际上是调节君臣间关系的权术。依韩非的看法，人各自利，君臣利益必然是相互冲突的。“臣利立”则不免“主利灭”。君主要善于利用群臣各自不同的利益来控制他们，使其不得不为君国尽力，此即所谓“使人不得不为我之道”。他说：“圣人之治国也，固有使人不得不为我之道，而不恃人之以爱为我也。”君主操不见其形、但收其功的权术。“明主，其务在周密，是以喜见则德偿，怒见则威分。故明主之言隔塞而不通，周密而不见。”君主不喜形于色，胸有城府但不显露于外。“故明主之行制也天，其用人也鬼。天则不非，鬼则不困。”君无术，便不能统率百官，不能觉察奸臣。商鞅之不足正在于他“无术以知奸”。

韩非认为，法、术、势三者各有其特殊的职能。法用以裁抑群体及社会的全体成员，术则专用以控制驾御群臣，势则保证法、术两者的正常运作与君国公利不被侵害。所谓“君无术则弊于上，臣无法则乱于下”，与“抱法处势则治，背法去势则乱”。韩非认为，三者又是连为一体相互促进的。法的规范群体社会的功能，有赖于君势的强制力量与治术方法的运用。君势的牢固与威权，是法之令行禁止的前提。他说，“民者固服于势，寡能怀于义”，“人臣之于其君，非有骨肉之亲也，缚于势而不得不事也”。欲使民众之言行必轨于法，必借助于势。另外，法的实施与推行，必须要通过群臣百官；而要使他们实行法治，行“不得不爱我之道”，就必须要有控制驾御百官的技巧，“君无术则弊于上”。同时，势之禁众抑下功能，亦必须以法之明文规定为最高准则，以治术的操持运用作为其流行发用的推动方法。这样，君主才能操权上重，处势抱法，使天下臣民皆处在君势的统御范围之内。他说：“人主之大物，非法即术也”；法术两者“不可一无，皆帝王之具也”。韩非之法治思想立足于君主不必贤、不必智，其强调法术两者，正在于弥补这一缺陷。所谓“抱法处势则治，背法去势则乱”，“君执柄以处势”，正在于此。相反，君主有势无法，高居法上，难免滥用权力而使统治权力失去其规范性，最终会失去其君势。君主无术，势必大权旁落，奸臣当道，君势之威权亦将不固，法亦难以真正运作。最后，权术之参验监督功能，一方面固然要以法为其最高规范，另一方面又要以君主之威势作为其坚强后盾。如此，才可能知人善任，使“赏不加于无功，而诛必行于有罪”。韩非认为，君主权术的操持运用，如“因任授官”“循名责实”之类，并非出于无章可循的私心自度，而应以法为准绳。“人主虽使人，必以度量准之，以刑名参之；以事遇于法则行，不遇于法则止；功当其言则赏，不当则诛。以刑名收臣，以度量准下，此不可释也。”君主操持权术而不依循法度，则其术实为神秘不可测的独断的心机权谋。法、势、术三者间，法是中心，势与术均成为推行法治的两条基本轨道。可问题是，“法出于君”，君主任势与术而独裁，视臣民为其工具便不可避免。这是韩非法治思想本身未解的结。

韩非是先秦法家思想的集大成者，他是在总结法家先辈的法治思想与政治实践的基础上提出以法为中心，以法、术、势三者相结合为基本内容的法治理论的。他的思想虽是法家思想发展的逻辑必然，但其中却包含着其前辈的思想中未曾有的新内容。同时，韩非在总结法家思想与实践时，并没有独立于先秦时“百家争鸣”的学术环境，而是对道、儒、墨、名诸家思想均有所采撷，并最终服务于其法治主义的基本立场。这样看，韩非思想不仅在“百家”中有其独特的历史地位，亦未尝不是“百家”的一种补充与纠偏。

韩非虽为秦始皇所害，但其学说则为其所用。秦国应用他的理论统一了当时的中国，建立了中国历史上第一个强大的中央集权的专制国家。韩非法治思想中的某些内容，如尊君卑臣、严刑峻法思想，以不同程度、不同方式（阳儒阴法、外儒内法）为历代统治者所利用。历史上一些立志改革的政治家也受到韩非思想的影响。曹操在政治上“持法峻刻”“酷虐变诈”，在用人上唯才是举：“或不仁不孝而有治国用兵之术，其各举所知，勿有所遗。”诸葛亮治蜀“科教严明，赏罚必信，无恶不惩，无善不显，至于吏不容奸”；“循名责实，虚伪不齿，终于邦域之内，咸畏而爱之，刑政虽峻而无怨者”。

相形之下，历史上对韩非的批评要尖刻得多。汉初，大一统的专制国家确立以来，韩非就不断遭到人们的批评。司马迁说：“韩子引绳墨，切事情，明是非，其极惨礉少恩。”韩非法家之学“严而少恩”，“可以行一时之计，而不可长用”。班固则谓其“无教化，去仁爱，专任刑法，而欲以致治，至于残害至亲，伤恩薄厚”。或云其本末倒置：“今重法而弃义，是贵其冠履而忘其头足也。”汉代王充作文批评了韩非禁儒而专任暴力的思想。到宋代，韩非思想则成了异端。这当然是由于儒学成了正统，更由于韩非思想本身的特点。

五、名家

名家乃战国时的辩者。《庄子·天下》称惠施、桓团、公孙龙为“辩者之徒”，批评他们“饰人之心，易人之意，能胜人之口，不能服人之心”。《荀子·非十二子》批评邓析、惠施“不法先王，不是礼义，而好治怪说，玩琦辞，甚察而不惠，辩而无用，多事而寡功，不可以为治纲纪；然而其持之有故，其言之成理，足以欺惑愚众”。这两家均认为辩者玩弄名辞概念，背离了大道。司马谈《论六家之要指》首先称这个学派为名家，曰：“名家使人俭而善失真。然其正名实，不可不察也。”又曰：“名家苛察缴绕，使人不得反其意；专决于名，而失人情。故曰：使人俭而善失真。若夫控名责实，参伍不失，此不可不察也。”“苛察”是细致地分析考察，“缴绕”是“缠绕”，“参伍”是“错杂”。这是说，名家有一些烦琐的论证，专门讨论概念问题，常有一些奇谈怪论，与常人的语言习惯不同；但他们讨论名与实的关系问题，主张名实统一，是其所长。

《汉书·艺文志》指出，名家喜论辩驳难、玩弄名辞，其流弊乃易穿凿、支离破碎，但其长在政治礼法上强调正名，名实相符、循名责实。

关于名家的缘起，《汉志》说出于礼官，似论据不足。冯友兰先生认为其出于辩士，后又说出于讼师。他说：“在《原儒墨》一文中，我说：‘名家者流，出于辩士。’依现在我的意见，辩士一名虽为先秦书中所常见，但似指一般‘能说会道’之人，而非社会上确有一种人，称为辩士。名家者流，盖出于讼师。”① 此说的根据，乃名家先驱邓析是最早的讼师之一。邓析与子产同时，且同在郑国。邓析辩术很高，对法律条文咬文嚼字，多次非难子产。但说惠施、公孙龙与当时的法律活动有关，说名家起源于讼师，证据也不充分。

讨论名实问题，首先是政治礼法问题，在孔子的时代就开始了，到战国中期已相当普遍。所以名家是在“名实散乱”的社会背景和诸子争鸣的文化背景下产生的以察辩为专长的辩士。他们逐渐从政治礼法上“名实相符”“循名责实”的实用层面，进一步抽象

① 冯友兰：《三松堂全集》第十一卷，河南人民出版社，2001，第349页。

化、一般化，纯粹就语言、名相加以分疏析辩。他们讨论的中心，由“名实”问题逐渐向“同异”“坚白”“白马”“有厚”“无厚”等问题过渡，成为专门研究辩术的流派。其先行者是邓析，其主要代表人物是战国中期时人惠施、公孙龙、尹文等辩者。

名学、名辩思潮并不是名家专有的。在百家争鸣的过程中，不少学派也参加了察辩活动，讨论了或涉及了辩论术或今天所说的逻辑规则等问题。孔子、孟子都谈到了“正名”等问题，墨家与法家、荀子与韩非都有丰富的名辩思想。他们与名家学派的产生，标志着当时逻辑思维的发达和逻辑学的丰富。但名学是名学，名家是名家，两者不能混同或相互取代。胡適只承认有名学，不承认有名家，认为“古代本没有什么‘名家’。无论哪一家的哲学，都有一种为学的方法。这个方法便是这一家的名学（逻辑）。所以老子要无名，孔子要正名，墨子说‘言有三表’，杨子说‘实无名，名无实’，公孙龙有《名实论》，荀子有《正名》篇，庄子有《齐物论》，尹文子有刑名之论：这都是各家的‘名学’。因为家家都有名学，所以没有什么‘名家’”①。胡氏把人们称为名家的人如惠施、公孙龙等，都当作墨家的别派，即“别墨”。

墨子与墨家学派擅长讨论“名”的问题，而且建立了名学理论，但都是围绕墨家的理论中心展开的，没有脱离墨家主旨；同样地，荀子学派也讨论了“名”的问题，建立了名学理论，但也是围绕儒家荀学的中心展开的，没有脱离儒家主旨。他们虽有名学，但

① 胡适：《中国哲学史大纲》，商务印书馆，2011，第152-153页。

不属名家，因为他们的名学从属于他们的理论体系。至于其他涉及“名”的人，并没有建立有关“名”的理论，没有讨论自己为学方法的规则，因此不能说“家家都有名学”。

《庄子》《荀子》都专门批评了“辩者”，司马谈把先秦思潮划分为六家（其中有名家），是有思想史的根据的。那么，所谓“名家”，就是专门从事辩论术或语言逻辑分析的一批“辩者”。与儒、墨、道、法、阴阳家相比，他们没有自己的有关政治、道德、历史、文化的理论体系与中心，而只是就“名实”“坚白”“同异”“白马”“无厚”等逻辑问题进行争鸣，并探讨语言的法则与思维的规律。通过他们的分析、抽象和辩难，先秦哲学思维的水平大大提高了。

名家在战国时期与儒、墨、道、法、阴阳诸家都有密切的联系，相互批评、辩难。墨家逻辑学中的很多问题都与名家有关，但不仅在总体思想上，而且在具体命题上，彼此主张不同。《庄子》一书保留了惠施与辩者的很多资料，但对他们持批评的立场。荀子的批判更为尖锐，并深刻地影响了韩非。韩非与他以前的法家人物十分熟悉“刑名”之学，但两者所讲的刑名也有一定的区别。荀、韩都从功利主义出发批评名家。

名家的整理工作主要是在清代以后。名家价值与意义的再发现，更是在近代以后。随着西方认识论、逻辑学、印度因明学的传入和研究，学者们越来越认识到名家的贡献。中国传统精英文化的主流，如儒、道诸家及其后学，往往注重具体而忽视抽象，强于体验而弱于思辨，重道轻器、重政轻技、重德轻智，短于知识、语言、名相、思维等自身规范的抽象辨析，而名家则是我们文化中不可多得的知识论与逻辑学的传统。这种知识论与逻辑学，又具有与西方不同的特色。

春秋末期郑国的邓析是早期名家的一个代表人物。刘向《别录》说邓析“好刑名，操两可之说，设无穷之辞……其论无厚者，言之异同，与公孙龙同类”。“两可”之说与“无厚”之说是邓析学说的要点。邓析利用概念的灵活性、流动性和相对主义，分析处于两可之间的问题。

1. 惠施

惠施的学术思想主要保存在《庄子·天下》中，有所谓“历物”十事，即十个主要论点。

其一：“至大无外，谓之大一。至小无内，谓之小一。”意思是，真正大的东西（“大一”），无所不包，没有边际，应为“无外”，即无限大；真正小的东西（“小一”），不能再分割，应为“无内”，即无限小。“大一”是宏观世界的无限性和整体性，“小一”是微观世界的无限性和整体性。《管子》中的《内业》《心术》，也指出精气“其细无内，其大无外”。《庄子》的其他篇目和《中庸》等也有类似命题。

其二：“无厚，不可积也，其大千里。”这里揭示的是几何中平面的概念，指没有厚度、只有大小，不反映体积、只反映面积的抽象概念或图形。其中也包含了质点之有无问题和有无极微的问题。

其三：“天与地卑，山与泽平。”《荀子·不苟》记载为“山渊平，天地比”。这看起来是违反常识的，但恰恰说明中国古代逻辑中关系逻辑的思想较为丰富。从“至大无外”的观点来比照，天与地、山与泽的高低关系只是相对的。某山只是相对于它旁边的某泽来说有高低之别，但从宇观来看，不能说它比所有的泽都高。天与地的差别也是如此，换一个参考系来看，天与地可能一样高。

其四：“日方中方睨，物方生方死。”“睨”，侧视。这句话的意思是：太阳刚升到天空的正中，就开始西斜了；生命刚刚开始，同时也走向死亡。惠施体会到了，从运动的观点看，事物在同一瞬间的空间位置和时间序列处于矛盾变化中，即既是中又是斜，既是生又是死。这并不意味着否定中与斜、生与死的界限和确定性。

其五：“大同而与小同异，此之谓小同异；万物毕同毕异，此之谓大同异。”“大同”是“同而有异”，“小同”是“异而有同”，这两方面的综合叫“小同异”，即同中可以辨异，异中可以求同。宇宙中的万物都有同的一面，有共性，叫“毕同”；万物都有异的一面，有个性，叫“毕异”。

其六：“南方无穷而有穷。”当时的人们认为南方极其遥远。惠施指出，南方既是有限的，又是无限的，两者不相排斥。推而广之，四方亦如此。

其七：“今日适越而昔来。”意思是说，今日去越国，然而昨日就已经到了。这反映了“现在”和“过去”等时间的相对性。

其八：“连环可解也。”解连环、解闭结是当时辩者的一大话题。常识认为连环是不可解的，惠施是怎么解开的，不得其详。他可能是通过概念的辨析来解的。

其九：“我知天下之中央，燕之北、越之南是也。”这也是地理、方位上的无限性和相对性的观点。当时人们习惯于以中原为天下之中央，从空间无限或地圆说的观点看，北方之燕国之北，南方之越国之南，都可以成为天下之中央。

其十："泛爱万物，天地一体也。"这是从"大一"的视域来看世界，肯定天地万物彼此是一个和谐的整体，人们对待万物（包括人）都要有爱心。

从以上十个命题来看，惠施强调了世界的整体性和普遍联系，反映在概念论上，既承认确定性（如"大一""小一""无厚"），又肯定相对性；既看到差别性，更看到同一性。他尤其重视空间、时间概念的相对性、流动性和相互转化。他对大与小、至大与至小、高与卑、山与泽、天与地、今与昔、"不可积"与"大千里"、有穷与无穷、中与睨、生与死、同与异、大同异与小同异、同中有异与异中有同、闭与解、中央与边缘等相对的概念，基本上是从关系逻辑的视域来把握的。后者可以转化为前者的宾词。如果说，墨家逻辑是一上来就抓住二元谓词的侔式的关系逻辑的话，那么惠施的逻辑则是辩证的关系逻辑，这都与西方亚里士多德从简单的直言命题等一元谓词逻辑问题入手的方式不同。

2. 公孙龙

公孙龙的著作，《汉书·艺文志》著录十四篇，今本《公孙龙子》仅存六篇，即《迹府》《白马论》《指物论》《通变论》《坚白论》《名实论》。除《迹府》为门人辑录公孙龙的生平事迹外，其他五篇均是公孙龙本人的作品。

"白马非马"是公孙龙的成名论题。他说："马者，所以命形也；白者，所以命色也。命色者非命形也。故曰'白马非马'。""白马非马"中的"白马"和"马"都是概念词。他在这里指出，

“马”与“白马”的内涵是不同的，“马”只含有形体的规定性，而“白马”又包含了颜色（白）的规定性，所以“马”和“白马”是不同的两个概念，表达两个固定的、确定的共相。他进而从概念的外延上加以论证：“求马，黄、黑马皆可致；求白马，黄、黑马不可致。”“马”的外延大，可以包括白、黄、黑马，而“白马”的外延小，不能包括黄、黑马。这就区分了种属概念的差异。他设问反驳说，如果白马非马，那么黄、黑等一切有颜色的马都非马，岂不是天下无马了吗？他回答道：“马固有色，故有白马。使马无色，有马如已耳，安取白马？故白者非马也。白马者，马与白也。马与白，马也？故曰白马非马也。”这是说，马本来是有颜色的，因此才有白马。如果马没有颜色，那就只有马而已，怎么会有白马？但称呼某物为白的东西，只是标明其颜色，不一定是马。所谓“白马”的概念，是马与白的结合。马既已和白结合了，还算马吗？

“马者，无去取于色，故黄、黑皆所以应；白马者，有去取于色，黄、黑马皆所以色去，故唯白马独可以应耳。无去者非有去也，故曰白马非马。”“无去取于色”并不是“无色”，而是不取确定的颜色。公孙龙并不否定马是有颜色的，之所以强调“白马非马”，是说“白马”是“有去取于色”（即有确定的白色）的，而“马”是不取确定的颜色的。他并没有把“白马”与“马”的内涵完全对立起来，而是肯定了“白马”与“马”是“马”的一色（白色）与各色（任一色）、小类与大类的种属包含关系。无论从外延上或内涵上都找不到也推不出“白马”全异于“马”的排斥关系。也就是说，“白马非（异于）马”并不否认“白马是（属于）马”

的逻辑包含关系；这一“非”字，只是表示“有异”，不表示“全异”。公孙龙提出这一命题，从外延与内涵两方面论证了一般与特殊、属名与种名所指对象（范围）和属性（内容）是不相等的。这就肯定了不同概念的确定性和不矛盾性。他承认了“白马非（异于）马”，又承认了“白马是（属于）马”，提出了关于个别与一般的辩证洞见。

公孙龙的《坚白论》也是颇有特点的。他设问：说坚硬、白色和石头为三者，可以吗？答：不可以。又问：说它们为两者，可以吗？答：可以。问：为什么呢？答：当感知到白色而未感知到坚硬时，这是两者；当感知到坚硬而未感知到白色时，也是两者。问：既然感知到白色，就不能说没有白色；既然感知到坚硬，就不能说没有坚硬。拿这块石头来说，它就是这样，这不是三者吗？答：看的时候，看不到坚硬，只看到白色，那就是没有坚硬；摸的时候，摸不到白色，只摸到坚硬，那就是没有白色。公孙龙在这里肯定不同的感官经过思维抽象，产生不同的名，反映事物不同的属性和共性。但他认为，首先必须把事物（石）与其属性（坚白）区分开来，而不是混淆起来，故说“坚白石二”，而不能说“坚白石三”。

公孙龙指出，不同的属性（如白色、坚硬）是相互独立的，不是相互包容的，所以是分离的，也就是“藏”起来的。他又说：“物白焉，不定其所白；物坚焉，不定其所坚。不定者，兼，恶乎其石也?”白色和坚硬，在其他的物体上都可以感知到，不专属于石头所有，而是一切白物和坚物所共有的属性。公孙龙又承认有“白石”和“坚石”：“于石，一也；坚白，二也；而在于石。”这就肯定了“白”与“坚”都是属于石的。也就是说，“白”与“坚”

既属于石，又不专属于石，既是主体的感官和思维通过名相所把握的石的不同属性，又是主体所把握的天下所有白物、坚物的共性（共相）。

在事实的层面上，公孙龙承认坚白石是一块具体的石头，把三种规定性整合在一起。从语言分析的角度来说，他指出坚性、白性、石性三种抽象的规定性是互相分离的。作为共相，“坚”“白”具有独立性，未与石（物）相合时，是独立但隐藏着的。这样，“坚”与“白”相离，“坚”、“白”又与“石”（物）相离。说它们三者分离，是就它们隐藏着而言。如何理解公孙龙的坚白论呢？它表现出这样一种既离又合的智慧，即现象或性质总是在特定的关系中显现的。如以一个复杂的，至少是二元函数的关系式 $y_r=f_r(x, r)$ 来表示，y 为现象即显现出来的性质或性质的集合，x 表示变量，f 表示这些因素或变量之间的关系，r 是相应的关系参量。若将“坚”“白”看作潜存在 x 中的共相（“指”），它们既离又藏，叠加而无定所。关系参量 r 表示不同类型的感官（手或眼），而显相 y 则是殊相（“物指”）坚或白。如果说共相、抽象属性的“指”是一元谓词，那么具体属性的概念“物指”则是关系谓词，这是理解公孙龙的一个关键所在。由公式可见，当且仅当 r 同时代入“手”和“眼”，作为物指的坚白才相与。显然，这只是一种情况、一种解，即“常识解”。公孙龙的理解允许人们超出常识，考虑到更复杂、更抽象的情况，从而与两种性质问题（如“坚”性、“白”性，或“波性”“粒性”等）内在地关联起来。

在《指物论》中，公孙龙进一步阐述了他的“共相”观。此文反复论证“物莫非指，而指非指”的命题。他以“指”与“物”（实物、现象、个体）相对，“指”含有动词“指认”“称谓”和名词“名称”的意思，这里主要指概念、共相。如果细分，“指”分为既指抽象属性、共性的，如白性、坚性等共相，也指具体事物属性的概念，如白马之白、坚白石之坚等。后者在有的地方也称为“物指”，即“定于物”之指。公孙龙强调，概念和所指谓的物是不同的。天下有物，而人用概念去指谓它。另外，没有物是不由概念来指谓的。“天下无指，而物不可谓指也。不可谓指者，非指也。非指者，物莫非指也。天下无指，而物不可谓指者，非有非指也。非有非指者，物莫非指也。物莫非指者，而指非指也。”天下并没有指，所以物不可以说就是指谓它的指，也就是指所指谓的物并不就是指谓物的指。但是，万物皆由指来指谓。所谓天下并没有指，物不可以说就是指谓它的指，并不是说存在着不由指来指谓的物，也就是万物皆由指来指谓。所以说，万物皆由指来指谓，但所指谓的物并不就是指谓物的指。

公孙龙强调了概念对于物的独立性。“指，非非指也；指与物，非指也。”“且夫指固自为非指，奚待于物而乃与为指?”指就是指，用指去指谓物，这里所指谓的物才不是指。况且，指本来就指谓物，哪里是要等到与物结合了，才成为指谓物的指呢？这里包含共相是不变的、知性概念以确定性为根本表征的思想。

《公孙龙子》采取主客对话的形式。“客问”代表一种对语言应用的常识观点，认为作为概念的语言外壳的名字只不过是“物”的符号而已，肯定“物”“实”的自在性，和“指”“名”的消极性、寄生性。如“客”说，“指”的产生只是为了使万物各有其名，但物并不是指谓它的“指”。把不是“指”的东西叫作“指”，就没有东西不是“指”了。公孙龙做“主答”，则通过分析“指”对“物”的指谓关系表明，“物”是存在的，但“物”的存在对于人来说，又是在被概念因而也是被语言指谓时才有意义。对认识主体来说，“物”的存在有语言的贡献。因此，对人来说，不存在不由“指”来指谓的“物”。也就是说，“物”的存在，对人来说是取决于语言的。“且指者，天下之所兼。天下无指者，物不谓无指也。不可谓无指者，非有非指也。非有非指者，物莫非指。”“指”是天下所没有的。尽管天下没有“指”，但没有“指”就无法指谓物。既然没有“指”就无法指谓物，那么就不存在不由“指”来指谓的物。不存在不由“指”来指谓的物，也就是万物皆由“指”来指谓。

公孙龙强调“指”是对事物本质的把握，可以超越经验世界。“天下有物”“天下无指”的“天下”是指经验世界、事实世界。“指”所把握的事物本质是现象世界中所没有的。《坚白论》中，代表常识的“客”说，坚硬、白色和石头三者互不分离，乃是本来如此，永远如此。公孙龙指出，这是在“物天下”中以感性见到的现象，而在知性洞见的共相世界里，三者是分离而独立自在的，它们对于现象世界是隐藏着的。公孙龙的贡献在于由现象认识进到共相认识，由事实分析进到语言分析。人类用心智借助知性概念去认识“物”背后的共相，语言则凝结着知性对共相的认识。

公孙龙的《名实论》说：“天地与其所产焉，物也。物以物其所物而不过焉，实也。实以实其所实不旷焉，位也。出其所位非位，位其所位焉，正也。”“物”就是天地及其化生的万物，“实”是物之所以为物的那个形而上的本体，或该物之所以为该物的本质属性。对“实”的规定一定不能“过”，即超出其范围。

他强调准确把握“指”与“物”的关系，必须厘定概念词的内涵与外延，因此莫如先个别、独立地把握概念、共相，如白是白，马是马，白马是白马；坚自坚，白自白，坚白不共盈于石。“物”只有被语言指谓才有意义。但语言指谓必须严格，“名”必须自身绝对同一，人们才能交流对话，否则“指”“名”无法指谓物，就容易造成逻辑混乱。“夫名，实谓也。知此之非此也，知此之不在此也，则不谓也；知彼之非彼也，知彼之不在彼也，则不谓也。”已知这个名（或那个名）不是指的这个东西，或者知道这个名（或那个名）现在已不指这个东西了，就不要再称呼了。名、指谓，都必须专一、恰当。名实的统一之所以重要，是因为“名”有其独立性，凝结着一定的文化、认知方式，名还可以反过来影响人们的思维和生活。公孙龙的名实观与指物论是统一的。

六、比较与思考

先秦时期，社会、人生、道德哲学强，自然哲学弱。名学和墨辩逻辑与西方逻辑不同，后世也没有得到进一步发展。人们常讲儒道互补、阳儒阴法，儒道法在社会管理中相互作用，儒道（后来加上佛）成为人生哲学的主轴。以下讨论什么是哲学、什么是中国哲学、中国哲学的特点及比较哲学的问题。

哲学是人们关于宇宙、社会、人生的本源、存在、发展之过程、律则及意义、价值等根本问题的体验与探求。在远古时期，各个大的种族、族群的生存样态与生存体验既相似又不尽相同，人们思考或追问上述问题的方式亦同中有异，这就决定了世界上既有共通的又有特殊的观念、问题、方法、进路，有不同的哲学类型。人类进入文明时代的几个大的典型文明，各有其不同的方式，其哲学有不同的形态。古代哲学范式各不相同，而且在不同时空中又有各不相同的哲学传统。并没有一个普遍的西方的或世界的哲学，所有哲学家的体系、思想都是特殊的、个别的、自我的。

然而，但凡思考宇宙、人生诸多问题，追求大智慧的，都属于哲学的范畴。关于人在宇宙中的地位、人的尊严与价值、人的安身立命之道等，都是哲学的题中应有之义。康德区分了两种哲学的概念，一种是宇宙性的，一种是学院式的。其宇宙性的哲学概念，把哲学当作关乎所有知识与人类理性的基本目的之关系的学问。这种定义把哲学视为人类为理性立法的学问，或视为人类探求终极价值的学问。这恰好符合儒学的“至善”“为天地立心，为生民立命，为往圣继绝学，为万事开太平”所体现出来的意义。

张世英先生在《哲学导论》中说，“爱智慧”在赫拉克利特那里，就是指人与万物（一切存在者）合而为一的一种和谐一致的意识。张先生认为，这类似中国传统哲学所讲的“天人合一”。至于黑格尔只把普遍性概念、理念和抽象概念王国的学问视为哲学，海德格尔把前苏格拉底哲学家如赫拉克利特、巴门尼德等人称为思想家而非哲学家，那只是一种看法。他们这种看法并不能概括从前苏格拉底到后黑格尔的所有的西方哲学，包括与概念知识系统并存的其他西方哲学。黑格尔、海德格尔对“哲学”的界定与看法，只是一家之言，我们尊重但不一定要盲从它。不是只有符合这种尺度的才叫作“哲学”，才具有所谓合法性或正当性。若果真如此，一部分西方哲学，特别是非西方的阿拉伯、非洲、印度、中国等的许多哲学智慧都会被抹杀掉。

人类的哲学思考，中国哲学与西方哲学，当然有可以通约、可以比较之处。不同文化背景下产生的哲学具有某种一致性、互通性，因此相互翻译、诠释、比较、沟通、会通的哲学研究工作不仅有可能，而且有意义与价值，它有助于我们吸收不同哲学传统中的精华，促进哲学创新。诚如本杰明·史华兹在《古代中国的思想世界》中所说：“超越了语言、历史和文化以及福柯所说‘话语’障碍的比较思想研究是可能的。这种信念相信：人类经验共有同一个世界。”①

哲学史是发展的、具体的。文化与哲学传统本来就是流动、变化的。当然变中有不变，不变中有变。从印度佛学在东汉传入中国并经过中国学者消化吸收的八百多年的历史来看，最首要的是“格义”。“格义”的前提是，佛教与我国原始哲学的观念有某种一致性，以及意义间的可通约性。从非中国化到中国化，印度佛学中的哲学体悟与哲学义理在中国经过了佛学家们“格义”、创造性误读，

① 本杰明·史华兹：《古代中国的思想世界》，程钢译，江苏人民出版社，2004，第12页。

到消化吸收、融会贯通、自创新说等阶段。中国哲人与佛学家不仅创造了佛学的新义理、宗派、方法，促进了佛学的中国化，而且进一步创造了以儒家思想为主干、吸纳佛道二教的宋明理学。中国化的佛学各宗派与宋明理学，特别是朱子学与阳明学，又陆续传到东亚，深刻影响了东亚与全世界。

明季以来，西学东渐与东学西传的双向互动，已有了四百多年历史。西方哲学在中国经历了一定的传播过程，西方哲学的汉语化、中国化仍在进行之中。今日在中国，中西哲学已经是你中有我、我中有你了。与过去印度佛教的各宗派一样，古今西方哲学的各流派、各大家的思想慧见都为我们提供了新的视域与方法，并正在与中国哲学的诸流派相互摩荡。今天，但凡用中文撰写的有关西方哲学的著作及西方哲学原典的中译，也已经不完全是原来意义上的西方哲学了。对西方哲学的翻译与研究、西方哲学与中国哲学用语的比较、对西方思维方式的吸收与批判、西方哲学及马克思主义哲学的中国化与中国的哲学创新等，都是广义的“中国哲学”的题中应有之义。西方哲学的中文化或中国化、中国哲学的建构及其在西方的传播，表明比较哲学不仅是可能的，而且是现实的。

狭义的“中国哲学”学科形成的过程，正是马克思主义哲学、中国哲学、西方哲学相互借鉴和交融互渗的过程。如运用西方哲学范畴、术语的问题，我们在借取中有发展，不能不借取，又不能不增加、渗入本土义与新义。牟宗三先生借用佛语说“依义不依语”“依法不依人”，即自主地、创造性地运用西方范畴、术语，有很大的诠释空间。当然，有关中国与西方哲学概念、范畴的解读和整理的方法，需进一步结合中西哲学文本的特性，避免牵强附会和削足适履。中国哲学能哲学地建立起来，即以现代话语与现代哲学形态使中国哲学现代化与世界化，可能对中国哲学有所损伤，但却是不能不通过的途径。以西方观念诠释中国哲学，自有不少限制，这是无须讳言的。

因此，我们强调中国哲学学科建立的正当性，强调中国哲学学科自身的特色，并不是把中国哲学做静态的处理，其本身即一个动态的过程，包含着内外不同地区、不同民族的和同一民族内部不同的哲学传统的渗透与融合。而且，中国哲学的“自己写”与“写自己”，绝不是排他的、不需借鉴的，绝不是不考虑事实上已存在与发展着的创造性融会的。若果真如此，那就成了“自说自话”，不可能与其他类型的哲学对话与沟通。

狭义的“中国哲学”学科的完善与发展，仍然离不开中西方哲学的多方面的、更加广泛深入的交流、对话与沟通。如现象学、解释学给我们提供了新的视域与方法。当然，我们要力图发掘中国哲学之不同于西方哲学的特性与价值，力图改变依傍、移植、效仿西方哲学的状况，虽然中西哲学的交流互渗已是不刊的事实，但也有助于逐步发现中国哲学的奥秘。中国哲学学科的生存与发展，必须保持世界性与本土化之间必要的张力。包括中国哲学史的研究方法，也需要借鉴欧美日本，当然不是照搬，而是避免自说自话。

在中西文化、哲学的比较研究与中国哲学学科的构建方面，冯友兰先生曾提出过“辨同异”“别共殊”的问题，业师萧萐父先生特别强调这一问题，又指出要注意同中之异、异中之同、殊中之共、共中之殊，注意普遍、特殊、个别之间的复杂关系。我们当然不能如冯先生有时强调的那样，把中西之别的问题化约为古今之异的问题，不能把古、今、中、西、同、异、共、殊的任何一方任意加以忽略或夸大。有一些哲学问题在某些层面是普适性的，在某些层面又具有特殊性。历史上的中西哲学家所面对、关注、解决的问题有相似性和差异性。总之，中华文明中的哲学智慧绝不亚于西方，需要我们在与西方哲学的比照、对话中，超越西方哲学的体系、框架、范畴的束缚，确立起我们中华民族的哲学传统、哲学智慧与哲学思维的自主性或主体性。

方东美先生在《原始儒家道家哲学》中说，中国哲学有四大思想资源与思想传统，即先秦儒家、道家、中国佛学与宋明理学。当然，全部中国哲学和每一时代中国哲学的资源与传统都是多种多样的，绝不仅仅只有这四大宗，例如至少还有墨家、法家、名家、阴阳家等诸家，以及道教与其他民间宗教与民间学术传统等。方东美先生当然只是就其大端而言的，上述四大哲学传统之间及每一传统内部，哲学家们的观念、思维与表达方式有诸多不同，仅中国佛学诸宗派及每一派内部就十分复杂。如果允许我们粗线条地以这四大传统的共通性来勉强代表中国哲学，又以柏拉图至黑格尔等西方主流哲学的共通性来勉强代表西方哲学（西方哲学传统亦十分复杂多样），两相比照，会发现中国哲学确有自己的特性。

一般说来，中国哲学传统与西方哲学传统有很大的差异。长期以来，在西方，一元外在超越的上帝、纯粹精神、不变的实体是宇宙的创造者，宇宙或世界不能自己创造自己。如如不动的、静止自立的创造者与被它创造的生动活泼的世界，自然与超自然，人与神，此岸与彼岸，致思界与存在界，心与物，精神与物质，主体与客体，灵魂与肉体，身体与心灵，价值与事实，理性与情感，等等，通通被打作两橛，其间有着巨大的鸿沟。中国哲学家的宇宙论是生成论而不是构成论，他们认为，世界不是宰制性的建构，世界是多样化的生存，是各种主体的参与。中国哲学的主流是自然生机主义的，肯定世界是自己产生出来的，没有凌驾在世界之上的造物主或上帝。中国哲学是气的哲学，而不是原子论的哲学。气的哲学昭示的是连续性的存在，是自己创造自己，变动不居，大化流行，持续不断，生机无限。中国哲学家从来不把宇宙看成孤立、静止、不变不动或机械排列的，而是创进不息、常生常化的。中国哲学家有一个信念，就是人类赖以生存的宇宙是一个无限的、创进的、普遍联系的宇宙，它包举万有、统摄万象、无限丰富、无比充实。对宇宙创化流衍的信念，实际上也就是对人的创造能力的信念。

中国传统哲学有着天、地、人、物、我之间相互感通、整体和谐、动态圆融的观念与智慧。中华民族长期的生存体验形成了人们对于宇宙世界的独特的觉识与“观法”，以及特殊的信仰与信念，那就是坚信人与天地万物是一个整体，天人、物我、主客、身心之间不是彼此隔碍的，即打破了天道与性命之间的隔阂，打破了人与超自然、人与自然、人与他人、人与内在自我的隔膜，肯定彼此的对话、包容，相依相待、相成相济。与这种宇宙观念相联系的是宽容、平和的心态，有张力的、动态统一的中庸平衡的方法论。

如方东美先生所说，中国哲人认为，在宇宙精神的感召之下，人类可以创建富有日新盛德之大业，能够日新其德、日新其业，开物成务，创造美好的世界。人们效法天地的，就是这种不断进取、刚健自强的精神。人在天地之中，深切体认了宇宙和自然生机盎然、创进不息的精神，进而尽参赞化育的天职；这种精神上的契会与领悟，足以使人产生一种个人道德价值的崇高感。由此产生了真善美统一的人格理想，视生命之创造历程为人生价值实现的历程。天道的创化神力与人性之内在价值，德合无疆，含弘光大。中国哲学的境界追求，把自然宇宙、道德世界与艺术天地整合起来，把充实的生命与空灵的意境结合起来。

西方哲人通过理性思辨的方式来考察、探究形上学的对象，如理念、实体、本体、自由、不灭的灵魂等，因此知识论发达，尤其看重作为对象的外在世界与主体认识能力的研究、形式概念的分析，以及客观的知识系统与理论的建构。中国哲人重视的则是对存在的体验，是生命的意义与人生的价值，致力于对理想境界的追求与实践功夫的达成。中国哲学的实践性很强，不停留于“概念王国”。这不是说中国哲学没有“概念”“逻辑”“理性”，恰恰相反，中国哲学有自身的系统，中国哲学的“道”“仁”等一系列概念、范畴，需要在自身的系统中加以理解。中国哲学有关“天道”“地道”“人道”的秩序中，有自身内在的逻辑、理性，乃至道德的、美学的、生态学的含义，其本体论、宇宙论及关于人道、人性、人格的论说无比丰富。中国哲学的范畴、术语不缺乏抽象性，也不缺乏对今天所谓科学、逻辑和认识论的探索，但这些都需要在自身的语言、文化、思想系统和具体的语境中加以解读，其中还有很多未知的王国。早期儒家相对于原始宗教而兴起的人文性的礼乐制度与观念中，就蕴含人类最早的理性。在宇宙秩序与社会政治秩序中，秩序的价值有神圣性，同时又有抽象性、合理性、公共性。

对于中国传统哲学自身的特性及治中国哲学史的方法论，仍在摸索之中。我们应有自觉自识，发掘中华民族原创性的智慧与古已有之的治学方法，予以创造性转化。中国哲学中有着异于西方哲学的语言、逻辑、认识理论，如强调主观修养与客观认知有密切的关系，如有与汉语自身的特性有联系的符号系统及言、象、意之辩。有的专家说中国有所谓“反语言学”的传统，我的看法恰恰相反，我认为中国有自己的语言学与语言哲学的传统。以象为中介，经验直观与理性直观地把握、领会对象之全体或底蕴的思维方式，有赖于以身“体”之，即身心交感地“体悟”。这种“知”“感”“悟”是体验之知，感同身受，与形身融在一起。我们要摆脱西方一般知识论或认识论的框架、结构、范畴的束缚，发掘反归约主义、扬弃线性推理的“中国理性”“中国认识论”的特色。中国传统的经学、子学、玄学、佛学、理学、考据学等都有自己的研究方法，这些方法需要深入地梳理、继承。道家、佛家的智慧，遮拨、破除我们对宇宙表层世界或似是而非的知识系统的执着，获得精神上的自由、解脱，爆发出自己的创造性。道家、玄学、禅宗等巧妙地运用语言，或指其非所指以指其所指，或否定其所指而明其所指；甚至不用语言，以身体语言如机锋、棒喝开悟心灵，启发人当下大彻大悟。值得重视的是，这些“超语言学”的方式是与语言学相补充、相配合的。中国哲人把理智与直觉巧妙地配合了起来。

如前所述，中国哲学没有西方哲学中的上帝与尘世、超越与内在、本体与现象等绝对二分的框架。以天、天命、天道为背景，中国哲人有神圣、高远的终极关切、理想境界、形上追求、精神信念，同时力图在社会群体生活和现世人生中实现，其内圣与外王是打通的。在中国传统哲学中，“道”“易”“诚”“仁”“太极”等本体是超越的又是内在的。就人与世界的基本“共在”关系而言，人与天、地、人、物、我的关系，在传统哲学中是通过天人、体用、心物、知行之契合，以及空间与时间的交替转换，来加以沟通和联结的。天与人之间、形上与形下之间、价值理想与现实人生之间没有不可逾越的鸿沟。按牟宗三先生的看法，中国哲学由“内在超越”的理路，使天道与心性同时作为价值之源；开掘心性，即靠拢了天道；落实行为，即实现了理想。这不仅没有遮蔽意义之源，反而使“神圣”落实化了。

中国哲学中有“人”。中国哲学的观念是从哲学家的伟大人格中流淌出来的，儒的真性、道的飘逸与禅的机趣巧妙地融合了起来。所谓“德配天地”的，是与天地精神相匹配的人文主义的价值理想。这些价值理念既可以使人安身立命，亦可以使我们中华民族与中华文化可大可久，永远立于世界民族之林，成为人类进步、和平、发展的正面、积极、健康的力量。中国哲学的宇宙观念、人生智慧、思维方法、行为方式在现代仍是全人类极其宝贵的思想传统和思想资源，是中国现代化事业的源头活水。

以上诸端，都是真正具有原创性的智慧、世界级的智慧，是今天的世界必需的精神瑰宝，需要我们大力弘扬，并适时加以变革，

“推故而别致其新”（《周易外传》）。今天，人类的生存处境和文明间的冲突与融合，为中国哲学的创造性转化提供了新的契机。中国哲学在中西哲学互动整合中持续发展，新的趋势将是进一步全球化与现代化，把特殊的地方性的“知识”、地域性的文明内蕴的普适性价值发挥出来，贡献给全人类、全世界。

传统哲学里需要分析、转化的价值系统，包括“道”“仁”“义”“礼”“智”“信”“忠”“孝”“诚”“恕”“中庸”等范畴，以及其背后与之密切相连的“天”“天命”“天道”等理念，都需要虚怀体认。对于本民族文化传统的自我批判与自我肯定并不是矛盾的，关键是要有深入的理解与切实的分析，不要只停留在表层。

儒道：找到人真正的安身立命之所

儒道两家大致可以这样划分：儒家是人文主义的，道家是自然主义的。两家本属同源，历史上不断互动互补，相辅相成。中华文化中伦理秩序与自然秩序不相隔阂，道德智慧与自然智慧并举互济。

一、儒道各有偏重

说儒家是人文主义的，是说儒家重视社会伦理秩序与道德文明的建构。儒家善于继承传统文化、典章制度而又趋时更新、因革损益，凝聚社会人心，积极有为地建立事功。儒家所主张与推行的伦理教化，大体上与民众的要求，特别是社会的秩序化与和谐化、缩小贫富差距、端正人心、淳化风俗的要求相匹配。用历史的眼光看，列君臣父子之礼，序夫妇长幼之别，是对当时经济政治资源配置的相对合理的选择。

说道家是自然主义的，是说道家回归自然而然的状态，对人为和社会伦理予以解构。一般地说，“这所谓‘自然’不是与人相对的自然界，更不是机械论的必然性或因果律之类，它只是自然而然，没有任何的目的或意志之义”①。“道”使万物生长，“德”使万物繁殖。它们使万物生成、发展、成熟、结果，对万物爱养、保护。它们生养了万物而不据为己有，推动了万物的发展而不居功自恃，统领、管理万物而不对万物强加宰制、干预。一般来说，“道”成就了万物之“德”，“德”就代表“道”内在于千差万别的个别事物之中。按这种思路，老子亦肯定文明建构、人伦生活，如：“始制有名”（32 章）；“朴散则为器，圣人用之则为官长。故大制不割。”（28 章）社会的伦理生活、文明制度，按自然条理生成并无害处，担心的是，人为作用的强化或执着于种种区分，将其固定化、僵化，则会破坏自然之道。老子肯定道德的内在性，反思文明史，批评礼乐和伦理道德的形式化，亦与此一致。如说：“失道而后德，失德而后仁，失仁而后义，失义而后礼。夫礼者，忠信之薄而乱之首。”（38 章）老子批评圣智仁义，主张绝圣弃智、绝仁弃义，毋宁说，他肯定的是真正的圣智仁义。老子知道，到了强调“礼”的时候，一定是忠信丧失、“礼”的秩序发生危机的时候。这恰恰是一种睿智！

① 蒙培元：《儒、佛、道的境界说及其异同》，载张广保、杨浩主编：《儒释道三教关系研究论文选粹》，华夏出版社，2016，第 87 页。

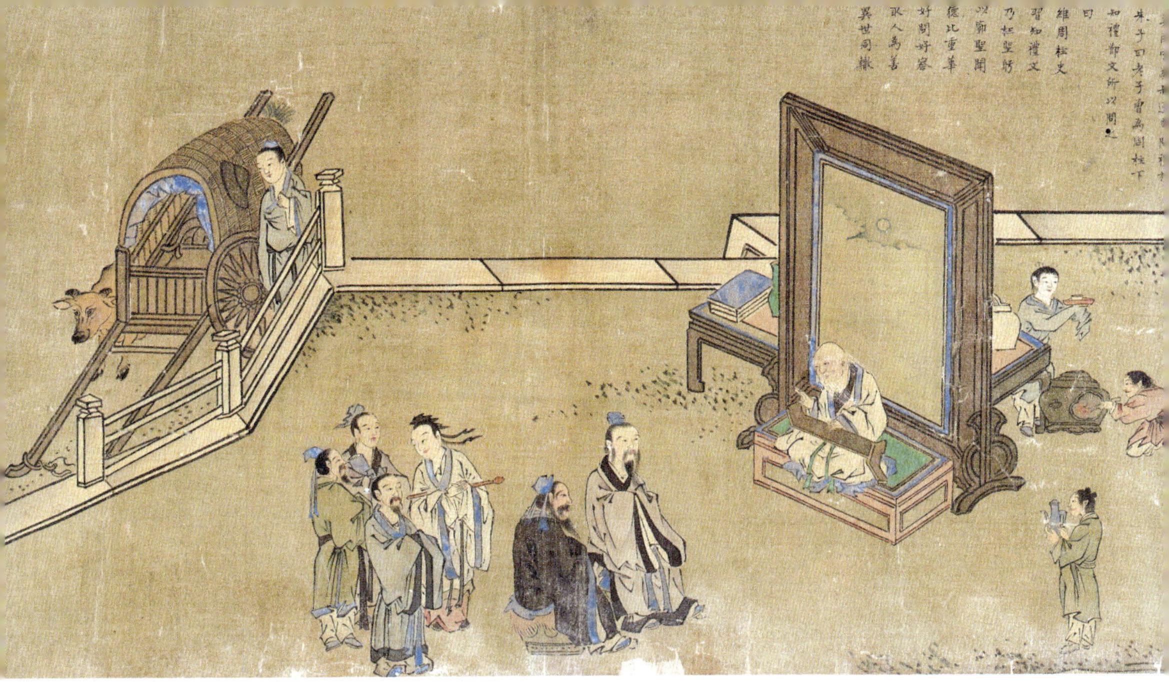

问礼老聃（孔子圣迹图）

牟宗三说："道家不是从存有层否定圣、智、仁、义，而是从作用层上来否定。'绝''弃'是作用层上的否定字眼，不是实有层上的否定。"[①] 可见，儒家建构人文，道家解构人文；儒家强调有用之用，道家强调无用之用。儒家之"有用"，即建构人文世界，"以人文化成天下"；道家之"无用"，则是从人文世界中超脱出来，回归到自然而然的自然境界。儒家在人伦中，同时也在天、地、人、物、我的相互关系中安顿生命，道家回归自然，更是在天地自然中安顿生命。传统社会的知识分子几乎都兼综儒道，得意时是儒家，失意时是道家。除了儒道思想，还有佛教，都是知识分子的精神食粮或精神安顿处。

知自然之道必知天，知人伦之道必知人，"天人合一"是儒道共同的信念。这一信念指的是人与超自然的神灵相贯通，与自然万物同体融合。儒家的人文尊重自然，道家的自然包容人文。

① 牟宗三：《中国哲学十九讲》，上海古籍出版社，1997，第126页。

二、儒家人文中的天道与自然

儒家的人文主义不反对自然与宗教而是包含自然与宗教，儒家的人文主义不是寡头的人文主义。儒家有对天、天道、天命的尊崇与敬畏，儒学具有一定的宗教性、超越性。儒家的礼，包含对昊天上帝至上神灵、对天地山川自然神灵与祖宗神灵的礼敬礼拜，此亦为尊重人与人文的源头。儒家有终极关怀与信念，以之安身立命。

儒家祭祀最重视的是祭天地，祭天地就是追本溯源，尊重人之所出。在这层意义上，“天地”即人的父母，有着价值本体意涵，又具有宗教性意涵。“天神”是至上神，对天神的崇拜要重于对地神的崇拜，然后就是对山川诸神的崇拜。除祭祀至上天神与自然神灵外，还要祭祀祖宗神灵。这里反映出人文化的“礼”仍具有的“宗教性”与“超越性”。价值观念、道德范畴如“仁”“敬”“忠信”“义”等，与“礼”紧密地联系在一起。春秋时代以“礼”为中心的人文精神的发展，将古代宗教人文化了，使之成为人文化的宗教。

儒家肯定“真情实感”“切身体会”，强调身体的感受。冯达文说：“在儒家这里，不需要过分虚无缥缈的神的灵召，也不需要过分复杂的理论建构，通过感受，我们很自然地就能走出自我，走向他人，走出功利，走向道义，从而使我们的灵魂乃至社会获得拯救。通过开启、激发我们的情感，或者说通过点出我们内在生命的光明面，来使我们获得拯救，这是孔、孟建立的原创儒学的一个基本特点。”[1] 引用著名神学家汉斯昆的说法，这是中国的智慧。

作为孔子思想核心的“仁”就是天人合一的超越境界，“仁”之人道精神有其“感通”之义，而这一“感通”的最终一层，是人与天的感通。人的宗教道德性的精神源自“天”，而“天”不在生存、变化、发展、流行的人物之外，就在其中。“天”内在于一切人物之中。儒家讲人性与天道的贯通、感通，强调了圣凡的统一，实际上承认人人有神性、物物有神性，生命圈中人、动植物及其他物都有自身的价值。人在天地之中一定要尊重山川、陂池、动物、植物等。这种尊重与敬畏，儒家通过祭祀山林川泽加以表达。

儒家的“以德取物”观，即取用有爱、有序、有节、有度等生态伦理思想，承认植物、动物乃至整个自然界的生存发展权利。从可持续发展的角度来看，“以德取物”也保证了“取物不尽物”的理想得以实现。儒家主张合理地利用自然资源，天人合德，节制人类无限制的欲望，反对破坏性地开发利用，从而实现永续利用。

《礼记·月令》记载因天时制人事，每月的天象、物候不同，天子的日常起居与所当行的政令也随之有异，强调人事的条理与自然的律动相匹配。尤其是，儒家道德实践也奉行自然的原则，不是勉强的、刻意的。刘笑敢认为，“仁德本身要求的就是内在自觉、自发地实践仁的原则，不要外在的压力，也不要自我勉强，这样的表现才是自然的、真诚的仁”[2]。在人际关系、为己之学与人格境界

① 冯达文：《中国古典哲学略述》，广东人民出版社，2009，第 432 页。

② 刘笑敢：《孔子之仁与老子之自然》，载张广保、杨浩主编：《儒释道三教关系研究论文选粹》，华夏出版社，2016，第 361 页。

上，儒家也肯定自然而然、不人为强加的原则。

张载曰："乾称父，坤称母。予兹藐焉，乃混然中处。故天地之塞，吾其体；天地之帅，吾其性。民，吾同胞；物，吾与也。"（《西铭》）这就是说，人是天地所生，禀受天地之性，只有与天地合德，才不愧为人。老百姓是我们的同胞兄弟，万物都是我们的朋友。王守仁曰："大人者，以天地万物为一体者也。……是其一体之仁也。"（《大学问》）正如蒙培元所说："如果说孔孟以'仁'为道德境界，那么新儒学即理学则以'仁'为宇宙境界，具有超伦理、超道德的宗教意义。'天地万物一体之仁'是一种真正的宇宙关怀，具有宗教超越性。"①

由上可知儒家批判寡头的人类中心的人文主义，而极富宗教性，儒家的人文涵摄了自然与宗教。儒家人文主义有浓厚的宗教色彩与自然而然的倾向，尊重并亲和自然。

三、道家道教自然中的人文

道家以自然智慧批评、反思人文，超越人文，包含并丰富了人文价值，使人文发展得更加健康。在一定意义上，毋宁说道家追求真人性、真人文。② 关于对老子之"自然"的理解，刘笑敢提出

---

① 蒙培元：《儒、佛、道的境界说及其异同》，载张广保、杨浩主编：《儒释道三教关系研究论文选粹》，华夏出版社，2016，第 87 页。

② 陈鼓应先生从多方面论述了老子、道家的人文世界、社会关怀，肯定道家的人文精神，详见氏著：《道家的人文精神》，中华书局，2015。

“人文自然”的概念，即此“自然”不是天地自然、物理自然、生物自然、野蛮状态、原始社会，不是反文化、反文明的概念。“老子之自然表达的是对人类群体内外生存状态的理想和追求，是对自然的和谐、自然的秩序的向往。这种价值取向在人类文明的各种价值体系中是相当独特的，是值得我们重视和开掘的，对现代社会的各种冲突来说更有可能是切中时弊的解毒剂。”①

老子之“道”是生成万物的超越根据，它涵括了“无”与“有”之两界、两层。道家以“无”设定真实的本原世界。就道体而言，道是无限的、真实存在的实体；就道用而言，周溥万物，遍在一切之用。“道之全体大用，在‘无’界中即用显体，在‘有’界中即体显用。”②“有”界是相对的现象世界，“无”界是超越的精神世界、绝对的价值世界，相对的“有”与绝对的“无”相互贯通。这是就两界而言的。若就两层而言，“无”是心灵虚静的神妙之用，是“道”之作用层；“有”是生成长养万物之利，是道之现实层。《庄子·天下》赞扬关尹、老聃“建之以常无有”是真正的哲学智慧。老子这种既无又有、既相对又绝对、即妙用即存有之双向圆成的玄道，启发了后世魏晋玄学、宋明道学（理学）之即体即用、即无即有的模型建构。

但道家之道的现实方式是负的方式、否定的方式，是“不”“反”“复”，即通过虚无来保证存有，通过不有、不恃、不宰、不争、贵柔、守雌、不为来长养万物，那么这种“有”其实也是虚

---

① 刘笑敢：《老子古今：五种对勘与析评引论》上卷，中国社会科学出版社，2006，第 49 页。

② 方东美：《原始儒家道家哲学》，黎明文化事业公司，1987，第 168－169 页。

老子授《道德经》图

有。老子形上学的重心是“无”，是“道冲”，“用之或不盈，渊兮似万物之宗”（4 章），是不生之生、不有之有、不长之长、不用之用、不宰之宰、不恃之恃、不为而为。

老子讲境界形态上的“无”，或者讲“有”，大体上是从作用讲的。在宇宙、现象世界生成的过程中，“有之以为利，无之以为用”（11 章），即“有”提供了客观便利的条件基础，但“有”一定要在“无”的创造性活动之作用、力量及其空间（场域）或空灵境界中，与“无”相结合，才能创造出新的有用之物，开辟出新的天地。正是在这一背景下，老子讲“道常无为而无不为”（37 章）。实有之用是有限之用，虚无之用是无限之用。无用之用乃大用。

“为学日益，为道日损。损之又损，以至于无为。无为而无不为。”（48 章）减损知、欲、有为，才能照见大道。“损”，是修养的功夫，是一个过程。“损”就是做减法。我们面对一现象，要视之为表象；得到一真理，要视之为相对真理；进而层层追寻真理的内在意蕴。宇宙、人生的真谛与奥秘，是剥落了种种偏见之后才能一步步见到的，最后豁然贯通在我们人的内在的精神生命中。“无为而无不为”，即不特意去做某些事情，依事物的本性，顺其自然地去做。所以老子强调学习要做加法，求道则要做减法，减掉世俗看重的身份地位、功名利禄，减损又减损，一直到无为。无为不是不做事，而是不妄作妄为。

“致虚极，守静笃。万物并作，吾以观复。夫物芸芸，各复归其根。归根曰静，是谓复命，复命曰常，知常曰明。不知常，妄作，凶。知常容，容乃公，公乃王，王乃天，天乃道，道乃久，没身不殆。”（16 章）意思是说，致力于“虚”要经常、要彻底，也就是不要让太多现存的、人云亦云的知识、规范、利害、技巧乃至仁义等充塞头脑，要用否定的方式排除这些东西，激活自己的头脑，使自己保持灵性、敏锐，有自己独立运思的空间。“守中”也就是“守虚”、致虚。“守静”即保持闲静的、心平气和的状态，排除物欲引起的思虑之纷扰，实实在在地、专心地保持宁静。这也是随时避免外在之物的追逐、利欲争斗等引起心思的波动。“观复”，即善于体验万物都要回到古朴的根基，回到生命的起点。“观”就是整体的直观、洞悉，身心合一地去体验、体察、观照。“复”就是返回到根，返回到“道”。体悟到“道”的流行及伴随“道”之流行的“物”的运行的这一常则的，才能叫“明”（大智慧）。反之，不识常道，轻举妄动，必然有灾凶。

“常”是常识、真相、规律，只有“知常”才有大智慧，才有宽容之心，才能知道天下的公道，这才是与道相符的心态，一生才不会有危险。体悟了“道”的秉性常则，就有博大宽容的心态，可以包容一切，如此才能做到廓然大公、与天合德。与“道”符合才能长久，终身无虞。通过从“致虚”“守静”到极致的修养功夫，人们达到与万物同体融合、平等观照的大智慧，即与“道”合一的境界。我们平常太忙，有太多的活动，要守守静，多反思反省；有太多的实务，要守守虚，多思考问题。我们要特别注意扬弃知性与物欲的牵累，做到动静互涵、虚实相济，这也是道家修炼的功夫。我们也要学会调节生命，学会排遣，不能一根筋地走到黑。道家、道教的玄观，是启发我们超越现实，透视无穷。

“人法地，地法天，天法道，道法自然”（25 章），老子之道不在一个平面上，包括人由法地而法道、人由法天以法道、人直接法道、人法道之自然四个层次。道的四层次是正反相涵与次第升进，在一个圆融无碍的大系统之中。

牟宗三特别强调“道常无为而无不为”中所包含的“道”的实现原理，“万物将自化”“将自定”，自生自成，落在万事万物之自身。“牟宗三于是以‘实现原理’喻‘道’之玄妙之义，而因此将此一境界形态的形上学，落实于物物自定自化的‘自然’。此一‘自然’之义是不仅可以用来对宇宙万物之客观性作一真实之描述，也同时可以用来对人文化成之世界作一切实的诠解。”① “道”之实现与创造，由“道”而然的宇宙万物与人文世界的发展，是自生、

① 叶海烟：《道家伦理学：理论与实践》，五南图书出版公司，2016，第 260 页。

自为、自化，各有成就；“道”不塞、不禁、不扰，反而辅助万物之生、成、长、养。这冲虚之道的“生生之德”当然与儒家肯定乾坤天地父母的大生广生的“生生之德”不同，是另一种形态的实现原理和“人文化成”观念。

牟宗三又指出，道家“无为”是针对“有为”而来的，是针对周文疲敝而有感而发的。春秋战国时代，贵族堕落腐化，礼乐典章制度堕落成了造作的、虚伪的、外在的、形式化的东西。“道家讲的‘自然’就是自由自在，自己如此。就是无所依靠，精神独立。精神独立才能算自然，所以是很超越的境界……所以讲无为涵着自然这个观念……向往自由自在，就一定要把这些虚伪造作通通去掉，由此解放解脱出来，才是自然……虚伪造作使得人不自由自在，道家对此有真切的感受，所谓‘存在的感受’。”[①]

道教重生命、重养生，对形（物质生命）与神（精神生命）两方面都十分看重，发展出一套内丹炼养之术、养生长寿之理，以及道家医学理论与实践。道教所重在作为人文基础的人本身。道教理论也包含丰富的人文思想。唐末五代的杜光庭是道教理论的集大成者，他的重玄学说关于体与用、道与德、无与有、本与迹、根与末的辩证关系的讨论十分丰富，重视本质与现象、本体与功用两者的相辅相成、双行并举，这就包含了对人文化成和主体能动性的肯定，以及人文世界的现实原理。杜光庭的理身理国论也极有特色。“他的‘理国论’，从主张任民之性，经谦静到复朴还淳，每一步骤都渗透着主观

---

① 牟宗三：《中国哲学十九讲》，上海古籍出版社，1997，第 86－87 页。

目的性……通过帝王治国实现道教‘致太平’的社会政治理想。他的‘理身论’将个人修炼与道德教化内容糅为一体，力主为善戒恶，积功累德，故此他并不一味反对有为进取，而把进取有为、积功累德视为入道门的阶次。”①其无欲修身与治国的目的是相一致的，其理身理国之论与儒家的修身治国学说有异曲同工之妙。

可见，道家道教的“自然之道”中，包含重视人之生命本身及人文主义的重要意涵：自本、自生、自成、自化的人文化成观；人格精神的独立自由；通过修身实现社会政治的太平理想，追求真善美合一的人生意境。

四、儒道两行之理

道家的逍遥无待之游，是自我真实的自由人格之体现，以“适己性”“与物化”为特征；儒家的刚健自强之道，是自我真实的创造精神之体现，以“人文化成”为特征。我国古代的思想智慧强调中华民族及其文化的可大可久，讲究空间的无限性与时间的延续性，强调对生态的保护。儒释道三家都有关于生态保护的内涵。道家认为，太过强势，太过贪婪，太多有为，恰好会适得其反。

老子的智慧和孔子的智慧是互补的。孔子为了理想，知其不可而为之，为了道德的理念与社会的理想而拼搏奋斗。而老子可以洞

① 李大华、李刚、何建明：《隋唐道家与道教》下册，广东人民出版社，2003，第599页。

三教图

见这个世界深层的问题，减损自己的功名利禄，达到大有为而不是盲目有为的状态，由此才能无所不为，才能洞悟道的本体。老子讲无为而治，以正道治国。

儒家的理想人格是圣贤人格。儒家心目中的圣人或圣王，有着内圣与外王两面的辉煌。虽然“内圣外王”一说出自《庄子·天下》，然而后来却成为儒家的人格标准。内圣指自我德性修养，外王指政治实践及功业。儒家强调在内圣基础之上的内圣与外王的统一。因此，儒家人格理想不仅仅是个体善的修炼，更重要的是有责任感和担当意识，是济世救民。儒家的人格特性包括如下内容：自强不息、意气风发、一丝不苟、发愤忘食、兼善天下、关怀他人、系念民间疾苦、知其不可而为之，“天下兴亡，匹夫有责”，“立德、立功、立言”，“三军可夺帅，匹夫不可夺志”，“富贵不能淫，贫贱不能移，威武不能屈”，等等。儒者对国事民瘼有真诚的关怀，努力为国家、民族和人民建功立业，即使遭到贬谪也以深沉的忧患意识系念天下百姓的疾苦和国家的兴亡。儒者也有其超越精神，穷居陋巷，自得其乐，安贫乐道。孟子讲的“君子三乐”，即“父母俱存，兄弟无故”的天伦之乐，“仰不愧于天，俯不怍于人”的理性之乐，“得天下英才而教育之”的教育之乐，正体现了儒者的情怀。

道家庄子的真人、圣人、神人、至人、天人的理想人格与儒家有别，其特性是：一任自然，遂性率真；与人情俗世、社会热潮、政权架构、达官显贵保持距离；独善其身，白首松云，超然物外，恬淡怡乐。这是庄子和道家的神韵情采。与儒家积极入世的现实品格相比，道家凸显的是超越和放达，既积极肯定、参与、改造现实，又以保持距离的心态来否定、扬弃、超越现实。儒家的成圣人、成贤人，道家的成至人、成真人，佛家的成菩萨、成佛陀，都是对道德人格的追求。

儒家的“诚恕”之道与道家的“齐物”之论可以互释。“诚恕”之道与“齐物”之论不仅是个体修养身心的方法，而且是一个社会共存互尊的前提。否则，各种纷争、意见、利益冲突就会瓦解整个人类社会。我们要多阐发、多实践“恕道”与“齐物”的理念，因为这才真正是国家间、民族间、文化间、宗教间、人与人间相接相处的正道。

儒家“谦让”与道家“不争”，同样是个人修养的重要功夫。《周易·谦卦》、“四书”，及《老子》《庄子》中有大量关于谦退的表述，尽管语言表达各有特点与机巧，但给人们的启发却有异曲同工之妙。曾国藩说：“凡作人，当如花未全开，月未圆满之时。花盛则易落，月满则必缺，水满则易倾，人满则招损。……声名太盛，宜常存一不自满之心，庶几以谨厚载福。”[①] 这就是曾氏学习儒道并结合自身生活的体验与感受。

养正图

以人文化为特征的儒家，与以返璞归真为特征的道家相反相成、互制互补。牟钟鉴说：“儒道互补成为中国文化的基本脉络，一阴一阳，一虚一实，既对立又统一，推动着中国文化的发展，同

---

① 王澧华：《王澧华评点曾国藩批牍》，岳麓书社，2014，第 43 页。

时保持着一种平衡，避免走入极端。在此基础上，有佛教文化进入，形成三教之间的互动，更增加了中国文化的灵性与超越精神。”[①]

许抗生说，儒道“两者之间，你中有我，我中有你，儒家中有道家的思想，道家中亦有儒家的思想。……道家重自然，儒家重人文，儒道两家的融合，从某种意义上说，实就是道家的自然哲学与儒家的人文哲学的结合。中国传统文化是离不开儒道两家的”[②]。这两家是中国传统文化的根基，是融合外来文化的基础。

台湾学者曾昭旭以王船山“两端归于一致”与牟宗三实有层与作用层分而又合的方法论讨论儒道关系，认为儒道两家互为体用：以儒家理想为主，道家义理则是其实现原理；以道家理想为主，儒家义理则是其实现原理。“儒家的义理是道德之所以为道德的本质原理，道家义理则是道德所以能真成为道德的实现原理”，“当儒家讲秩序（礼）、关系（人伦）、责任（义），讲黾勉、弘毅、博闻的时候，他虽然没有在实有层正面肯定逍遥自在、和谐自然，却是在作用层上孜孜矻矻地经营一个可让纯真生命自在流行的人文世界。……儒家之有为，是作用地保存了生命之自由”[③]。自由也须从个人的主体自由推广到群体的各安其位、各遂其性、各美其美、美人之美，这是自由理想更充分的实现，恰是儒家的理想境界。

---

① 牟钟鉴：《儒、佛、道三教的结构与互补》，载张广保、杨浩主编：《儒释道三教关系研究论文选粹》，华夏出版社，2016，第 80 页。

② 许抗生：《简论中国传统文化的儒道思想互补》，载张广保、杨浩主编：《儒释道三教关系研究论文选粹》，华夏出版社，2016，第 340 页。

③ 曾昭旭：《论儒道两家之互为体用义》，载张广保、杨浩主编：《儒释道三教关系研究论文选粹》，华夏出版社，2016，第 348、349 页。

儒家推展文明建设，构建和谐有序的社会；道家探寻文明的限度，抉发自然造化与人性的真实，超越自私用智的偏颇。儒道双行，恰如庄生讲的“两行”之理，包含人文与自然、超越与内在、无限与有限的两行兼顾，在人文到自然、自然到人文、超越到内在、内在到超越、无限到有限、有限到无限的“回环”之中，找到人真正的安身立命之所。“两行”是有差别的、有张力的辩证过程的统一。

儒家的人文主义中有自然主义，道家的自然主义中有人文主义；儒家的道德智慧中有自然智慧，道家的自然智慧中有道德智慧。两者相济相参，并举互动。儒道之间有批评有争论，同中有异、异中有同，正因此而能“和而不同”，互为体用，成为中华文化的主流。兼顾儒家与道家之“两行”，才合乎中国之“道”的流行的妙谛。

佛禅：彰显个体内在的价值

马祖道一（约709—788）是南岳怀让的弟子，曹溪慧能的第三代传人之一。慧能南宗至马祖道一、石头希迁而大盛。马祖、希迁都是南禅史上的中心性、开创性人物。慧能的生命智慧，禅宗的独特精神，迨他们而发扬光大。马祖主要在洪州（今南昌）传禅①，弟子云集（《祖堂集》说他有88位善知识者，《景德传灯录》说他的入室弟子有139人）。洪州宗或江西禅系的佼佼者，有马祖门下三大士——百丈怀海、南泉普愿、西堂智藏，以及大珠慧海、石巩慧藏、麻谷宝彻、盐官齐安、五泄灵默、大梅法常、归宗智常、盘山宝积、庞蕴居士等。马祖殁后，江西禅师遍及天下。影响巨大的有

① 据杜继文、魏道儒云："道一一生的活动，以洪州为中心，南抵大庾岭北，东南越过武夷山脉至福建、浙江境，时间大约自天宝三年（744）到贞元四年（788）的四十余年中。"见杜继文、魏道儒：《中国禅宗通史》，江苏古籍出版社，1993，第229－239页。

南泉的弟子赵州从谂、百丈的弟子黄檗希运、嗣法于百丈的沩山灵祐与其弟子仰山慧寂开创的沩仰宗，及嗣法于黄檗的临济义玄开创的临济宗。沩仰、临济二宗与源于青原行思、石头希迁系统的曹洞、云门、法眼三宗，是晚唐至五代时期著名的分灯并弘的五家禅，风靡全国，在历史上有着久远的影响并远播海外。

熊十力先生平生最服膺马祖禅，在《新唯识论》《十力语要》等著作中，多次引用马祖与百丈怀海、大珠慧海、大梅法常的若干公案，并加以发挥。[①] 熊氏高度评价了马祖当机善诱的禅法和当下自识本心的禅观。笔者受到熊先生的影响才注意到马祖禅的奥义。本章只是在前贤和时贤的启悟下，略述马祖禅的意蕴。

一、即心即佛——个体性的凸显

“自心是佛”本是六祖慧能禅学的内核。慧能把外在权威纳入自心之中，扩大人的自性，促进人的觉醒。马祖珍视人的主体性与个体性，肯定人的内在自我的价值和能力：

> 汝今各信自心是佛，此心即是佛心。是故达摩大师从南天竺国来，传上乘一心之法，令汝开悟。又数引《楞伽经》文，以印众生心地，恐汝颠倒，不自信此一心之法，各各有之。故

---

① 比较集中的论述在《新唯识论》语体文本的《功能上》和《明心上》，见熊十力：《新唯识论》，中华书局，1985，第 383 - 384、551 - 557、561 - 563 页。

> 《楞伽经》云："佛语心为宗，无门为法门。"又云："夫求法者应无所求。"心外无别佛，佛外无别心。(《祖堂集》，卷十四)

这里继承了达摩以来明心见性的思想，而更加肯定自心清净、自修自作、自行佛行、自成佛道。"心"与"佛"的统一是禅宗真髓。这就破除了对外在权威、偶像、经卷、知识、名言、持戒、修证、仪轨的执着，统一"世界"、"佛"与"我"，肯定向内体验的重要性，自悟内在宝藏，自性自度，不假外求。

大珠慧海法师初次参拜马祖，欲求佛法。马祖说："我这里一物也无，求甚么佛法？自家宝藏不顾，抛家散走作么！"慧海问："阿那个是慧海宝藏？"马祖说："即今问我者，是汝宝藏。一切具足，更无欠少，使用自在，何假外求？"大珠慧海从此开悟，"自识本心"。(《五灯会元》，卷三）马祖重视自身价值，肯定自家宝藏的圆满具足，反对"抛却自家无尽藏"，打破"佛"与"我"之间的时空阻隔，把世界与我融为一体，当下体验佛的境界。这是受孟子、庄子之学的影响所致。与孟子"万物皆备于我""反身而诚"的意旨一样，孟子与马祖所说"我"具备了一切，不是指外在的事物、功名，而是说道德的根据在自己，元无少欠，一切具备。在道德精神的层面上，探求的对象存在于我自身之内。与庄子"天地与我并生，而万物与我为一""独与天地精神往来"的境界一样，马祖要化解物形，得到精神的超脱放达，而这种精神自由，是以对最高本体的冥悟契会为前提的。

达摩面壁图

“即心即佛”的命题，强调内转、内修，在自心上做功夫，凸显了道德的主体性与个体性，以更好地成就人格。马祖因材施教，对向外求佛的人讲“即心即佛”，对执着自心的人讲“非心非佛”。有一公案：“问：‘和尚为甚么说即心即佛？’师（按即马祖）曰：‘为止小儿啼。’曰：‘啼止时如何？’师曰：‘非心非佛。’曰：‘除此二种人来，如何指示？’师曰：‘向伊道：不是物。’曰：‘忽遇其中人来时如何？’师曰：‘且教伊体会大道。’”（《古尊宿语录》，卷一）向外觅求者就好像得不到自己喜欢的东西而啼哭的孩子一样，这时要用“即心即佛”加以启导。没有从深层次理解“即心即佛”，执着于其表层意义，盲目张扬自性者，犹如暂时贪恋自己喜欢的东西的孩子一样，因此要以“非心非佛”化解其执。马祖进而告诉人们，物不是物，是道的体现。这是为了避免对于“非心非佛”的执着。真正有悟性的人，任运而行，应机接物，触目即道。

大梅法常受马祖道一“即心即佛”启发，大彻大悟。此后法常把握住这一宗旨，无论马祖再说“非心非佛”，他都只管“即心即佛”。马祖赞扬说：“梅子熟也。”（《五灯会元》，卷三）足见“非心非佛”云云只是帮助人们理解“即心即佛”的。法常对此有极深的体验，不再受各种言教遮蔽，不限于种种偏执。道德完善、生命体验，总是个体的事。马祖不仅重视内在性的开发，把“佛”与“我”统一起来，而且把修道贯穿到个人具体的生活之中。

观音图

二、平常心是道——生活化的推进

马祖开示众人："道不用修，但莫污染。何为污染？但有生死心、造作趣向皆是污染。若欲直会其道，平常心是道。谓平常心无造作，无是非，无取舍，无断常，无凡无圣。经云：'非凡夫行，非圣贤行，是菩萨行。'只如今行住坐卧、应机接物，尽是道。"（《景德传灯录》，卷二十八）"平常心是道"，即中国传统中"极高明而道中庸"思想的蜕变。不刻意追求外在超越的理念，而是将其纳入日用常行之中。这是对在自心做功夫的"即心即佛"之论的发展与补充。前引公案，马祖对真正有所悟的人，不讲佛、心、物，只教他任运而行、应机接物，正是此意。

马祖提出"随处任真"的命题。（《祖堂集》，卷十四）"随处任真"，是人心深处佛性的自然呈现，是人在穿衣吃饭、担水运柴、待人接物、日常生活之中明了禅理，提升意境。这就把禅推到世俗生活之中。如果说"即心即佛"使成佛的理念向内转到自心的话，那么，"平常心是道"则使成佛的道路由记诵佛经、坐禅修行转向世俗的日常生命活动。马祖门人南泉回答赵州"如何是道"的提问，重申马祖"平常心是道"的命题。赵州问："还可趣向也无？"南泉说："拟向即乖。"赵州曰："不拟争知是道？"南泉曰："道不属知，不属不知。知是妄觉，不知是无记。若真达不疑之道，犹如太虚，廓然荡豁，岂可强是非邪？"赵州于言下悟理。

(《五灯会元》，卷四）这就是说，佛道、佛理不是虚拟的、人为设置的教条，不是知识理性或一般的是是非非，而是寓于日常生活中的，每个人都可以体验、觉悟到的人生智慧。道不离开真实生活，不离开个体生存的具体场域。禅的智慧贯彻到平淡、凡俗的生活中，与之融成一体，使生活具有了不平淡、不凡俗的价值，使人们断掉妄念、摆脱烦恼，体验凡俗中的崇高、愉悦、安适。禅的智慧寓神圣于凡俗，化凡俗为神圣，不执定于过去，消解物欲追逐等苦缘，在当下得到生活的充实和生命的自由。

大珠慧海回答源律师“如何用功”之问，说：“饥来吃饭，困来即眠。”曰：“一切人总如是，同师用功否?”师曰：“不同。”曰：“何故不同?”师曰：“他吃饭时不肯吃饭，百种须索；睡时不肯睡，千般计较。所以不同也。”(《五灯会元》，卷三）一般人因世俗生活的牵累、功名利禄的追逐、人际关系的照应，总有百种思虑、千般计较，常常被折磨得寝食不安。禅的智慧让人们空掉外在的攀缘与追逐，解脱妄念、烦恼的系缚，安于自然平易的生活，在平常之中悟得生命之真。平常是生命的本真，平常心是空悟的智慧。否弃平常，视不常为常，被各种幻想妄念左右，就会失掉自家宝藏。今天我们有很多人把“正常”与“非常”颠倒，孜孜以求现实功利，最终丧失了自我。另外，大珠慧海所说“饥来吃饭，困来即眠”，是一种平常心的境界，却不是简单的事，不是排斥而是涵盖了不平常的修持，如此才能真正达到此境。

禅的智慧在随顺生活的真实中，否定分别计较之心，超越庸常，摆脱牵累。马祖的贡献即着力使禅生活化，在着衣吃饭中长养圣胎，不雕凿于心计，放下过去的罪恶感或荣誉感；解除精神负担，随处任真，触境皆如。为此，他推动了禅法的革新。

三、机锋棒喝——启悟方式的革命

杜继文、魏道儒《中国禅宗通史》据权德舆于贞元七年（791年）后所写《唐故洪州开元寺石门道一禅师塔铭并序》和南唐泉州招庆寺静、筠法师合撰之《祖堂集》，指出马祖道一的核心思想是“佛不远人，即心而证”、“法无所着，触境皆如”和“随处任真”三点。至于启悟方式，只是消解关于言语经论的执泥。进入宋代，所传道一的禅法才有了很大变化，如《景德传灯录》。至《古尊宿语录》，则更为扩大，使“道一成了一个激烈反对‘修道’的人……似乎用打、喝等方式悟人，即创始于道一，这距离史实愈远了”[①]。

马祖在接机方式上是否开后世机锋棒喝之先河，研究者见仁见智。洪修平《中国禅学思想史纲》认为，机锋棒喝的禅法是马祖所开创；顾伟康《禅宗：文化交融与历史选择》则认为，此接机方式的革新乃洪州宗之特色。[②] 就马祖禅或洪州宗之整体而言，机锋棒喝无疑是其影响深远的禅法革命。马祖本人已开其端，其弟子与再传、三传弟子越来越显，薪火相传，愈益放大。这种禅法是凸显个

---

① 杜继文、魏道儒：《中国禅宗通史》，江苏古籍出版社，1993，第234页。

② 洪修平：《中国禅学思想史纲》，南京大学出版社，1994，第179页；顾伟康：《禅宗：文化交融与历史选择》，知识出版社，1990，第60－61页。

体性、生活化的禅观的必然要求。

《祖堂集》记载，汾州和尚为座主时，讲四十二本经论。他向马祖请教："宗门中意旨如何?""师（指马祖）乃顾示云：'左右人多，且去。'汾州出门，脚才跨门阃，师召座主。汾州回头应喏。师云：'是什么?'汾州当时便省，遂礼拜……"（《祖堂集》，卷十四）马祖通过突然呼唤汾州之名，并问"是什么"，使汾州当下省悟。自认为对四十二本经论懂得很多的汾州座主，至此才悟真意，说："今日若不遇和尚，洎合空过一生。"《祖堂集》记载，马祖问百丈怀海以何法示人。"百丈竖起拂子对师云：'只这个，为当别更有?'"以上公案中，马祖呼喊姓名和突然发问，百丈以竖起拂子的动作接引对方，唤出他的自性，促使他洞见真相，自悟内在精神。类似的例子，在马祖禅中数不胜数。据《景德传灯录》记载，李翱向西堂打听马大师的言教，西堂智藏用直呼其名的方法回答李氏，李氏应诺，西堂赞叹说："鼓角动也。"李翱对佛学有一定基础，对马祖"即心即佛""非心非佛"的教法，也有自己的看法。西堂点醒的只是：马祖的言教，乃是直指自性。①

关于马祖以野鸭启导百丈的公案（见《古尊宿语录》，卷一），人所尽知，兹不复述。其中，马祖用手扭百丈的鼻子，是一种特殊的手法，又用普通的"是什么""又道飞过去"等问话，启发百丈觉悟自性，不被外境所夺（跟着野鸭飞走）。百丈以"适来哭，如今笑"，不正面回答师兄弟们的问题，意在不执着于外境。最后，百丈又以"卷却席"的动作和答非所问来回应马祖，马祖即知他已悟道。

---

① 参见吴怡：《公案禅语》，东大图书公司，1984，第58-59页。

圭峰宗密认为，作用见性正是洪州宗的特色："起心动念，弹指謦咳扬扇，因所作所为，皆是佛性全体之用，更无第二主宰。如面作多般饮食，一一皆面。佛性亦尔，全体贪嗔痴，造善恶，受苦乐，一一皆性。"（《圆觉经大疏释义抄》，卷第三之下）可见马祖禅善于从见闻觉知，从动作、语言、身心活动、生命现象中，通过机锋棒喝、扬眉瞬目等方式把不可言传的内心体验传达给受教者，启悟他人自识本心、见性成佛。这再次表明了佛禅修证的个性化。

四、自识本心——儒、禅引为同调

熊十力指出，禅宗之根本在于"自识本心，直彻真源（自注：真源，谓宇宙本体。识得自心与万物同体，真源岂待外求?）"[①]。在他看来，这也是儒学之根本。他发挥大珠慧海初参马祖的公案，指出"自家宝藏"即本心，此是万化之源、万物之本。所谓"抛家散走"，是指专恃量智或知识向外追求探索。熊氏认为，本体不可当作外在的物事来推度，迷者以为实有佛法可求，实则佛者觉也，只此心是；若离自心，便无佛可得，亦无法可得。关于"使用自在"，熊氏说，这个宝藏是吾人所以生之理，亦即天地万物所以成形之理，因吾人与天地万物同一本源、不可分割。由此应知，此大宝藏具有无穷神化、无边妙用。就吾人日常生活言之，此大宝藏随触即

---

① 熊十力：《新唯识论》，中华书局，1985，第551页。

应，无感不通。熊氏以“本心”与“习心”之辨来解读这一公案。一般人任习心趣境，将佛法当作物事来追逐，而不自识何者为自家宝藏或本来的心，自己不认识自己。他指出：“吾人与天地万物同体的大宝藏，本崇高无上……此崇高无上的，正是平平常常的。若悟得这个，才是我的真实生命。易言之，这个才是真的自己，岂不平平常常？又复当知，若认识了真的自己，便无物我，无对待，乃至无取舍等等。于此何容起一毫执著想，何容作一毫追求想哉……马祖鉴其妄习未除，于是呵其外逐，令反悟自家宝藏，又示以无物可求。而慧海乃一旦廓然空其胸中伏莽，始跃然兴问，谁是自家宝藏？马祖则直令其反悟当下之心，即此时兴问之心，光明纯净，如赤日当空，不容纤毫翳障，此非自家宝藏而何？若时时在在，恒保任得如此时之心，便是药山所谓皮肤脱落尽，唯有一真实也。”[1] 慧海被马祖提撕，习心偶歇，而本心之明，乍尔呈现。但恐妄习潜存，仍然障蔽本心之明。因此，保任之而勿放失是十分重要的。这正是孟子“求放心”之本意。

熊十力平生最服膺马祖扭百丈鼻孔一公案，认为其揭示独体及护持功夫，至为亲切。马祖在怀海接近成熟之际，见野鸭飞过，因乘机故诘，诱而进之。怀海滞于习心逐境，未能解悟。马祖再诘，而怀海犹不悟，于是马祖扭其鼻孔，令其自识独体。马祖当机善诱，意义深远。关于“作用见性”，熊氏界定为：“夫性者，吾人与天地万物所同具之本体。但以其为吾人所以生之理而言，则谓之

① 熊十力：《新唯识论》，中华书局，1985，第 552－553 页。

性。以其主乎吾身而言，亦谓之心。作用者，即凡见闻觉知等等，通名作用。”① 但熊氏强调，严格说来，“作用”是本心本体的流行，是本体的力用，是依根门而发现而表现为见闻觉知的。如果根门假心力以自逞，挟习俱行，由此而发为见闻觉知，这是根与习用事，不是本体流行，因此不成为作用。据通常说法，慧海这时内发的见闻觉知，就叫作心。不过，此所谓心，是以作用名心，而不即是本体。熊氏把引生见闻的人、事物或语言称为外缘，而将见闻说成内发的，认为见闻不只是感摄，而且是具有明确的本心。“马祖答慧海，只令他反躬体认，当下虚明纯净，不杂一毫倒妄的见闻觉知。就在这里认识他固有性体，即所谓自家宝藏，可谓易简真切之极。盖见闻觉知，固是当下发生的作用，而此作用不是没有内在的根源，可以凭空发现的。须知，此作用即是性体之流行，故于作用而见性也。马祖扭怀海鼻孔一案，则可与答慧海者反以相明。怀海于野鸭子飞过时，而起野鸭子的见。这个见，正是逐物生解。此解只是根与习用事，而不是本体之流行，即不成为作用，故于此不可见性。”②

熊氏严格区分本心与习心。就“作用见性”而言，他把心的力用，流行于根门且不为根所障、习所锢者，叫作“作用”。习也有净染之分。锢蔽其心之习为染习，常乘权而起。熊氏做出这些分疏，当然是为了避免流于狂禅。但熊氏肯定马祖行住坐卧、应机接物之道，与我国儒道等诸家之道只是一道。他更认为孟子求其放

① 熊十力：《新唯识论》，中华书局，1985，第557页。

② 同上书，第562页。

心、保任无失、深造自得、发掘资源、左右逢源之说，与马祖自识本心、即心即佛、河沙妙用、不出法界之说，可以相互发明。

自识本心才是解脱的本源，但本心容易与习心（向外追逐、计较分别之心）相淆乱，习心或无明就成为发明本心的障蔽。明心见性，就是要空掉或超越这些障蔽。马祖禅沿着慧能的方向，借助《孟子》《庄子》等资源，返回自身，寻找吾人与天地万物为一体之生命本源，肯定自家宝藏自足圆满、元无少欠，让真心、真性（佛心、佛性）真实地呈现出来。其要旨是创造条件，在凡俗的日用常行之中，凸显生命的意义与价值。这一点上禅宗与儒家是相通的。马祖禅把佛还原到人的具体生命中，又把人的凡俗生活安顿在佛的境界之中，使有限制的个体通过对与佛同体的内在生命的发掘，体悟到心性的空灵与自由，从而超越限制，通向永恒。

总之，马祖禅强调个体自身是佛，随时体道，以更简易直截的方式当下得到解脱。他彰显了个体内在的价值，开发了自身的资源。他的无修无证、无念无着之禅机，更彰显了“人”的“个体性”的地位，其灵活启发的方式更具有创造性。马祖及其禅观、禅法在中国思想史上具有重要地位，成为宋明心性之学的重要资源，亦为当代新儒家所珍视。其举动施为、语默啼笑中，充满高峰体悟的创意。其不假外求的方式、截断众流的爆发力、借助语言又超越语言限制的佛慧，在今天的思维方法、语言哲学和诠释学方面都有极高的价值。

天人：走出现代科技的困境

科技的昌明是我们时代的骄傲。科技促进了人类社会的进步，给人类带来了福祉，但它是一把双刃剑。一方面，科技使我们的生活更加幸福、舒适、方便，它改变了人类的生产、生活方式，使得人类更加文明；另一方面，科技使人更趾高气扬、更脱离自然万物，科技还使人异化为物、异化为工具。在现代社会，人与人、人与动物等的相互关系出现了问题，在当下的21世纪，这一问题的严重性越发凸显出来。

人类应如何对待同类与不同类？对待同类，我们应强调构建“人类命运共同体”；对待不同类，我们应强调“人与天地万物为一体”。具体的、历史的人总是一定种族、民族、肤色、地域、语言、文化、宗教、性别、国家、阶层的人，有着存在的基本特质、需求和利益，而不同背景、不同群体的人的特质、需求和利益，总是有着各种各样的差异、矛盾、对立，甚至是彼此冲突的，因此常常发生争斗甚至战争。当人们超越自身的限制，认识到地球上的人类是同呼吸、共命运的一个整体时，是多么了不起、多么难得啊！认识到这还不够，在实际行为上时时处处真正体现出人类命运共同体的意识，更是难上加难了。

中国的先哲在天人关系问题上有着极为丰富，也极具创见的论说。其荦荦大者约有：儒家立己立人、成己成物、博施济众、仁民爱物之仁心；道家强调自然与人是有机的生命统一体，肯定物我之间的同体融合，赞美天籁齐物之宽容；佛家普度众生、悲悯天下之情怀，都是这种精神的结晶。上述天人关系论说中的智慧，对于我们走出现代性的困境不无助益。

一、中国传统天人关系论说的要义

中国传统儒释道三家都有着丰富的天人关系说，“天人合一”“人与天地万物为一体”可以说是其中的主流。儒家如孟子说，“亲亲而仁民，仁民而爱物”，主张把对亲人的爱推广到爱老百姓，乃至爱万物万类。道家如庄子说，“天地与我并生，而万物与我为一”，人可以提升自己的境界以“与天地精神往来”。佛学大师说，“众生平等”。从生命本质上看，一切生命无二无别。众生都有佛性，众生都能成佛。人不是孤零零的存在，人与草木、鸟兽、山水、瓦石同在。人与天地万物是共同体，这就把人类的生存与其他

山水人物册页（明　陈洪绶绘）

类的生存联系起来了，把人类共同体在空间上拓展了，在时间上延续了。

在儒学传统中，将天人关系问题上升到形上学层面加以讨论的是《周易》、《中庸》与《孟子》的系统。《周易》的“道”具有包容性，综合了天道、地道、人道三大系统：“《易》之为书也，广大悉备。有天道焉，有人道焉，有地道焉。兼三才而两之故六。六者非它也，三才之道也。”（《系辞传》下）这是《周易》的三才系统。

以三才系统为主轴的天人系统，有如下维度：第一是人与终极性的天的关系，即人与天命、天道的关系问题，涵盖了人的终极信仰、信念；第二是人与自然的关系，即人与自然之天，“天”、“地”或“天地”，与自然山水、草木鸟兽的关系问题，也是我们今天所说的人与自然环境的关系问题；第三是人与物的关系问题，与自然物的关系我们已列入前一项，人与物的关系还应包含人与人造物、人造环境的关系，如人所驯化的作为工具的动物、饲养的家禽家畜、栽培的植物及果实、制造的工具和器物及包括衣食住行等人之生存、活动的方式或样态；第四是人与社会的关系，这包括人与人的各种现实关系和人所处的且无法摆脱的社会习俗、制度、伦理规范、历史文化传统等；第五是人的身体与精神世界、内在自我的关系问题，包括身与心的关系、人的意义世界、自我意识、心性情才等。

白潭图（明　周臣绘）

“天地之大德曰生”，“天地”是万物之母，一切皆由其“生生”而来。“生生”是“天地”内在的创生力量。三才系统是一个不断创生的系统，也是一个各类物种和谐共生的生命共同体。

《中庸》以天道为性，即万物以天道为其性。其开篇云：“天命之谓性，率性之谓道，修道之谓教。”人与万物的性是天赋予的，这天性之中有自然之理，即天理。一切人和物都是自然地循当行之法则而活动，循其性而行便是道。一切物的存在与活动，都是道的显现。就人来说，人循天命之性而行，所表现出来的便是道。人因为气质的障蔽不能循道而行，所以须先明道才能行道，而使人能明道的便是教化。一般人要通过修道明善的功夫，才能使本有之性实现出来。

关于天与人、天道与人道的关系，《中庸》是以“诚”为枢纽来讨论的。“诚”是《中庸》的最高范畴。“诚”的本意是真实无妄，这是上天的本然的属性，是天之所以为天的根本道理。天赋予人善良本性，即天下贯而为人之性；人通过修养的功夫，可以上达天德之境界。由天而人，由人而天。“唯天下至诚，为能尽其性。能尽其性，则能尽人之性。能尽人之性，则能尽物之性。能尽物之性，则可以赞天地之化育。可以赞天地之化育，则可以与天地参矣。”至诚之人，能够极尽天赋的本性，于是能够兴养立教、尊重他人，极尽众人的本性，进而尊重他物，极尽万物的本性，使万物各安其位、各遂其性。既然如此，就可以辅助天地生养万物。这使得人可以与天地鼎足而三了。

就人道而言，《中庸》曰：“诚者非自成己而已也，所以成物也。成己，仁也。成物，知（智）也。性之德也，合外内之道也，故时措之宜也。”“诚”是自己实现、完成、成就自己，而“道”是人所当自行之路。同时，“诚”又是使物成其始终的生生之道，没有诚便没有万物。所以君子把诚当作最宝贵的东西。诚一旦在自己心中呈现，就会要求成就自己以外的一切人、一切物。当人的本性呈现，即仁心呈现时，就从形躯、利欲、计较中超脱出来，要求向外推扩，推己及物，成就他人、他物。仁与智是人性本有的，扩充出来后成己成物，即兼物我、合外内。

孟子“尽心、知性、知天”“万物皆备于我”的说法，着眼于本心的推扩，实开启了天人合一说的另一条路径。如果借用康德哲学的提问方式，可以说《周易》、《中庸》和《孟子》以“天道性命相贯通”，解决了“天人合一”如何可能的问题。后来宋明理学家正是延续这一理路而展开论说的，其核心论域便是道体、诚体、心体、性体的贯通。现代新儒家“体用不二”“内在超越”“智的直觉”“良知坎陷”诸说都是从中生发出来的。

宋明理学家如张载讲“民，吾同胞；物，吾与也”，百姓是我们的同胞，自然万物都是我们的兄弟。我们爱人类，也爱自然万物。又如程颢说，“仁者以天地万物为一体”。作为人之仁心仁性，以天地万物为一体，把爱给予他人和万物，使爱具有周遍人与万物的普遍性。王阳明说：“人的良知，就是草木瓦石的良知。若草木瓦石无人的良知，不可以为草木瓦石矣。岂惟草木瓦石为然，天地无人的良知，亦不可为天地矣。盖天地万物与人原是一体，其发窍之最精处，是人心一点灵明。”（《传习录》下）又说：“良知是造化的精灵。这些精灵，生天生地，成鬼成帝，皆从此出，真是与物无对。”（《传习录》下）人之心（良知）—万物之心（良知）—天地之心（宇宙之心、良知），说到底是一个心（良知），这个心（良知）是天地万物（包括人）内在的根据（根源），也就是最高的宇宙本体。天地万物和人原本一体、一气相通，但由于禀气偏正、通塞的不同，只有人的良知即“人心一点灵明”，才是天地万物意义发窍的“最精处”。

王阳明的“一体之仁”说，贯通天理、本性与本心。本心“即存有即活动”，由此成为天理的具体表现与生发之源。不管是有知觉的动物、有生命的植物，还是如瓦石之类的无生命的物体，当它们受到破坏或损害时，每一个人都会从内心产生“不忍人之心”、“怜恤之心”和“顾惜之心”，并把它们视为自己身体的一部分而加以爱护。由此，人所具有的仁爱之心，由“爱人”得以扩展到“爱物”，从而把人与天地万物有机结合起来。由于对人与万物一体同源的体悟，人们才可能对万物都持有深切的仁爱之心，将整个天地万物都看作与自己的生命紧紧相连的，把生态系统真正视为人与万物共生、共存的生命家园。

现代西方哲学中有“他者”的理论，讲所谓“终极的他者”“自然的他者”“社会文化的他者”等。中国文化中关于人与天地自然万物和人与社会他人的关系，从没有孤立隔绝的看法，不把天、地、人、物看作外在于我的。传统中国人对“自然”的看法也是如此，即不承认有所谓绝对独立客观的自然，人与自然相即不离，你中有我，我中有你。

在中国哲学中，即使有如荀子、柳宗元、刘禹锡对天的自然义的偏重和对人力的彰显，但对神性意义的至上天神的敬畏仍然保留，且对自然神灵仍然是崇拜的。山有山神，树有树神，自然神灵遍在。说到人与自然的关系，古人心目中的自然（天地万物）是有神灵的自然（天地万物），而今人心目中的自然是人化的自然，是人宰制的对象。进一步说到人物之性，认为人有人性，物有物性，人性、物性中有神性。至于人，一方面，人不能没有终极信念、信仰与归属感；另一方面，人只是天地万物中的一小部分，人与草木、鸟兽、土地、山川是息息相关的，是一个整体。

儒家对万物都是关爱的，而且是从其所具的内在价值去确定这种爱的，因为万物的内在价值都是“天地”所赋予的，与人的内在价值同出一源。儒家对动物的关怀也是从肯定其内在生命价值出发的。依照荀子的论述，以内在价值的高低排列，应该是从无机物到有机物，从植物到动物再到人。在这个价值序列上，动物离人最近，其所禀有的内在价值应该是在人之外最高的。禽鸟与哺乳动物虽然没有人那么高的智慧、情感，但它们也有一定的感知力，对同类有一定的情感认同，这已经远远超出其他物种。万物的内在价值有很大的差异，人对它们关爱的方式也应该有所不同。

二、现代性问题

在儒学中有悠久的尊德性与道问学、德性之知与闻见之知、良

春山晚霁（明　居节绘）

知与闻见、性智与量智关系论说的传统，大体说来，诸对范畴中的前者均与体证本体有关。本体论是境论，体证本体便是量论。这个本体当然不是西方哲学意义上的实体，中国哲学中本质主义的色彩并不强烈；它着实是关联于心体的，心体与道体是通而为一的，所谓即本体即功夫，这就是天道性命相贯通，也就是天人合一。诸范畴的前后两者是体用、本末的关系，不过其中纯粹知识之学这一面并未被凸显出来，牟宗三的“良知坎陷”说正是要在厘清两者关系的基础上，基于儒家的传统，接纳源自西方的现代科学。

不过，自近代以来，中国在大力提倡、引进科学的同时，引发的问题接踵而至。五四以后的中国，对科学的崇拜，或所谓科学万能论、至上论，把科学“主义”化，这些观点一度甚嚣尘上。五四主流派的启蒙呐喊，始于多元，终于一元，打破了一种褊狭，导致了另一种褊狭——例如把科学讲到不科学、唯科学，甚至科学主义的地步，把民主讲到不民主的地步。科学本来就起于怀疑，科学精神的要旨是怀疑、批判与否定，这种精神有强大的原动力。可是，当科学被神圣化以后，科学就变成不能质疑的最高权威，任何人要肯定某事，只要贴上“科学”的标签，盖上“科学”的印章，便畅行无阻。非科学的东西都被“科学”化、“主义”化了。

1923 年至 1924 年发生的“科学与人生观”论战，站在科学派健将对面的玄学家是张君劢、张东荪，以及林宰平、梁启超等。科学派的丁文江、唐钺、吴稚晖、王星拱、胡適等在哲学上主张实验主义、马赫主义、新实在论，而玄学派则主张倭铿、柏格森、杜里舒哲学。需要注意的是，玄学家并不“保守”，在政治层面上，玄学家极力推行西方民主政治。从一定意义上说，这场论战是西方哲学界科学主义与人文主义争论的继续。

与东西文化问题论战一样，科玄论战的水平不高，不可能真正解决科学与哲学、科学与人生观、精神文明与物质文明、客观必然与意志自由等问题，但把这些问题提出来讨论，就是我国思想界的一大进步。张君劢的人生哲学和文化哲学提出了科学不是万能的，纯科学解决不了人生问题和文化、历史问题。他指出，中国经济、政治、文化的改造，不能忽视道德修养，应防止西方文明的流弊，协调精神文明与物质文明的关系。这都是很有价值的思考。

20 世纪 20 年代初对科学主义的检讨并未能使知识界警醒。科学特别是技术的日新月异，使学界和民众对科学及技术的崇拜与日俱增。技术与科学有密切的联系但又有区别，然科学被泛化，技术上升为科学，两者联手使科技更加至高无上，高科技像脱缰的野马，不可阻挡。

人类无节制地开发、索取、占有、破坏大自然，已引起灾难性后果。第二次工业革命，新能源、新材料、新技术异军突起，资源浪费更加严重，二氧化碳和其他工业废弃物的排放达到巅峰，臭氧层出现空洞，海平面上升，生态日益恶化。高科技的后果是自然灾害频仍，土地和水资源被污染，出现淡水危机，疾病增多。人类遭到了大自然的报复。

人的贪欲、私欲加上高科技，将毁灭地球，终结人类。这不是危言耸听。近年来人工智能研究的新成就，如阿尔法狗二代等启示我们，具有极强自学习能力的机器人如用于战争，那就太可怕了。智能机器人一旦生成自主意识，脱离人的控制，与人类为敌，那后果就不堪设想了。又如登陆别的星球，或在地球罕有人迹的高原、海洋、沙漠、湖泊、极地做科学观测与研究，是否应多设置禁区？研究必须有限度，至少限制其规模。人类不要侵扰现存的动植物的生存，多保留一些自然保护区，尊重生物的多样性。

著名天体物理学家史蒂芬·霍金警告说：人类要想长期生存，唯一的机会就是搬离地球，并适应新星球上的生活；除非人类在最近两个世纪内移民外太空，否则人类将永远从世界上消失。霍金对人类的生存方式表达出的忧思值得重视。由于人类基因中携带的自私、贪婪的遗传密码，人类对于地球的掠夺日盛，资源正在耗尽。

人类毁灭地球，需自食其恶果，霍金为人类找出的解决之法就是向外太空移居。

人类糟蹋了地球，又想去染指其他星球？这不正是人类自私、贪婪的体现吗？人类正热衷于科学探索月球，某些大国还在搞“星球大战”。假设将来有所谓移居新星球的工程，那岂不是要祸害宇宙？着眼当下，人类及地球上的万物仍需要在地球上生存繁衍，所谓移居到其他星球上生存只能是空想。重要的是珍爱、保护地球和自然万物，否则，人类将会终结。

三、走出现代科技的困境

如上所述，人类对于地球的掠夺日盛，资源正在耗尽，科学技术要有节制。高科技发展中的弊病、问题，除了要靠高科技自身发展来加以调节、解决，也应该接受人文学科的批判和调和，从伦理道德、宗教信仰与传统文化中汲取智慧。科学是闻见之知，它当然受良知的指引。培根说知识就是力量，我们要强调良知才是方向。

人的私欲、贪欲膨胀，虐待、虐杀动物，对自然资源的取用毫无节制。我们应反思人类欲求的放纵对人性完善的损害，在对自然资源的取用方面力求做到有理、有节。我们必须批判人类中心主义，重建生命伦理。

我们常讲“人是目的”。人的目的有长久的、有直接的，人们总是迁就浅近直接的目的，牺牲深谋远虑的目的。从目的与手段的关系来看，科技的发展使人异化，人由目的变成工具、手段。反思“人是目的”这个命题，其实也是有问题的，这仍是人类中心主义的观点。

科学有永恒的局限，永远被主客观分立限制。文化精神、信念信仰是高一层的原理，主客观统一，真善美统一。我们应从天人合一的高度去思考，应善待其他的类存在，回到中国传统的人与天地万物为一体的境界。

人应珍视动植物乃至天地万物，人与天地万物都是目的。科技发展应有限度，高科技应受到制约，应受制于“人类命运共同体”和“人与天地万物为一体”，这两者应是制约的总纲。

在传统“天人合一”的理念下，人与自然相互依存、和谐共处，这种对天人关系的认识有“前人类中心主义”的特点，其“天人合一”的理念可以为今天的生态伦理和可持续发展提供新的思路。

首先，“天人合一”为生态伦理的建立提供了人性反思的途径。“天人合一”是儒家特有的人性反思方式，它意味着人对天地万物一体同源的认同，天赋人性意味着人生而平等（社会平等）；“天命之谓性”，则意味着人与万物的共存性平等（生态系统的平等），这种平等性要求建立一种人与万物之间的伦理关系。

其次，“天人合一”为生态伦理建立了价值共识的基础。儒家生态伦理建立于对人性、物性一体同源的确信之上，生成万物的“天地”是价值源头。“天”代表着应然之理，人是“天地”的杰作。人能“反身而诚”，就能尽人性、尽物性，就能明白物之为物的物性源于“天地”，而人之为人的善性同样源于“天地”。后世儒家谓“民，吾同胞；物，吾与也”（《西铭》），“仁者以天地万物为一体”（《二程遗书》卷二上），都是沿着先秦儒家的理路。在这种价值来源的共识之上，儒家生态伦理可以建立容纳天地万物的生态共同体，将生态系统真正视为人与万物共生、共存的生命家园。

最后，“天人合一”为确立人的生态义务、责任奠定了基础。人对自然资源的取用和动植物有极大不同，人不但要求维护最基本的生存需求，而且还要求创造更好的生存状态，包括物质的、精神的需求，这意味着更多的攫取。然而，在生态系统中人的作用是最低微的，其破坏性又是最大的，人该如何去要求一种对生态系统的义务与责任是必须思考的。

从儒家的观点看，人虽高于万物，能思及与天地万物同根同源，进而领悟“天人合一”之理，但这绝不是说一个人体悟到这一点就上升到了“天”的高度，成了完全意义上的完满的人性、天理的化身，相反，他必然更加担忧人在生态系统中的位置及其局限。人虽灵慧，但只是一体万殊之一殊，人应该深感欲求的放纵对人性完善的损害，在对自然资源的取用方面力求做到有情、有理、有节。“天不生，地不养，君子不以为礼”（《礼记·礼器》），为满足人类的一己之私而破坏生态系统的行为，儒家是坚决反对的。

科学是人类的伟业，所以科学的问题最终是人的问题，尤其体现在科技工作者身上。科技领域的从业人员自身人文素养的增强，是一个严肃且紧迫的任务。儒家思想很重要的一个方面就是强调人要常常反省自我，强调修养个人的身心。这对于科技工作者自身的心灵安顿是有积极作用的。科技工作者本身也是普通人，也有精神上的各种问题需要调适、引导。儒家思想中居静、守仁、行义、主敬等各种修养方式都可资利用，为科技工作者自身精神修养的提升起到积极作用。

传统儒家主张先修身、齐家，才能治国、平天下。科技工作者不仅研究技术，而且更多时候是为了人类社会谋福祉，是为了让人们生活得更好，工具理性应该接受价值理性的指导。在科技进步的最终目标是追求人类共同幸福的情境下，儒家思想对于提升科技工作者素质的积极作用就显示出来了。科技只有在正确的价值观引导下，才能被正确发展利用。因此，我们应该调动人文理性、道德价值，来批评、监督高科技的冲动与发展。科技界应有职业道德、科技伦理，并受人的底线和人类基本伦理的制约。

儒家思想正可以为建立正确价值观提供丰富的资源。比如“仁”的理念，切近地说，它意指人要有同情心、有慈悲心、有爱心，要对人、对物有真切的关怀与爱护。如果科技工作者有这种博爱的胸怀，那么就会认识到科技（项目、功名利禄、金钱）本身并不是目的，而是人类实现长久幸福凭借的一种手段，这样科技才是服务于人类的，而不是放任自流甚至戕害人本身的。现在的假药、食品安全危机，不都是利字当头、见利忘义的人造成的吗？

一般地说，科学实践与文化精神在人类文化中担负着不同的使命，两者相互区别，又相互补充、相互促进。一个优秀的科技工作者，不仅仅需要技术精良、学问渊博，更需要有良好的道德修养。从根本上说，良知是体是本，闻见是用是末，我们应该厘清两者的关系。

劝学：培养创新意识与创造性建构的能力

我国有劝勉读书、学习的传统，历朝历代不乏名家撰写出《劝学》等名篇。考察古今劝学的主张，不难发现学习的目的、内容、态度和方法，随着时代的变迁而有所不同。中国文明是学习的文明，强调学而知之，肯定知识理性。

一、劝学的传统

劝，意为劝勉、勉励。历史上以“劝学”、“勉学”、“赞学”及“勖学”为题作文者甚多，如尸子、荀子、吕不韦、贾谊、戴德、王符、蔡邕、葛洪、颜之推、韩愈、宋真宗、张之洞、杨昌济等。

那么，他们是怎么勉励学习的呢？他们又是怎么讨论为什么要学习（学习目的）、学习什么（学习内容）、怎么学习（学习的态度、方法、步骤）的呢？

1. 尸子

尸佼，尊称尸子，战国时期著名的政治家、先秦诸子百家之一。尸子提出“学积有生”的观点，认为学问之道在于创造。他说：“土积成岳，则楩楠豫章生焉；水积成川，则吞舟之鱼生焉；夫学之积也，亦有所生焉。”在这里他强调“积累”，积累之后会“生”出新的东西，即“学积有生”。此观点受到后人的重视。“学积有生”，也有人改为“学积有出”。“生”与“出”都是表明学问积累之后可以创造出新的东西，别开生面。这就是推陈出新、返本开新、生生不息，即在传统的基础之上，新旧相资而新其故，再创造、再开拓，生长出新的传统。

2. 荀子《劝学》

先秦思想的集大成者荀子是诸子百家中的殿军，他的《劝学》收入中学语文教材，大家都耳熟能详。

> 君子曰：学不可以已。青，取之于蓝，而青于蓝；冰，水为之，而寒于水。木直中绳，輮以为轮，其曲中规。虽有槁暴，不复挺者，輮使之然也。故木受绳则直，金就砺则利，君子博学而日参省乎己，则知明而行无过矣。
>
> 故不登高山，不知天之高也；不临深溪，不知地之厚也；不闻先王之遗言，不知学问之大也。干、越、夷、貉之子，生而同声，长而异俗，教使之然也。

杏坛讲学图

> 吾尝终日而思矣，不如须臾之所学也；吾尝跂而望矣，不如登高之博见也。登高而招，臂非加长也，而见者远；顺风而呼，声非加疾也，而闻者彰。假舆马者，非利足也，而致千里；假舟楫者，非能水也，而绝江河。君子生（性）非异也，善假于物也。

这里讲学与思的关系，源于孔子的“学而不思则罔，思而不学则殆”。荀子又讲善假于物，利用工具。之后讲近朱者赤，近墨者黑，强调“渐”的看法，认为习于性成，要善于择居择友：“君子居必择乡，游必就士，所以防邪辟而近中正也。”接着讲祸福荣辱都由自取：“故言有招祸也，行有招辱也，君子慎其所立乎！”

> 积土成山，风雨兴焉；积水成渊，蛟龙生焉；积善成德，而神明自得，圣心备焉。故不积跬步，无以至千里；不积小流，无以成江海。骐骥一跃，不能十步；驽马十驾，功在不舍。锲而舍之，朽木不折；锲而不舍，金石可镂。蚓无爪牙之利，筋骨之强，上食埃土，下饮黄泉，用心一也。蟹六跪而二螯，非蛇鳝之穴无可寄托者，用心躁也。是故无冥冥之志者，无昭昭之明；无惛惛之事者，无赫赫之功。行衢道者不至，事两君者不容。目不能两视而明，耳不能两听而聪。螣蛇无足而飞，鼫鼠五技而穷。《诗》曰：“尸鸠在桑，其子七兮。淑人君子，其仪一兮。其仪一兮，心如结兮！”故君子结于一也。

不仅学问在于积累，而且道德也靠积累，所谓积善成德是也。积累善行可以形成高尚的道德，精神也能得到提升。然而，积累必须有恒心，有志者事竟成。荀子“学习靠积累”的观念，显然受到了尸子“学积有生”观点的影响。积涓涓细流，可以成江海。荀子这段话影响深远，例如《文选》《说苑》《太平御览》都引用了这句话，虽文字略有改变，但意思是一样的。近人郭沫若先生说：“天才在于勤奋，知识在于积累。”此说流传甚广。

“驽马十驾，功在不舍……锲而不舍，金石可镂。”除了积累之外，学习要靠自己的“锲而不舍”“精诚专一”，即用心专一。足见学习的志向、态度与方法密切相关。

> 学恶乎始？恶乎终？曰：其数则始乎诵经，终乎读礼；其义则始乎为士，终乎为圣人。真积力久则入，学至乎没而后止也。故学数有终，若其义则不可须臾舍也。为之，人也；舍之，禽兽也。故《书》者，政事之纪也；《诗》者，中声之所止也；《礼》者，法之大分、类之纲纪也。故学至乎礼而止矣。夫是之谓道德之极。《礼》之敬文也，《乐》之中和也，《诗》《书》之博也，《春秋》之微也，在天地之间者毕矣。
>
> 君子之学也，入乎耳，著乎心，布乎四体，形乎动静。端而言，蠕而动，一可以为法则。小人之学也，入乎耳，出乎口；口耳之间则四寸耳，曷足以美七尺之躯哉！古之学者为己，今之学者为人。君子之学也，以美其身；小人之学也，以为禽犊。故不问而告谓之傲，问一而告二谓之囋。傲，非也；囋，非也。君子如向矣。

君子学习，是听在耳里，记在心里，表现在举止威仪和符合礼仪的行动上。一举一动，哪怕是极细微的言行，都可以垂范于人；

小人学习是从耳听、从嘴出，相距不过四寸而已，怎么能够完善他的七尺之躯呢？

儒学是为己之学。古人学习是提高自身道德修养，今人学习则只是为了炫耀于人。君子学习是为了完善自我，小人学习是为了卖弄和哗众取宠，将学问当作家禽、小牛之类的东西去讨他人欢心。所以，没人求教你而去教导别人叫浮躁，问一答二的叫啰唆，浮躁和啰唆都是不对的。君子答问应如空谷足音一般，不多不少，恰到好处。

荀子接着讲：学习自何入手，又到何结束呢？自诵读《诗》《书》入手，到学习《礼》而结束；此即从做书生入手，到成为圣人结束。真诚力行，长期积累，必能体会到其中的乐趣，死而后已。学习的进程虽有尽头，但进取的意愿却不能有片刻的懈怠。毕生好学才成其为人，反之又与禽兽何异？

学习什么？《书》是政事的记录，《诗》是心声的归结，《礼》是法制的前提和各种条例的总和，所以要学习到《礼》才算结束，才算到达道德的顶峰。《礼》敬重礼仪，《乐》讲述中和之声，《诗》《书》博大广阔，《春秋》蕴藏微言大义。它们已经将天地间的大学问囊括其中了。总之，学习的内容是经书，途径是研习诗书礼乐，目标是成圣成贤。

> 君子知夫不全不粹之不足以为美也，故诵数以贯之，思索以通之，为其人以处之，除其害者以持养之。使目非是无欲见也，使耳非是无欲闻也，使口非是无欲言也，使心非是无欲虑也。及至其致好之也，目好之五色，耳好之五声，口好之五味，心利之有天下。是故权利不能倾也，群众不能移也，天下

不能荡也。生乎由是，死乎由是，夫是之谓德操。德操然后能定，能定然后能应。能定能应，夫是之谓成人。天见其明，地见其光，君子贵其全也。

最后讲君子有志，要成为全而粹的人，生死由之，不可移也，谓之德操。这是荀子劝学的目的，即学习、读书是为了成就君子人格，成为全面而纯粹的人。他强调德操：能定—能应—成人，提出了“成人”“全人”的概念。后人又发展为“完人”的概念。苏州大学、东吴大学的校训即“养天地正气，法古今完人”，“完人”即源于此。

3. 《吕氏春秋》

《吕氏春秋》第四卷《孟夏纪》有《劝学》（一作《观师》）篇。该篇强调“不知义理，生于不学”。“是故古之圣王未有不尊师者也。尊师则不论其贵贱贫富矣。若此则名号显矣，德行彰矣。故师之教也，不争轻重尊卑贫富，而争于道。”“疾学在于尊师，师尊则言信矣，道论矣。故往教者不化，召师者不化，自卑者不听，卑师者不听。”“故师必胜理行义然后尊。曾子曰，君子行于道路，其有父者可知也，其有师者可知也。”“古之贤者与其尊师若此，故师尽智竭道以教。”

这里所谓“疾（趋）学”，即尊师重道，强调学习过程中老师的重要性。故又讲：古闻来学，未闻往教；师生如父子。

4. 贾谊《新书》

贾谊《新书》中有《劝学》篇。该篇文字简洁，内容是启导学生虚心看待自身与圣贤的差距，最好能与大贤直接接触、对话，如沐春风。“亲与巨贤连席而坐，对膝相视，从容谈语，无问不应，是天降大命以达吾德也。”这种机会很难得，学生应抓住机会，自觉、勤勉地向师长、贤者学习。

5.《大戴礼记》

《大戴礼记》有《劝学》篇。与《荀子·劝学》相比，其前半部分略同，后半部分不同。在讲“一”“积”之后，没有“学恶乎始，恶乎终”以后的内容（学习六经、君子之学与全而粹等），而增加了孔子的话，论述了学礼的重要性，又引用孔子、子贡的水喻，肯定君子之德与大川即水的关系。

6.《小戴礼记》

《小戴礼记》有著名的《学记》篇。此乃《礼记》的第十八篇，强调“建国君民，教学为先；化民成俗，其必由学”这十六个字的纲领。该篇主要讲教育、学校、教师与学生，相当于我国最早且较为全面、系统的一部教育学专著。按朱子的讲法，此篇言古代学校教书、传道授业的顺序，及其得失兴废的原因，兼大学小学而谈。其中包括教育的目的、方针、意义、原则，学校的设置、制度与管理，教与学的环节、过程、方法、经验、教训等。《学记》可能是战国时期孔门七十子后学的作品。《学记》有系统的教育思想，认为教育根本上是要培养国家所需要的德才兼备的人才，形成良好的社会道德风尚。《学记》强调的教学原则与方法有：启发、诱导、预防、适时、循序渐进、观摩、善于提出与回答问题和总结教与学的得失利弊。其中，尊师重道、教学相长、藏息相辅、豫时孙摩、师德师风、亲师取友、慎于择师、循序渐进、触类旁通、善教继志、长善救失、善喻、启发、诱导、乐学等，都是中国教育史上十分宝贵的理论与经验，值得我们继承与弘扬。“《学记》认为教学是学生主体与教师主导互动的过程……《学记》很多可贵的教育思想都有助于我们建立素质教育的教育目的观和学生观。”①

7. 王符《潜夫论》

东汉王符《潜夫论》中有《赞学》篇。该篇综合此前诸《劝学》，肯定了学习的重要性。先举黄帝至孔子十一位圣人从师受教的师承关系，继指读师长之书的重要，继归之于六经。然后引用孔子的话：“吾尝终日不食，终夜不寝，以思，无益，不如学也。”“耕也，馁在其中；学也，禄在其中矣。君子忧道不忧贫。”该篇强调“夫道成于学而藏于书，学进于振而废于穷”。又举董仲舒等人为典范，论证人之性情修养，需“学问圣典，心思道术”。“故圣人之制经以遗后贤也，譬犹巧倕之为规矩准绳以遗后工也。”“先圣之智，心达神明，性直道德，又造经典以遗后人。试使贤人君子释于学问，抱质而行，必弗具也。及使从师就学，按经而行，聪达之明，德义之理亦庶矣。是故圣人以其心来造经典，后人以经典往合圣心也，故修经之贤，德近于圣矣。”“是故凡欲显勋绩扬光烈者，莫良于学矣。”

8. 蔡邕《劝学》篇

东汉蔡邕撰有《劝学》篇。蔡邕，字伯喈，是东汉时期的文学家、书法家，也是才女蔡文姬之父。此篇久佚，据残存资料，有如

① 郭齐家：《教育立命之道与中华文化复兴》，人民教育出版社，2017，第436页。

下名句：

人无贵贱，道在则尊。(《文选·潘安仁闲居赋注》)

木以绳直，金以淬刚，必须砥砺，就其锋铓。(《御览》七百六十七)

明珠不莹，焉发其光；宝玉不琢，不成圭璋。(《御览》八百三)

9. 葛洪《抱朴子》

学之广在于不倦，不倦在于固志。(《抱朴子·崇教》)

固志，坚定志向。学问的广博在于学而不倦，学而不倦在于志向坚定。指出学问的博大精深来源于学而不倦，能做到学而不倦的内因在于目的纯正、志向坚定。青年人应树立正确的学习目的和坚定的志向，才能有强大的学习动力，才会取得巨大的成就。

水则不决不流，不积不深。(《抱朴子·勖学》)

决，疏导，开通水道。这两句大意是：水道不疏通，水就不会畅通奔流；水若不积蓄容汇，也就不会成为深广的江海。这两句以水为比喻，前句说明在学习中遇有疑难，困惑不解，如果没有人具体指导，解疑释难，就不会茅塞顿开，一解百解；后句说明学习是一个渐进的过程，如果不能坚持不懈，日积月累，就不能成为知识渊博、有学问、有本领的人。

千仓万箱，非一耕所得；干天之木，非旬日所长。(《抱朴子·极言》)

一耕，一次耕耘。干天，冲天，耸入云天。木，树。旬日，十日。长，生长。这几句大意是：千仓万箱的粮食，不是一次耕耘就能得到的；高入云天的大树，不是十天工夫就能长成的。这句话是比喻任何事业的成功都不可能一蹴而就，要想得到硕果，就必须不断努力，坚持不懈地下功夫，因为任何事物的发展都必须经历渐变的过程。这句话可用于说明对待学习和事业应持的态度。

志合者不以山海为远，道乖者不以咫尺为近。故有跋涉而游集，亦或密迩而不接。(《抱朴子·博喻》)

志向投合的人不认为山海的阻隔遥远，意见不合的人不认为咫尺的距离很近。所以有的人跋山涉水从各处来相聚，也有的人就在眼前却不交往。

此外，还有励志向学的格言："坚志者，功名之主也。不惰者，众善之师也"；"过载者沉其舟，欲胜者杀其身。"

10. *颜之推《勉学》*

颜之推，南北朝至隋时人，字介，生于江陵（今湖北江陵），祖籍琅琊（今山东临沂），中国古代文学家、教育家。他说：

夫所以读书学问，本欲开心明目，利于行耳。未知养亲者，欲其观古人之先意承颜，怡声下气，不惮劬劳，以致甘腝，惕然惭惧，起而行之也；未知事君者，欲其观古人之守职无侵，见危授命，不忘诚谏，以利社稷，恻然自念，思欲效之也；素骄奢者，欲其观古人之恭俭节用，卑以自牧，礼为教本，敬者身基，瞿然自失，敛容抑志也；素鄙吝者，欲其观古人之贵义轻财，少私寡欲，忌盈恶满，赒穷恤匮，赧然悔耻，积而能散也；素暴悍者，欲其观古人之小心黜己，齿弊舌存，含垢藏疾，尊贤容众，苶然沮丧，若不胜衣也；素怯懦者，欲其观古人之达生委命，强毅正直，立言必信，求福不回，勃然奋厉，不可恐慑也。历兹以往，百行皆然。纵不能淳，去泰去甚。学之所知，施无不达。世人读书者，但能言之，不能行之，忠孝无闻，仁义不足；加以断一条讼，不必得其理；宰千户县，不必理其民；问其造屋，不必知楣横而棁竖也；问其为田，不必知稷早而黍迟也；吟啸谈谑，讽咏辞赋，事既优闲，材增迂诞，军国经纶，略无施用。故为武人俗吏所共嗤诋，良由是乎！夫学者所以求益耳。见人读数十卷书，便自高大，凌忽长者，轻慢同列。人疾之如仇敌，恶之如鸱枭。如此以学自损，不如无学也。

古之学者为己，以补不足也；今之学者为人，但能说之也。古之学者为人，行道以利世也；今之学者为己，修身以求进也。夫学者犹种树也，春玩其华，秋登其实；讲论文章，春华也，修身利行，秋实也。

大意为：读书做学问的原因，本意在于使人心胸开阔、洞明世事，有利于行动罢了。不懂得奉养双亲的，要让他看到古人如何探知父母的心意、顺受父母的脸色，和声细语，不辞劳苦，弄来甘甜软和的食物，谨慎戒惧，行动时照着去办；不懂得侍奉君主的，要让他看到古人如何恪守职责不越权，见到危难接受任命，不忘对君主忠谏，有利于国家，于是凄恻自省，想要效法他们；一贯骄傲奢侈的，要让他看到古人的恭俭节约、谦卑养德，把礼作为自我教育的根本，显露出端庄的神情，抑制自己骄傲的神色；一贯见识浅薄、吝啬的人，要让他看到古人的重义轻财、少私寡欲，周济穷困的人，于是羞愧生悔，将积聚的钱财分给别人；一贯暴悍的人，要让他看到古人的小心谨慎、自我控制，老的时候还能够待人宽容、尊贤容众；一贯怯懦的人，要让他看到古人通晓生命的意义，坚强正直，说话诚信，做好事不求回报，奋发图强，不可慑服。历数下来，所有行业无不如此。即使不能做到完美，至少可以改掉过于严重的毛病。学习所得，施行起来没有不见成效的。读书的人往往只能说到不能做到。所以，他们的忠孝没有人听说，仁义也不足道。如果让他判断一起诉讼，一定不会弄清事理；如果治理千户小县，一定不会管好他的百姓；如果问他造屋的事情，一定不知道楣是横的还是竖的；如果问他耕田的事情，一定不知道稷黍哪个早哪个晚；吟诗谈笑，诵读辞赋，这样的事情已经很悠闲了，只能增加一些迂腐荒诞的才能，而对于处理军国大事没有一点用处。之所以被武将、平俗的小吏们共同讥笑诋毁，确实是出于这个原因吧！这是学习的人要求长进的原因啊！我看见有的人读了几十卷书，就自高自大起来，冒犯长者，轻视同辈。大家仇视他像对仇敌一般，厌恶他像对鸱枭那样，像这样用学习来损害自己，还不如不要学习。古之学者与今之学者不同：古之学者为己是补己不足，为人是行道利世；今之学者为己是求取功名，为人则只是空口说说而已。春华秋实，根本在下力气耕耘。

颜之推在这里说的重点是行而不是学，是实践而不是理论，是知行合一、学以致用、学行一致、表里如一。他的意思是，我们不是为读书而读书，也不是为了增加谈资，或标榜自己而读书；读书、学习，是为了修养自己、身心合一、恪守规矩、深明大义、慎言谨行，实行忠孝仁义。学习、修养，最后应落实在伦理职分上，做到家庭和谐、敦亲睦邻、守望相助、敬业乐群、事业有成。应如古之学者那样，学习对内是为了弥补自己的缺陷，增益知识与才能，对外则是为了利国利民。

11. 韩愈《师说》与《进学解》

韩愈面对空疏的学风，振兴实学。他在《师说》中充分肯定老师在教育活动中的主导作用。他认为，老师首在传道，而且师与道是分不开的，道之所存，师之所存。他一方面强调慎于择师，另一方面又肯定圣人无常师：

> 古之学者必有师。师者，所以传道受业解惑也。人非生而知之者，孰能无惑？惑而不从师，其为惑也，终不解矣。生乎吾前，其闻道也固先乎吾，吾从而师之；生乎吾后，其闻道也亦先乎吾，吾从而师之。吾师道也，夫庸知其年之先后生于吾乎？是故无贵无贱，无长无少，道之所存，师之所存也。
>
> 嗟乎！师道之不传也久矣！欲人之无惑也难矣！古之圣人，其出人也远矣，犹且从师而问焉；今之众人，其下圣人也亦远矣，而耻学于师。是故圣益圣，愚益愚。圣人之所以为圣，愚人之所以为愚，其皆出于此乎？爱其子，择师而教之；于其身也，则耻师焉，惑矣。彼童子之师，授之书而习其句读者也，非吾所谓传其道解其惑者也。句读之不知，惑之不解，

或师焉，或不焉，小学而大遗，吾未见其明也。巫医乐师百工之人，不耻相师。士大夫之族，曰师曰弟子云者，则群聚而笑之。问之，则曰："彼与彼年相若也，道相似也。位卑则足羞，官盛则近谀。"呜呼！师道之不复可知矣。巫医乐师百工之人，君子不齿，今其智乃反不能及，其可怪也欤！

圣人无常师。孔子师郯子、苌弘、师襄、老聃。郯子之徒，其贤不及孔子。孔子曰：三人行，则必有我师。是故弟子不必不如师，师不必贤于弟子，闻道有先后，术业有专攻，如是而已。

就教与学的关系而言，老师固然重要，然而学生的主动性更为重要。韩愈在《进学解》中特别强调学生的能动性，尤重学生的勤学与善思：

国子先生晨入太学，招诸生立馆下，诲之曰："业精于勤，荒于嬉；行成于思，毁于随。方今圣贤相逢，治具毕张。拔去凶邪，登崇畯良。占小善者率以录，名一艺者无不庸。爬罗剔抉，刮垢磨光。盖有幸而获选，孰云多而不扬？诸生业患不能精，无患有司之不明；行患不能成，无患有司之不公。"

言未既，有笑于列者曰："先生欺余哉！弟子事先生，于兹有年矣。先生口不绝吟于六艺之文，手不停披于百家之编。记事者必提其要，纂言者必钩其玄。贪多务得，细大不捐。焚膏油以继晷，恒兀兀以穷年。先生之业，可谓勤矣。觝排异端，攘斥佛老。补苴罅漏，张皇幽眇。寻坠绪之茫茫，独旁搜而远绍。障百川而东之，回狂澜于既倒。先生之于儒，可谓劳矣。沉浸酞郁，含英咀华，作为文章，其书满家。上规姚姒，浑浑无涯；周诰、殷盘，佶屈聱牙；《春秋》谨严，《左氏》浮夸；《易》奇而法，《诗》正而葩；下逮《庄》、《骚》，太史所录；子云、相如，同工异曲。先生之于文，可谓闳其中而肆其外矣。……”

韩愈的“业精于勤，荒于嬉；行成于思，毁于随”，可以说是永恒的真理，颠扑不破。尤其是关于独立思考、不随波逐流的主张，影响深广。韩愈认为读书学习有很多方法，如爬罗剔抉、提要钩玄等。从以上引文看，他的重点是排斥佛老，回归六经。韩愈比较敏感，有强烈的“文化自觉”。面对佛老的挑战，他发出卫道的呼唤，开启了宋明清道学（理学）的先河。从这里也可以看出，劝勉学习其实是有文化立场的，从学习什么、排斥什么可以做出判断。

12. 宋真宗赵恒《励学篇》

宋朝第三位皇帝真宗赵恒的《励学篇》，其中有日后成为谚语的“书中自有黄金屋”“书中自有颜如玉”“书中自有千钟粟”“书中车马多如簇”。这种读书学习的功利性目的十分明显。这是世俗的“读书实用论”，在民间社会有其影响。

富家不用买良田，书中自有千钟粟。
安居不用架高堂，书中自有黄金屋。
出门莫恨无人随，书中车马多如簇。
娶妻莫恨无良媒，书中自有颜如玉。

男儿欲遂平生志，六经勤向窗前读。

13. 张之洞《劝学篇》与何启《劝学篇书后》

近代以降，有学者、政治家继续就劝学的传统展开讨论，融入了时代的内涵。比较有代表性的是张之洞（1837—1909）的《劝学篇》与何启（1859—1914）的《劝学篇书后》对张之洞的批判。何启《劝学篇书后》是维新派批判洋务思想的代表作。何启批判“中体西用”说，击中论敌要害，彻底划清了维新派与洋务派的思想界限。19 世纪 80—90 年代，面对国土日丧、主权日削的严酷现实，先进的中国人对中国贫穷落后的根源做了进一步探讨，要求用西方议会制取代封建专制，由此造就了一批早期维新思想家。何启就是其中较为激进者之一，他的政治观点和主张体现在《新政真诠》文集中。

14. 福泽谕吉《劝学篇》

福泽谕吉（1835—1901）是日本近代杰出的启蒙思想家。该著作充分发挥了西方资本主义的“天赋人权”的自由平等之说，提倡日本的自由独立人格，并根据“社会契约论”，强调人民在国家中的主体地位，号召日本人民舍身为国，使日本追赶上西方先进的资本主义国家。贯穿该书的主导思想是以“学问”培养日本人民的独立人格，振兴民族精神，从而保持日本民族的独立。在福泽谕吉看来，国家的独立、社会的文明进步及个人的独立人格的塑造，其最大的障碍就是专制集权主义。不论是国家与国家之间的平等和独立，还是社会上人与人之间的独立和自由，都要依靠教育才能求得。

福泽谕吉认为，要培养人的独立人格，也只能依靠教育、依靠其向学的程度。最为重要的就是学者们要树立振国励民的远大理想，肩负起振兴国家、促进“文明开化”的重担，超凡脱俗，振励乾坤，而不要自甘庸俗。独立的人格必须具备于实际生活和社会文明进步有实际用处的科学文化知识。此外，还要培养人们适应现代社会生活方式，具备在现代社会中与人交往的能力，这是人实现其人格独立的途径。

福泽谕吉的《劝学篇》已打破了古代“劝学”的藩篱，明显具有近代民主精神、思想自由和独立人格的内涵，对中国近代知识分子的影响颇大。

15. 杨昌济《劝学》

杨昌济（1871—1920）“强避桃源作太古，欲栽大木上参天”[①]。他对“劝学”有特别的研究，对“劝学”诸篇如数家珍。他认为历史上凡以学问为最高使命者，多关心一个时代学问之建设的人，无不以“劝学”、“勉学”、“赞学”以及“勖学”为题作文。他反对赶热闹，指出真学问需夙兴夜寐、殚精竭虑、劳神费思而成，而非唯利者，以巧言而成之、包装而成之、宣传而成之。我们处于今日风雨飘摇之时势，对于国家当有如何之责任，对于世界当取如何之态度，此不可不深思而熟察者也。他认为，夫一国有一国之民族精神，犹一人有一人之个性也。

> 吾国有固有之文明，经、史、子、集意蕴闳深，正如遍地宝藏，万年采掘而曾无尽时，前此之所以未能大放光明者，尚

① 王兴国编：《杨昌济文集》，湖南教育出版社，1983，第386页。

未谙取之之法耳。今以新时代之眼光，研究吾国之旧学，其所发明，盖有非前代之人所能梦见者。吾人处此万国交通之时代，亲睹东西洋两大文明之接触，将来浑融化合，其产生之结果，盖非吾人今日所能预知。吾人处此千载难逢之机会，对于世界人类之前途，当努力为一大贡献。①

杨昌济先生强调时代精神，肯定哲学的昌明和弘扬固有文明的精华，主张以新时代的眼光发明旧学，合东西文明一炉而冶之，以给世界做贡献。

以上足见我国劝勉学习的传统及时代的变易。到近代，天崩地解，中华民族遭遇两千年未有之大变局，处于开放时代的知识分子开始学习新学（主要是西学）。于是，学习的目的、内容、方法等都“与时偕行”。时异势移，中华民族努力向学的进取精神却一以贯之。

二、学习的文明

一部《论语》，处处展现着孔子及其弟子的精神品格。《论语》的第一篇是《学而》，开篇第一句话大家很熟悉：“子曰：‘学而时习之，不亦说乎？’”《论语》的第一个字，如果不算“子曰”的话，那就是“学”字，《论语》的第一个关键词就应是“学习”。孔子非

① 王兴国编：《杨昌济文集》，湖南教育出版社，1983，第202页。

常强调学习，中华文化其实就是学习的文化、知识的传统，最重视的是人文教育。学习什么？首先是学习知识、文化，肯定“学而知之”，而不是“生而知之”。学习的重点是学做人，做一个堂堂正正的有尊严、有格范的人。

中华文明是学习的文明，这其实是说，我们不是信仰的文明。中华文明固然有信仰与不同的信仰体系，但与印度、西亚、西方文明相比，我们更强调的是后天的学习，是理性的思考。

学习四书五经，这本身就有信念、信仰在其中，不过我们的文化主要是学习型的，强调的是人文知识与价值理性。下面来看看古代教育的目的、内容、方法。

孔子与孔门弟子是如何学习的？据《史记·孔子世家》记载，孔子的学生有三千人，其中成绩优异者七十二人。（“孔子以诗书礼乐教，弟子盖三千焉，身通六艺者七十有二人。如颜浊邹之徒，颇受业者甚众。”）《史记·仲尼弟子列传》又说，真正得到孔子传授，不但在籍，而且及门、登堂、入室者，有七十七人。（“受业身通者七十有七人”。）

孔子思想广博，从游于他的弟子也各具特长。《论语·先进》有孔门“四科十哲”的说法。在攻读和传授儒家经典方面也是如此，如子夏攻《诗经》、传《春秋》，商瞿攻、传《易经》，曾子的孝行对《孝经》问世的影响，等等，都对儒家经典的传播产生过重要作用。“孔门风范”历来为人们所称道。《论语》中所记孔子循循善诱的教诲，或简单应答，点到即止；或启发论辩，侃侃而谈；或富于变化，娓娓动听。其话语言简意赅、含蓄隽永，耐人寻味。

孔子讲学图

《论语·先进》说道："从我于陈蔡者，皆不及门也。德行：颜渊、闵子骞、冉伯牛、仲弓；言语：宰我、子贡；政事：冉有、季路；文学：子游、子夏。"这里讲的就是"四科十哲"。"四科"指德行、言语、政事、文学。其中，文学指文献典籍。"十哲"指颜回（子渊）、闵损、冉耕、冉雍、宰予（子我）、端木赐、冉求（子有）、仲由（子路）、言偃、卜商。

这里为什么没有提到有子、曾子、子张三位重要的弟子呢？这是因为他们当时年龄尚小，未赶上孔子困厄于陈蔡之际。子游、子夏虽列于这个行列，但从年龄上看，也不可能在周游列国之前进入孔门。颜渊、冉伯牛、宰予、子路等先孔子而死，闵子骞不求闻达，不可能创立学派。

孔门早期弟子，年龄一般比孔子小三十岁左右，如子贡比孔子小三十一岁。这一批弟子中最有可能创立学派的有仲弓（比孔子小二十九岁）、商瞿、漆雕开三人；孔门晚期弟子，一般比孔子小四十岁以上，有曾子、有子、子夏、子游、子张等人。除有子外，剩下的是孔子的四位有名的弟子。"子夏、子张、子游以有若似圣人，欲以所事孔子事之，强曾子。"（《孟子·滕文公上》）因遭到曾子强烈反对，拥立有子的事没有成功。但《论语》只将有若、曾参称子，可见有子的影响很大，门生也多。公孙丑说："昔者窃闻之：子夏、子游、子张皆有圣人之一体，冉牛、闵子、颜渊则具体而微。"（《孟子·公孙丑上》）这是指子夏、子游、子张各具孔子的部分长处，而冉牛、闵子、颜渊则具有圣人之全体德行的气质。

21世纪初上海博物馆公布的馆藏之楚竹书，其中提及了《孔子世家》《仲尼弟子列传》中的很多人物，如颜回、仲弓、子路、子贡、子游、子夏、曾子、子羔、子思等人，有的甚至就是以他们的名字为篇题。

有人批评《论语》没有体系，只是师生、弟子之间的讨论与对话。其实，体系是呆板的、封闭的，而对话、讨论才不会教条化。提问表明有问题意识；叩问，叩其两端而竭焉，这才是开放的。孔门师生之间、弟子之间相互砥砺前行，在知识与道德教育，乃至在六艺的各方面教学相长，相互借鉴。

学习的内容即六艺，指礼、乐、射、御、书、数，或《诗》《书》《礼》《乐》《易》《春秋》六经。

学习的目的即学做人，成为君子，"学以为己"。学习并不是简单的学知识，学习的过程也是成人、成德的过程。为学的最终目的是养成君子人格。

学习的方法有三。其一，开放式学习，即多闻、多见、多思考。多闻阙疑，慎言其余；多见阙殆，慎行其余。留有余地，不贸然下结论。

其二，互动式学习。师生、弟子间，"独学而无友，则孤陋而寡闻"。在中华文化中，师友是重要的一伦。牟宗三说："师友一伦，代表真理之互相启发，此即慧命相续。"[①] 现在教育的弊病就是师生分离，老师讲学生听，而不是朋友式的、对谈切磋式的教育。

---

① 牟宗三：《中国哲学的特质》，载《牟宗三先生全集》卷二十八，联经出版事业公司，2003，第99页。

其三，启发式学习。“不愤不启，不悱不发”，“举一反三”。施教者“善诱”“启发”，学生由此而自求、自省、自得，触类旁通。

学与思的互动关系即“学而不思则罔，思而不学则殆”。只是读书却不思考，就会越学越糊涂；只是一味空想却不读书，那便是大糊涂。获取知识的过程，同时也是思维得到训练的过程。

教育是立国之本，国运兴衰，系于教育。中国的教育特别发达。思想家与教育家一身而二任，如前古有孔子，中古有朱子。朱子的弟子多于孔子，并且朱子著作等身，活跃于几大书院。朱子很敏锐，既论战又教学，还深耕经典，可以说精通四部，是百科全书式的人物。

中华文明是学习的文明，强调学而知之，肯定知识理性。老百姓都懂“读书明理”“腹有诗书气自华”。

读书可分两种，读有字之书，也读无字之书。学习不只是对书本的学习，还有在生活中学习。我年轻时下过乡，当过知青，虽不到两年，但对农村、农民有了一定程度的了解。后来，我在一家大型化工厂当了八年工人，对工厂、工人有了较深的了解。在农村、工厂，我既读有字之书，又读无字之书，相互促进，颇有收获。我先上社会大学，恢复高考之后，1978 年 31 岁才考上武汉大学。我们这一代人的生命智慧是在社会大学中形成的。

中国人善于学习，善于总结与开拓。在人与自然的关系、人与人的关系、科学技术文明、社会与国家治理、人自身的协调发展、心性才情的修养等方面，我们积累了丰富的经验，不断反思、反省与提炼、升华，形成了自身的文化特质。

中国古代在科学技术上曾有过令人自豪的辉煌成就。在器物层面，中国古代有四大发明（指南针、火药、造纸术、印刷术），此外还有一些重要的发明，如漆器、青铜器、丝绸、瓷器等，其精湛高超的工艺，无不体现了中华文明的博大精深。另外还有算盘、制茶等，都是中华民族的智慧结晶，曾经起到了改变世界的作用。我国古代领先于世界的科学发明和发现还有一百种之多。举两个例子，北宋沈括《梦溪笔谈》中所记述的科技知识具有极高价值，基本上反映了北宋的科学发展水平和他自己的研究心得，被李约瑟誉为“中国科学史上的坐标”。而明代宋应星的《天工开物》对中国古代的各项技术进行了系统的总结，形成了一个完整的科学技术体系。书中记述的许多生产技术，一直沿用到近代。《天工开物》先后被译成日、英、法、德等语言，被外国学者称为“中国17世纪的工艺百科全书”。另外，朱子的“格物穷理”，对朱子身后整个东亚的科学与技术发展，乃至接上西方科技，有着巨大的、积极的作用。这些都足以证明，中华文明是善于学习的文明。

在制度层面，中国古代的行政、司法制度，土地、赋税等经济制度，征辟铨选制度（荐举、考试）、文官制度，教育制度（开放教育，平民子弟通过接受教育参与政治甚至最高决策机构），荒政、赈灾的制度，优待老人与弱势群体的制度，君相制与监察制等，这些制度中有不少实质公正的内涵与制度设计的智慧，对人类文明的贡献极大。

在观念、价值到实践层面，儒家“仁爱忠恕”，墨家“兼爱非攻”，道家“道法自然”，佛家“慈悲为怀”，理学家“民胞物与”

等理念；成圣人贤人，成真人至人，成菩萨佛陀的理想人格追求，以及一系列修养功夫论等，都是了不起的调节身心的安身立命之道，这也是对世界文明的伟大贡献。如从“自我”到“家、国、天下”之枢纽的“修身”理念的系统性和实践性，在中国乃至东亚都成为重要的传统。“东亚儒学发展出最为深刻的修身理论，东亚儒家哲学基本上是一种作为实践哲学的修身学说与家庭伦理。”[①] 以上制度、观念、实践中的精华，为我国世代士子与百姓所受用，亦受到西方启蒙时代大家们的青睐与借鉴。

退修诗书（孔子圣迹图）

---

① 吴震主编：《东亚朱子学新探：中日韩朱子学的传承与创新》上册，商务印书馆，2020，第127页。

中国人善于学习内外各地区、各民族文化，并不断消化吸收，使其丰富、凝聚、内在化。从大的层面来讲，我们曾学习印度南亚传入的佛教文化，佛教中国化后，形成了中国佛教的诸流派。佛教又与儒、道融合，形成了宋元明清时期的理学，之后传到东亚，成为东亚文化圈的精神文明。明中叶利玛窦等传教士来华，传播耶教与西方文化，又开启了四百多年学习西方文化的历程。学习西方文化，不忘传统文化，中西文化相互交融。

19 世纪 80 年代后，随着西学的传播和洋务运动的发展，科举制度发生改变。1888 年，清政府准设算学科取士，首次将自然科学列入考试内容。1901 年 9 月清廷实行“新政”后，各地封疆大吏纷纷上奏，重提改革科举，恢复经济特科。1904 年，清廷颁布《奏定学堂章程》，此时科举考试已改八股为策论，但尚未废除。因科举为利禄所在，人们趋之若鹜，新式学校难以发展，因此清廷诏准袁世凯、张之洞所奏，将育人、取才合于学校一途。1905 年 9 月 2 日，清政府发布“上谕”，宣布“自丙午（1906 年）科为始，所有乡会试一律停止。各省岁科考试亦即停止”。至此，在中国历史上延续了 1 300 年的科举制度正式废除。1912 年，蔡元培上任教育总长之初发布命令，通令全国中小学“废止读经”。中国人学习的内容发生了大变革。

我们以张之洞的教育思想与实践为例来说明。张之洞一生处在中西、新旧文化的簸荡之中。近代洋务派创办了新式学堂，如方言（即外语）学堂、军事学堂、技术学堂等。京师同文馆是最早的官办新式学校。洋务派除办学外，还开了公派留学的先河。

约150年前，张之洞创立了湖北经心书院，又创办四川尊经书院、山西令德书院，当时他处在以“通经致用”为中心的旧学时代，强调“以根柢之学砥砺诸生”，以“端品行、务实学两义反复训勉”。中期的张之洞则由清流派转化为洋务派，他修正了早期的办学宗旨，在坚持以旧学为“体”的基础上，开始注意以西学为“用”，增加了传授西文、西艺等新学，开办的学校也由新式学堂代替了旧式书院，然后有了实业教育与现代学制影响下的普通教育。经心书院的课程设置，由初期的经解、史论、词赋等科目，于1895年遵照张之洞书院改制之意，设置外文、天文、格致、制造四门，此外另设经史一门，专讲四书义理与中国政治。1896年初，张之洞由暂署两江返回湖广本任，开始大规模兴办学堂，他兴办的学堂有四类：实业、普通、师范、妇幼。武汉大学的前身自强学堂、方言学堂即在实业学堂的范畴之内。

张之洞重视通才教育，曾选择经心、两湖、江汉三书院的优等生入湖北文高等学堂学习经学（道德学、文学附）、中外史学（国朝掌故学附）、中外地理（测绘学附）、算学（天文学附）、理化学、法律学、财政学、兵事学。后四门均为西学，延聘东西各国讲席教授。学生四年结业后再派往东西洋游历一年。之后以文普通中学堂毕业生升入，分习三年堂课毕业，即派往东西洋游历一年。张之洞重视师范教育、妇幼教育、留学教育，在湖北创办图书馆、湖北官报等文化机构。他还主持制定了我国第一个正式颁行的近代学制——癸卯学制。这一学制颁行全国，为中国近代学制的建立和完善奠定了基础。这一学制的精神与灵魂是“中体西用”，旧学为体，新学为用。这其实是所谓牛体马用，马体牛用。我们以什么为体，就有其体之用，如以 A 为体即有 A 之用，以 B 为体即有 B 之用，焉有 A 体 B 用、B 体 A 用哉？体察张之洞的用心，他还是希望得到守旧派的理解。

以康有为、梁启超、严复为代表的维新派，抨击洋务派的教育思想，但不自觉地成为洋务派师法西方教育的传人。他们的进步是，不再偏重专业技术教育与专门人才的培养，而是倡导开发民智、普及教育、培养新民；主张不仅要学习西文、西艺，而且要学习西政。他们还提出在全国建立相互衔接的三级学校教育制度等。中国教育的启蒙和思想解放就此开始。

洋务派、维新派之后，我国的教育不断地发展。以“修身”为内容、以“成圣贤”为目标的传统人文教育，变革为以科技知识为内容、以“现代公民”为目标的现代科技教育，各有利弊，应互补互济。我们的“学习的文明”还在进一步发展中，要不断进取，与时俱进，不断借鉴、学习。

三、今天我们应如何学习

今天我们如何学习？其实还是家庭、学校、社会教育三者相结合。我们还主张自我教育，快乐地学习，古代也有类似的观念。

关于学习的目的，古代尽管也有功利的取向，如读书做官，书中有“黄金屋”“颜如玉”等，但主流是学习做君子、做圣贤，如

"横渠四句"，即"为天地立心，为生民立命，为往圣继绝学，为万世开太平"。君子人格是值得称道的，君子的内涵也在变化。孔子主张"君子儒"，反对"小人儒"。

今天我们提倡学习是为了丰富自己，培养健全的人格，如冯契先生、萧萐父先生主张的"平民化的自由人格"。现代社会不再是传统精英与大众两极分化的社会，人的主体性、独立性得以彰显。做一个现代公民，其内涵很丰富，法律层面上"守法"，严格区分群己权界、人己权界，而在道德层次上则讲"自律"。康德说："位我上者，头上的星空；道德律令，在我心中。"我们强调心中的道德律。另外，现代人又特别重视公共参与，关切社会事务与大众利益。

关于学习的内容，传统是学四书五经。今天的社会是多元开放的社会，学习的内容多元多样，范围扩大为世界各族群的基本经典，再就是现代的学术文化，包括逻辑学、基础科学、现代技术、数理化生、文史哲，还有经济学、政治学、社会学、心理学、人类学、计算机科学等。现代学科深度分化，又深度整合。学习内容丰富多彩，主要是中国与西方、人文与科技的互补。

关于学习的态度、步骤与方法，《大学》中有"八条目"：格物、致知、诚意、正心、修身、齐家、治国、平天下。八个步骤以修身为枢纽。《中庸》中有"五之"：博学之、审问之、慎思之、明辨之、笃行之。这是修身养性的步骤。今天，学习方法尤重实验、实习、分析、讨论、辨析。但学习先要立志，要锲而不舍，这些方法仍然是必要的。

我们的教育理念的发展，变化日新。一部近现代教育史可以说就是中国传统教育与西方近代教育全面接触、碰撞、交叉、整合的历史，进而发展为中西教育互相欣赏、互相借鉴的交流史。

蔡元培的“养成共和国民健全之人格”的教育理念值得称道。他主张德、智、体、美、劳全面综合发展，主张“学术自由，兼容并包”，推动中国教育、学术思想、社会文化的变革。在 20 世纪 20—30 年代，还出现了陶行知的乡村教育与生活教育理论、陈鹤琴的幼儿教育与“活教育”理论、黄炎培的“大职业教育主义”、晏阳初的平民教育思想、梁漱溟的乡村建设运动等。这些既是各流派人物在教育上的探索，也是他们对政治理想的追求。

中国教育的开放，从深度与广度上大大超过了清末民初时期。1978 年以来，中国教育的培养目标，更广泛地说，中国教育的制度、内容、方法，更多的是学习、参考西方现代的教育，力图使受教育者充分地学习中外文化，努力学会欣赏、品鉴两种文化。

20 世纪 80 年代以来，中国教育特别重视国民的素质教育，在培养目标上强调德、智、体、美、劳的全面发展，这就从教育方针与体制上肯定了应从娃娃抓起，从青少年开始学习中外文化，学会互赏互鉴。

现在是多元文化融合的国际化教育。“国际化”是今天中国教育的一个重要的关键词，包括外国学生、学者来华留学、访问。但是，目前“国际化”办学也有一些弊病，即基本上是西方化办学，把外国缩窄为西方。我们要坚持和加强中国教育理念与特色。

我们应肯定教育的全面性与主体性。我们引导学生们、孩子们循序渐进，慢慢地学习、欣赏、品鉴古今中外的文化及其经典，并且终身有读书、学习、思考问题的习惯。我们强调开放式学习，开卷有益，希望国民虚心学习，促进中外文化的交流互动。

在这里，外国文化不仅指西方的文化，还指印度、埃及、阿拉伯、东亚等地的文化，包括古今全球各族群的文化、宗教，如印度教、佛教、伊斯兰教、基督教等。从地域上说，除欧洲、北美洲，还应包括亚洲、非洲、南美洲、大洋洲等。我们要了解中国，一定要读“四书五经”、《老子》、《庄子》、《坛经》；要了解印度，一定要读《吠陀经》《奥义书》；要了解阿拉伯，一定要读《古兰经》；要了解西方，一定要读《新约》《旧约》。

法国的小学、中学的教育注重本土文化思维的训练，中学生即开始学笛卡儿、马勒伯朗士的哲学，以及孟德斯鸠、卢梭的政治学等。法国对所有大学生的教育都重视古典学，即古典语言和古希腊、古罗马典籍的学习，以及对有关宗教、历史、哲学、伦理、政治、经济等的古典著作的阅读。现代欧美大多数知识分子在成长过程中反复受到上述古典学的教育，浸润于其中。法国的哲学名篇进入了他们的中学教材，当然也进入了他们的“高考”试卷。

现在我国各高校都仿效西方开设了通识教育，但我们的通识课程只是一些概论、通论或通史，而西方的通识教育主要是西方及世界各文明的经典。与概论教育不一样，经典教育可以启发学生的思维。我们倡导的是开放启发式的经典教育。

斯坦福大学明确以博雅教育作为大学教育目标，该校要求学生不局限于一个专业，要有广博的知识与修养，要“均匀”，即接触不同学科，同时了解不同文化的经典、观念与价值。该校规定学生在九个领域中选修 11 门课（每一门至少 3 学分）：一是文化、观念及价值；二是世界文化；三是美国文化（以上为文化核心课程）；四是数理科学；五是自然科学；六是科技及应用科学（以上为科学核心课程）；七是文学及艺术；八是哲学、社会及宗教思想；九是社会及行为科学（以上为人文及社会科学核心课程）。

以上每个领域中的课程，基本上都是经典导读，其课程名称为：荷马的《奥德赛》或《伊利亚特》、柏拉图的《理想国》、亚里士多德著作选或其《伦理学》《政治学》、《圣经》、奥古斯丁的《忏悔录》、中国思想家孔子的著作选或《论语》、中国道家哲学选或《老子》《庄子》、《孟子》选读、马丁·路德著作选、马基雅弗利的《君主论》、弥尔顿的《失乐园》、蒙田散文选、但丁的《神曲》、莫尔的《乌托邦》、卢梭的《社会契约论》《论人类不平等的起源和基础》、莎士比亚的《哈姆雷特》《暴风雨》、牛顿著作选、达尔文著作选或《物种起源》、马克思恩格斯著作选或马克思的《共产党宣言》或恩格斯的《家庭、私有制和国家的起源》、韦伯的《新教伦理与资本主义精神》、黑格尔的《精神现象学》、培根的《新工具》、笛卡儿的《方法论》《沉思录》、洛克的《政府二论》、霍布斯的《利维坦》、尼采的《悲剧的诞生》、弗洛伊德的《梦的解析》、库恩的《科学革命的结构》、《古兰经》、《艺术史》及《世界文明》等。

芝加哥大学的通识教育也是非常有名的。该校大学生的毕业学分中有一半以上是涵盖六个领域（人文类、外国语文类、数理科学类、自然科学类、社会科学类、文明研究类）的通识课程，名为共同核心课程，学生必修21门课，分量很重。[1]

哈佛大学的传统也是通识教育，重视人文精神的培育。哈佛大学的理念是：最佳教育是开放式、创造性教育，不仅应有助于学生在专业领域内具有原创性的思想与能力，而且要创造条件让学生善于深思熟虑，有理想目标和洞察力，成为具有自由人格的、完美的、成功的人。该校本科生在校四年中，除在一个主要领域中学习外，也进行跨学科的学习。该校不少教授强调人文学科的重要性，主张理解、吸收不同的价值观念。大学本科生必修8至10门“核心课程”。核心课程的主要领域有：外国文化、历史研究、文学与艺术、道德思考、科学与社会分析，并须修习英文写作、数理统计及外国语文。

以上值得我们借鉴参考。我们主张“开卷有益”，拥抱世界，学习世界各族群的优秀文化，同时深耕自家的文化经典。

积极引进、学习西方文化，肯定是必要的、必需的，但我们有五千年中国文化的积累，因此我们要有自己的主心骨，要有对自己文化的深切理解与中华民族文化的主体性。文化或文明对话的前提是对文化或文明的自觉与自信。自信不是盲目的，是以自觉为基础的。我们一定要深入地理解自家文化的根源与发展、正面与负面、辉煌与包袱。一个西方人，不管从事什么行业，在他受到的家庭、社会、学校教育中，起码诵读和学习过荷马史诗、柏拉图或亚里士多德的哲学、西塞罗的罗马政论、莎士比亚的文学作品等。这都是

---

① 以上有关斯坦福与芝加哥大学通识教育的情况，详见黄俊杰：《大学通识教育的理念与实践》，台湾通识教育学会，1999，第271－289页。

被视为理所当然的，是他们的人文修养的基本功。一个中国人，也应当掌握好母语，具有中国文化的常识，同时对基本经典下功夫。

经典如“四书”和《老子》是中国人必读的书，应下功夫把握。如果让读一本中国经典，那我就建议读《论语》；如果让读两本中国经典，那我就建议读《论语》与《老子》。古代文人必读的书是所谓“左孟庄骚”或“左史庄骚”，即《左传》《孟子》《庄子》《离骚》或《左传》《史记》《庄子》《离骚》，这些经典都是基础。当然民间有“少不习老庄”的说法，意思是说年少时读积极进取的儒书好，待有了一定阅历，人生体验丰富一些，才读得懂《老子》《庄子》。现代人读古书基础差，可以先学《唐诗三百首》和《古文观止》，青少年最好能背诵。现有所谓“诗四观”的说法，即主张青少年熟读并背诵《唐诗三百首》、“四书”和《古文观止》。

“五经”（《诗经》《尚书》《礼记》《周易》《春秋》）或“十三经”是中华文化的根底与常道，有条件、有能力的人一定要读经。六经诸子，经史子集四部，每一个中国人都应有一到三本中国经典的基础，我说的是精读，即啃原文加注疏，一个字一个字地下功夫，这是看家的本领。精读与泛读是辩证关系，泛观博览也很重要。

学习、阅读有字与无字之书，一定要深度思考，尤其要深度理解和辨析自家文化的根源与发展、正面与负面、辉煌与包袱。还要采用二分法，传统文化不是一切都好，我们要学会扬弃，既保留又克服。这一过程当然不是浅表化的，而是真正入乎其内、出乎其外的。正视中华传统文化中的包袱，有时缺点与优点恰是一体两面的。

“论学不为媚时语，独取真知启后人。”我们应有意识地培养儿童与青少年的怀疑批判的精神、逻辑思维与分析的方法、创新意识与创造性建构的能力。

教育、学习、读书不限于学校，我们倡导终身教育、学习、读书。通过书院等各种形式，把教育推广到民间去、到社区去、到乡村去，让老百姓有机会读书、学习，提升老百姓的文化水平，养成好的读书习惯。目前，武汉经心书院、郑州本源社区书院在城乡推广读“四书”的经验值得推广，这是根源性文化的返本开新、灵根自植的过程。我们倡导这种“文化复兴”，希望各地读书声胜过麻将声，读书声取代麻将声。书声琅琅，“风声雨声读书声声声入耳”。

现代的“劝学”与孔子、荀子时代相比，真是不可同日而语。以上是我的《劝学》篇。读者诸君可以思考一下，今天如果让您来写《劝学》篇，您将如何撰写呢？

制度：促成社会的和谐

中华文化中不仅有价值理念，也有治理社会的典章制度。中国社会秩序建构的依据是“礼法”。广义地说，礼法是“礼乐刑政”治国方略的统称，包括社会规范、文化制度、刑法政令、行为方式等，具有宗教、政治、伦理、艺术、美学等多重价值。它整饬社会生活秩序，确立名分等级，维护长幼之序，规定官员的权力、职责、义务，节制骄奢淫逸，节约财物之用，甚至还保护自然生态，具有稳定社会、调治人心、惩恶扬善的功能。

礼法这个概念是荀子提出来的，与之相关的还有礼乐、礼制等说法，又简称“礼”；它既是道德规范，又是法律制度。狭义地说，我们又能将“礼”“法”两者分开，分别用以指作为道德规范的礼与作为法律规范的礼，两者的区别在于违礼是否入刑，违礼入刑便是后者，不入刑便是前者。

一、礼的来源与本质

在中华文明的历史演进中，“礼”自有其继承性和变革性，此乃中国制度文化的因革损益、与时偕行的品质。特别是商周之际的变革，使传统天命论得到新生，增加了敬德保民、努力人事、谨慎尽责的内容，把民意提升到天命的高度，因此给中国早期人文精神打上了道德的自主性和内在性的烙印。

周公制礼作乐，正是增删和厘定夏、商两代的典章制度，创立因应社会需要的制度、秩序与规范。在当时，礼被视为“天之经也，地之义也，民之行也”（《左传·昭公二十五年》），“国之纪也”（《国语·晋语四》），乃天经地义、民必由之路，是国家之纲纪。孔子生当春秋末期礼坏乐崩之际，此时周礼逐渐失去了社会制约作用和规范个人道德的力量，原先互动共制、融为一体的德礼体系开始分离。

周代的礼乐制度当然有时代的限制。孔子并不执着于过时的礼，他主张因革损益，力图挽救礼乐中所包含的信念信仰与道德精神。他的贡献是为礼寻得内在的根基。孔子说“吾从周”，但他要维护的并非形式教条、虚伪仪节，这种外在于人之生命的繁文缛节，甚至会变成支配性的社会强制；他力图拯救的是形式化的礼背后的内在精神，亦即“仁”。他说：“人而不仁，如礼何？人而不仁，如乐何？”（《论语·八佾》）又说：“礼云礼云，玉帛云乎哉？

乐云乐云，钟鼓云乎哉？”（《论语·阳货》）仁德是礼乐文化的真实内涵。如果失去内在的精神，烦琐的礼仪、行礼所用的玉帛钟鼓，就成了徒具形式的仪式，失去了礼的社会价值和道德意义。

礼是内容与形式的统一。孔子并不是排斥礼的规范义，他反对的是拘守礼文仪节。他说：“君子义以为质，礼以行之，孙（逊）以出之，信以成之。君子哉！”（《论语·卫灵公》）君子对待事业或一件事情，以合宜为原则，以礼来实行，用谦逊的语言表达，用诚恳的态度完成。这表明：义在内，礼在外；仁义是内容，礼文是形式。又说：“乡射之礼，所以仁乡党也；食飨之礼，所以仁宾客也。”（《礼记·仲尼燕居》）通过各种“礼”来“亲”邦国、万民、朋友，“仁”乡党、宾客等。可见，“礼”的功能在整饬秩序、节制欲望、促进交往、和谐社群、培养君子人格。

孟子溯源得更深，关于礼的本质，他直接诉诸本心，称“辞让之心，礼之端也”。与孟子性善说不同，荀子主性恶。在荀子看来，正因为人性本恶，所以才需要以礼义、法治来教育、改造和制约人性。人们的物质欲求需要社会规范加以调节、疏导、约束甚至压制，才不致造成纷争混乱。关于礼的来源与本质，他提出：“礼有三本：天地者，生之本也；先祖者，类之本也；君师者，治之本也。”（《荀子·礼论》）大意是礼有三种本源：天地是生命的本源，先祖是族类的本源，君长是政治的本源。三者偏缺一种，就无从安定人民。所以，礼文即在上方事奉天，在下方事奉地，尊敬先祖，尊重君长。人们为什么要祭祀天地、先祖，尊重君师？因为人有归属感，人总是要眷怀、追思，甚至回归自己所出生之处。祭祀天地、先祖，尊重君师的礼俗逐渐演变成礼制。礼制是为了人心的安定，社会的秩序化。

关于礼的起源，荀子说："礼起于何也？曰：人生而有欲，欲而不得，则不能无求，求而无度量分界，则不能不争。争则乱，乱则穷。先王恶其乱也，故制礼、义以分之，以养人之欲，给人之求。使欲必不穷乎物，物必不屈于欲，两者相持而长，是礼之所起也。"（《荀子·礼论》）人们正当的物质欲求必须满足，但财富毕竟有限，因此只能按社会名分等级来确立消费品的多寡，以解决需求和生活资料的矛盾。

荀子认为，人的生存离不开社会，一个社会的组成及其秩序化，靠社会分工和等级名分制度加以确立。礼、义是维系一个社会正常运转的纽带。他指出，人与动物的区别就在于能"群"。而人之所以能群居，是因为能"分"。靠什么"分"？靠礼、义。人是社会性的动物，面对自然、面对野兽，必须联合成社会群体，而任何群体必然有一定的组织形式，要有分工和合作，要有等级名分，并以此决定消费品之分配，以免发生争斗和内乱。他提出"明分使群"的命题，明确各人的职分是人能"群"的前提，而礼、义是维持"分"的手段。礼一旦制定，就不能违反。

礼常与乐连用称"礼乐"。"礼"与"乐"虽各有所侧重，"礼"主别异、"乐"主合同，"礼"主治身、"乐"主治心，礼自外作、乐由中出，但诚如荀子所说，"礼""乐"是相互配合发生作用的，特别是用来"管乎人心"的。"且乐也者，和之不可变者也；礼也者，理之不可易者也。乐合同，礼别异，礼乐之统，管乎人心矣。"

(《荀子·乐论》)礼乐不仅调节人们的物质需求，而且满足人们的精神需求。儒家的治道是一种教化形态，它也包含法治、刑政，但主要是通过礼乐教化完善每一个人的人格。以礼节民，以乐和民；礼乐刑政，相辅相成。《礼记·乐记》说："礼以道其志，乐以和其声，政以一其行，刑以防其奸。礼乐刑政，其极一也，所以同民心而出治道也。"

儒家主张的礼乐伦理教化，虽在实行时会打一些折扣，但大体上与民众的稳定和平、淳化风俗的要求相契合。社会要繁荣发展，秩序化、和谐化是基本的要求。礼教使社会秩序化，乐教使社会和谐化。在分配经济资源，在财产与权力的再分配过程中，儒家满足了人民的一个基本且公正合理的要求，强调民生，制民恒产，主张惠民、富民、教民，缩小贫富差距，对社会弱者如老弱病残、鳏寡孤独予以保护。其推行的文官制度、教育制度，为平民、农家子弟提供了受教育及参与政治的机会。这个文官制度就成了我们的一个国本，它使得历代各级政府有了新鲜血液，有了民间基层的人士参与。这种制度的建构本身是儒家理念促成的，这种制度文明背后的理念，是维系人心、协调社会人心的。

二、法治与人治

以上从儒家的角度论述了礼的起源与本质，也讲到广义而言，礼就是法，泛指一切典章制度，荀子合而言之曰"礼法"。不过，儒家多单称之为“礼”，法家则径言“法”，法家言“法”与儒家言“礼”在形式上如出一辙。

法家言“法”当以韩非的以“法”“术”“势”相结合的法治思想为代表。在他看来，法是臣民必须共同遵守的行为规范与准则。法的特点在于：强制性与权威性（“刑罚必于民心”）；普遍性与客观性（“设之于官府，而布之于百姓”）；稳定性与公开性（“编著之图籍”“布之于百姓”）。（引文见于《韩非子》的《定法》与《难三》）他将“法”置于群体社会唯一的行为规范与标准的位置上，提出“以法为教”“以吏为师”（《五蠹》）的思想，以与儒家（以文乱法）、墨家（以武犯禁）相对抗。韩非提出“刑过不避大臣，赏善不遗匹夫”（《有度》）的司法平等思想，甚至认为即使是君主亦“不得背法而专制”（《南面》），而应该“明于公私之分，明法制，去私恩”（《饰邪》）。在这个意义上，法家无疑是主张“法治”的。

与“法”相关的，还有“势”与“术”两个概念。“势”是指君主所处之势位，或君主所掌握的统治权力。韩非认为，治国者必须依凭其君主之势位，运用自己手中的权力，才能禁众抑下。治国不能凭德与贤，君主不能将其势位与权力牢牢控制在自己手里，就是“势乱”。“术”是指君主所掌握的驾御群臣百官的秘术、权术。术乃藏于君主胸中，不以之示人，但能驾御群臣。此为臣下所不可知而为君主所独掌的、无为而无不为的南面之术。“术”的具体内容为“因任而授官，循名而责实”（《定法》），其作用在察督群臣之是非功过，审合形名，杜绝失职擅权的行为。

皋陶明刑图

韩非认为，法、术、势三者各有其特殊的职能。法用以裁抑群体社会的全体成员，术则专用以控制驾御群臣，势则保证法、术两者的正常运作与君国公利不被侵害。法、势、术三者虽以法为中心，可终究是“法出于君”，君主无条件地代表着法的理想与国家公利，但君主同时又不必贤、不必智，这样的君主将以何法治民，又以何术御群臣呢？法的理想与君主不必贤、不必智两者间尚且有矛盾，君主利益与国家公利又未必完全一致。经他鼓吹，“法”对最高统治者的权势不仅不限制，反而有助长。究其实，“法”只不过是用来治理官吏与统治庶民的工具而已。

由此可见，法家论“法”与儒家论“礼”在形式上是一致的。广义的礼、法是指一切社会政治制度，只不过儒家称为“礼”，法家称为“法”。但就其实质而言，儒家强调“礼”的内在道德义，重视其教化功能，主张富而后教、教而后诛；而法家将“法”完全工具化，看重其惩戒功能，力主严刑峻法。即使是主张人性恶的荀子，也主张“涂之人可以为禹”。不论是圣人还是“涂之人”，皆是同类。圣人之化，并非外在的教化，而是人的自我教化，圣人是最早完成自我教化的人。相反，法家将“人”物化，君主任势与术而独裁，自然视臣民为其工具。孔子的一段话有助于我们了解两者的实质差别，他说：“道之以政，齐之以刑，民免而无耻；道之以德，齐之以礼，有耻且格。”（《论语·为政》）孔子主张“为政以德”，显然重后者，前者似在指陈法家。

上文以韩非为代表介绍了法家的“法治”，也辨析了儒家的礼与法家的法两者之异同，即就其形式而言两者具有一致性，均是为治理国家而建立的典章制度，但就其实质而言两者又大相径庭。正如瞿同祖先生所言："儒家法家都以维持社会秩序为目的，其分别只是他们对于社会秩序的看法和达到这种理想的方法。"[①] 接下来的问题是，儒家是不是反对"法治"呢？或有习见认为，儒家主张"人治"，反对"法治"。下面我们就孔、孟、荀各举一例，来检视这一说法。

其一是孔子说："听讼，吾犹人也。必也使无讼乎！"（《论语·颜渊》）孔子本人曾任大司寇，也就是管理刑事的官，他说审理诉讼案件，自己同别人一样，"无讼"只是理想。他反对的是"刑罚不中"（《论语·子路》），而不是刑罚本身。孔子将礼乐刑法相提并论，且有连带关系。《论语》中可见修己与治人的不同标准，孔子主张对庶民行宽政，遵循庶、富、教的顺序，他明确反对"不教而杀"（《论语·尧曰》）。

其二是孟子说："徒善不足以为政，徒法不能以自行"（《孟子·离娄上》），表示两者不可偏废。他在说这两句话之前，以"规矩""六律"来强调法度的客观性，明确指出统治者仅有仁爱之心，老百姓无法得到现实的好处，所以仅有善心不足以治国理政，仅有法度不能自行实施。

其三是荀子说："有治人，无治法。羿之法非亡也，而羿不世中；禹之法犹存，而夏不世王。故法不能独立，类不能自行，得其人则存，失其人则亡。法者，治之端也；君子者，法之原也。"（《荀子·君道》）他以"羿之法""禹之法"等客观制度为前提，紧

① 瞿同祖：《中国法律与中国社会》，中华书局，2003，第 292 页。

接着他又提到符节、探筹、投钩、衡石、称县、斗斛、敦概等械数以示客观公平。只不过制度不能自行，需要人来执行，德才兼备的人执法效果显然要高于无德无才之人。荀子反对“不教而诛”，“教而不诛”（《荀子·富国》）亦不足为训。

在以上三例中，孔、孟、荀何尝否定“法治”！不妨说儒家重“礼治”，此处的礼应取广义。本章开篇也提到，狭义的礼是道德规范，表现为各种仪文形式；法是指“刑”，如有违反，即当采取刑律的制裁。只不过在儒家看来，虽然礼与刑是相对应的统治方法，但两者并不是并列的关系。礼不仅在价值次序上优先于刑，在功能上两者也有不同：礼主防患于未然，刑重事后惩戒。“礼者禁于将然之前，而法者禁于已然之后。”（《大戴礼记·礼察》）儒家主张以“法治”补充“礼治”。这里的礼显然应取狭义。

三、天理、国法与人情

在中国历史上，成文法的公布，一般以春秋时郑国“铸刑书”和晋国的“铸刑鼎”为标志，但其滥觞得溯源至《周礼》中记载的“悬法象魏”之制。实际上，在代表着中国早期礼法创制的《尚书》与《周礼》中，涉及狭义的“法”的内容并不多。《尚书·洪范》所言天地之大法分为九类，即所谓“洪范九畴”。第三畴是国家的八项基本制度，其中司寇掌狱讼，所占比重不大。《周礼》有六官，秋官司寇掌狱讼，列第五，亦非其主要内容。

稷播百谷图

中国的礼法传统中有礼典、律典、习惯法的区分。《尚书》与《周礼》主要是礼典，而非律典。前者大致相当于狭义的“礼”，后者相当于狭义的“法”。“习惯法”活跃于民间，它以乡规民约、家礼家法等形式，规范着庶民的日用常行，是一种无处不在、无时不有的“无法之法”。

严格意义上说，真正作为中华律典之源的是法家的代表人物李悝和商鞅。前者制定《法经》，分《盗》《贼》《网》《捕》《杂》《具》六篇；后者改法为律并编撰秦律。此前“法”是统治者的“令”，不免朝令夕改、变化不定，难以具有恒定的效力；改之后称“律”，正是为了突出其标准、客观、恒定的特性。从《法经》到秦律，再到汉《九章律》、晋《泰始律》，又经过北魏律、北齐律、隋律，汇综于《唐律疏议》，后演为《宋刑统》《大明律》《大清律例》，由此构成中国传统的法律系统。

很明显，中国法律系统相对独立，但不可否认的是，秦汉以后，历代法典大多出于儒者的手笔。且不论《周礼》《礼记》中三又（三宥）、三赦、八议（八辟）之说，容隐在汉代以礼入法，董仲舒以《春秋》决狱，礼书中有关亲属、继承、婚姻的规定，后世在编制法律时无不将它们纳入其中。不过，中国法律系统的儒家化自曹魏时期开始，其中有代表性的例子是：魏以八议入律、晋创依服制定罪（“准五服以制罪”）；作为中国承先启后的重要法典，《唐律疏议》中充溢着礼的精神，后世有唐律“一准乎礼”（《四库提要》）的说法。

左右戒王图

对于中国法律系统的儒家化，瞿同祖先生评价道：“除了法典的内容已为礼所掺入，已为儒家的伦理思想所支配外，审判决狱受儒家思想的影响也是可注意的事实，儒家为官既有司法的责任，或参加讨论司法的机会，于是常于法律条文之外，更取决于儒家的伦理学说。我国古代法律原无律无正文不为罪的规定，可以比附，伸缩性极大。这样，儒家思想在法律上一跃而为最高原则，与法理无异。”① 瞿先生的上述说法是对历史的总结，而非价值的评判。

如果我们继续追问，“以礼入法”为什么会发生？它是否合理？这背后其实关涉到中国礼法传统中天理、国法、人情配制的问题。三者间的关系非常复杂。首先，国法是天理的体现。司马光在注解《周易》时的一段话，对此可做很好的说明，他说：“有形可考，在天为品物，在地为礼法。”借用现代法学术语，国法是实在法，天理是自然法。在儒家看来，天理在人体现为心性，而本心是理也是情。存在较多误解，也屡遭诟病的是“人情”。其实这里的人情不是“私情”，而是实情（或谓情实）、常情（或谓民情）。

情作“实情”讲有太多例子，这里举一例。据《论语·子张》，孟氏任命阳肤做法官，阳肤向曾子请教。曾子说：“上失其道，民散久矣。如得其情，则哀矜而勿喜。”此处的情便作“实情”讲。大意是，如果了解实情，应当怜悯老百姓的现实处境，而不要自鸣得意。作“民情”讲，三者的关系可谓合情合理，因为民情是天意的反映。《尚书·泰誓中》有“天视自我民视，天听自我民听”的

---

① 瞿同祖：《中国法律与中国社会》，中华书局，2003，第361页。

说法，《孟子·万章上》曾引之以解释权力正当性的问题，阐明其民本思想。

可见，之所以强调天理、国法、人情三者的相互配制，还是基于重道德教化、重调治人心的考虑，在实际效果上，显然也胜过了法家的“鼓励告奸”“连坐”等手段。

四、中华传统制度文化的特质

行文至此，不难看出中华传统制度文化具有两项特质：因革损益、与时偕行，此其一；礼治与法治相统一，此其二。

中国传统社会秩序建构的制度依据是礼法，在中华传统制度文化演进中礼法也在不断变革与发展。我国古代政治制度的发展也是如此。以历史上选拔人才的制度变迁史为例。孔子的“有教无类”“举贤才”理念，集中表达了民间从教育开放到政治开放的呼声。汉代选拔人才，以荐举制取代世袭制，以察举、征辟铨选制度选拔德才兼备的人才，在一定程度上满足了当时社会的需求。但荐举制也有局限性，而且这种局限性越到后期越明显。魏晋南北朝时期改为九品中正制，这一制度把选才权收归朝廷，把人才分为九等，选才标准规范、缜密，在当时具有积极意义。然而，东晋之后，这一制度弊病日深，门阀世族把持、垄断选举，庶族寒门子弟无缘仕途，使得此制度逐渐走向反面。到隋唐时期推行科举制，就是通过考试选拔官吏，采用分科取士的办法，考生自由报名，布衣之士有了为官的机会。从隋代到清代的 1 300 多年间，科举制选拔出大量文武官员与后备人员，给社会与国家治理队伍注入活力。但自明代后期至清代，科举制运作逐渐僵化，于清代末期被废除。

礼治主要是道德规范，法治主要指刑罚。礼治与法治相统一，主要体现在“以礼入法”上。我国古人之所以强调礼治与法治相统一，是基于重道德教化、重调治人心的考虑。礼中蕴含和谐、亲民、仁爱的精神，体现了和而不同的理念。如上文所言，我国古代法律系统相对独立，秦汉以后，法典大多出于儒者手笔。法律的系统化自曹魏时期始，当时儒家思想在法律上一跃成为最高原则，与法理几乎无异。儒家强调对人尤其是对人民的尊重，其天下为公的社会理想，与仁爱、民本、民富、平正、养老、恤孤、济赈、民贵君轻、兼善天下等思想理念，都渗透到古代社会治理的各种制度中，对于今天社会治理仍有一定启发意义。

礼既是秩序原理、节度原理，也是交往原理、和谐原理。一个稳定和谐的人间秩序总是要以一定的礼仪规范为调节的。就现代生活而言，在外在强制的法律与内在自觉的道德之间有很大的空间，即包含社会礼俗在内的成文与不成文的规范，这就是“礼”。当然，古今社会规范的差异不可以道里计，但提高国民的文明程度，协调群体、社区的关系，促成社会健康、和谐、有序地发展，不能没有新时代的礼仪文化制度、规矩及与之相关的价值指导。我国历来是礼仪之邦，今天仍然面临提高国民的文明程度的任务。在这方面，中国传统的礼法制度有深厚的资源。

在社会治理上，礼让为国，安定社会，消弭争夺战乱，节制骄奢淫逸，是人民安居乐业的前提。以一定的规矩制度来节制人们的行为，调和各种冲突，协调人际关系，使人事处理恰到好处，这些是礼乐制度的正面价值。尊重普通大众的权益，予不利者以最大的关爱，并有更多制度的保障，促成社会的和谐。这里包含了教育公平之于政治公平的基础性，促使阶级阶层间的合理流动；这里有社会正义的诉求，即反对贫富过于悬殊。庶之后有富，富之后有教，所谓“富而好礼”，重视教化、教养，反对铺张浪费、夸财斗富。

礼所蕴含的人文精神是人与人、族与族、文与文相接相处的精神，是协和万邦、民族共存、文化交流融合并形成统一的中华民族、中华文化的动力。文明间的对话也需要有“礼”的精神的调剂。礼之中蕴含的和谐、亲民、仁爱、交融的精神，均是走出自我，走向他者、社群、国家、天下的相互性伦理。这里我们看到了“天下一家，中国一人”之理念的影子。在这种理念的渗透下，我国五千年历史上，民族、文化、宗教、习俗、语言、地域之间，中原与边疆之间，北方与南方之间，农业民族与游牧民族之间，虽不免有冲突，但其主流是融合、协调，“和而不同”，相互融成包容性很强的中华民族与中华文化。在这个意义上，我们讲“己所不欲，勿施于人”是彼此间相接相处的黄金规则。

社会的合理构成和有序运转，离不开健康的社会关系作为纽带，而健康社会关系的形成和维系离不开制度的保障。科学把握中华优秀传统制度文化的特质，从中汲取制度建设、道德建设的丰富养分，有助于坚持和完善中国特色社会主义制度，推进国家治理体系和治理能力现代化。

王道：坚持“民为邦本”和“天下为公”

儒家“仁”“恕”理念与民主政治的基本预设恰相契合。先秦儒家政治哲学的两个关键词是“王道”与“仁政”，这两个词语本身就寓有评价、褒贬，与之相对应并需批判的则是“霸道”与“暴政”。孔子分析了美政与恶政（苛政）。王道政治的核心内涵是人民的经济权、教育权，以及包含言论权在内的政治权的保障与伸张，从养民、安民到教民再到“民贵君轻”有自身的逻辑。

重开王道，即创造性地转化王道仁政，首先在于坚持“民为邦本”，无论何时何地都以人民为政治的主体，肯定人民高于或重于政府及其领导人，日益扩大民权与社会空间，肯定思想自由与社会自治；其次在于坚持“天下为公”，加强多元一体的族群融合和“以德服人”的外交关系。王道理想包含着对最高的政治正义的追求。当前需要反对盲目自大，反对民粹主义，提倡宽容大度、富而好礼、尊重他人，重建仁爱、宽容的健康心态，这样才能有真正的“自信”。

儒学的基本精神与内涵，在终极性追求与人生信念层面有“天人合一”，在人与自然关系层面有“三才之道”，在个体修为与社会参与层面重视“修己安人”“内圣外王”，在社会政治层面则强调“王道仁政”“民为邦本”。

一、修己安人　内圣外王

如何理解传统士人修身与治世的关系？

1. 修己以安百姓

“子路问君子。子曰：‘修己以敬。’曰：‘如斯而已乎？’曰：‘修己以安人。’曰：‘如斯而已乎？’曰：‘修己以安百姓。修己以安百姓，尧舜其犹病诸？’”（《论语・宪问》）

这是孔子与子路的对话，一位善问，一位善答。子路有很强的问题意识，一连三问。孔子步步诱导，意味深长地回复，需慢慢体会。子路问：怎样才算是一个君子呢？孔子回答：修养自己，严肃认真地对待工作。子路说：这样就够了吗？孔子说：修养自己，使周围的人都安心。子路又问：这样就够了吗？孔子说：不断修养自己，使老百姓安乐。不断修养自己，安定天下百姓，尧舜大概还没有完全做到哩！我的体会是，一个人能敬业，能认真地做事，就是君子了。进一步，他的存在能让身边的亲友同事们心安，而且能帮助他人，让周围的人得到安顿，就很了不起了。更进一步，能帮助天下的老百姓，岂但是君子，恐怕就是圣贤了！这里涉及孔子的道德与政治思想。

据《论语·公冶长》记载，有一次颜回与子路站在孔子身边，孔子说：大家何不说说自己的志向呢？子路说：我愿意把我的车马衣服与朋友们共享，用坏了也没关系。颜回说：我愿意不夸耀自己的长处，不表明自己的功劳。子路对孔子说：希望听到您的志向。孔子说：“老者安之，朋友信之，少者怀之。”夫子之志，是使上一代的老人在精神与物质上都得到安顿，使平辈或同一代人信任自己，使下一代的青年人怀念自己。这样就做到了孔子说的“己欲立而立人，己欲达而达人”，克己奉人，使人人各遂其志。

“修己”就是“修身”。《大学》说“自天子以至于庶人，壹是皆以修身为本”。这是说，从天子到普通百姓，一心所要行的，都应当是把修养自己作为根本。本已乱，末就不能得到治理。本立则道生，本乱则国乱。应该重视的是修身，切勿本末倒置，把修身放在末位。这就叫作知道根本的道理，即道德之知的极致。

古代想要把光明的德性彰明于天下的人，首先要治理好他自己的国家；要治理好他自己的国家，首先要团结他自己的家族；要团结好他自己的家族，首先要修饬他自己。过去的家族很大，家族内矛盾复杂，要摆平矛盾很不容易，这就需要有牺牲与奉献，特别是主持家政的治家者，包括其长子长媳等人的牺牲与奉献，这就要修养自身。要修整自身，首先要端正自己的心；要端正自己的心，首先要诚实自己的意念；要诚实自己的意念，首先要充实自己的知识；要充实自己的知识，首先要穷究事物的原理。这里的“格物、致知、诚意、正心、修身、齐家、治国、平天下”，就是《大学》的“八条目”，即八个步骤，一环扣一环。“八条目”的枢纽是修身。格、致、诚、正、修，是道德修养的内圣学；齐、治、平，是建功立业的外王学。

《大学》的“八条目”是修养的步骤，服务于“三纲领”。《大学》三纲领如下：

> 大学之道，在明明德，在亲民，在止于至善。

这里有三个“在”，是递进的关系。“大学”即大人之学，讲个人修身成德，和谐家庭，逐渐扩大到治国平天下的道理。“明明德”，第一个“明”是动词，第二个“明”是形容词。此即不断地彰明人内在的光明的德性（仁义礼智信等），培养自己高尚的道德。人的德性是天赋予的，是人人都有的，不过并非人人都能自觉。

“亲民”，亲和百姓，以百姓的好恶为好恶，爱护民众也就是“治国”。程子、朱子讲“亲民”为“新民”，即除旧布新，洗汰旧的不良的习惯，更新自我，更新人民的精神面貌。王阳明则讲“亲民”，强调爱百姓。王阳明《传习录》第一条曰：“又如孔子言‘修己以安百姓’，‘修己’便是‘明明德’，‘安百姓’便是‘亲民’。说‘亲民’便是兼教养意，说‘新民’便觉偏了。”

《大学》即从“修己”讲到“安人”，最终讲“止于至善”，即追求最高、最完美的意境，达到尽善尽美的境界。

孔子认为，治国的目的是使百姓生活安定、安康。他强调以严肃庄敬的态度合理合法地动员百姓的重要性。“博施于民而能济众”（《论语·雍也》）；“节用而爱人，使民以时”（《论语·学而》）。执政者谨慎地使用权力，修养自己，自己心安了，才能使百姓安宁。他回答子张怎样才能管理政事的提问时，提出了五种美政，其核心是符合人民的利益并使人民得到幸福的“利民”思想，是从安民济众的根本出发的。

“仁者安仁，知者利仁。”（《论语·里仁》）安定天下，主要是使百姓平安，而最使百姓不安的就是官员利用职权与民争利，贪污腐败，不能“修己”，以及“动之不以礼”（《论语·卫灵公》）；使民不以时，即官府以随意的态度滥用权力，任意扰民，践踏民意，不顾民生，不能济众施惠，不以庄敬的态度尊重老百姓、爱护老百姓。孔子的主张是“以德服人”，而且不断提升执政者的人生境界。

他提出以“敬”的态度谨慎地使用公权力的问题，以安民济众为根本目的。孔子强调为政者不与民争利，强调公权力应维护民利，给人民以好处与实惠，具体包括恭、宽、信、敏、惠五个方面，即庄敬自重、宽宏大度、诚实守信、勤劳敏捷、慈心施予，以此为“仁”的内涵。严肃、宽厚、信用、勤敏、施惠，至今仍是为政者之德。

2.“内圣”与“外王”

《大学》讲的是做君子之学、做大人之学，所以朱子说先读《大学》以定其规模，即先立定做人的规模。这个规模就是修己安人，修身治国，内圣外王。《大学》的总论，首论“三纲领”，次论“八条目”。对内修己，格、致、诚、正、修，都是明德之事，不断

任贤图治

修炼以达到至善的境界；对外治人，齐、治、平，都是亲民之事。强调为己之学、修身为本的部分，为“内圣”之学；强调视民如伤、心忧天下的部分，为“外王”之学。

有的论者认为由内圣（道德修养）推到外王（建功立业），不合逻辑。这的确不符合形式逻辑，不宜平面地、表层地顺推与逆推。但深层地说，这里确实含有一种深厚的生命理性、生命逻辑或生存体验。《大学》德化政治的“八条目”，对治世者的道德素养的强调，完全可以与当代法治社会的要求相结合。现代法治不能没有伦理共识作为背景与基础，而伦理共识离不开伦理传统。

“内圣外王”的提法最早出于《庄子·天下》，指孔子立儒家而忠实传承的古之“道术”。前面讲了《大学》中“三纲领”和“八条目”的思想，阐述了提高个人道德修养与治国平天下的关系，体现了儒家内圣外王的德治思想框架，这代表着中国传统政治哲学的主流。就儒家传统而言，“内圣”是澄明“天命之谓性”的明德，“外王”是由“明明德”的圣人实现人间正义的“亲民”。通过“格物、致知、诚意、正心、修身、齐家、治国、平天下”的“八条目”的功夫，内圣外王得以实现，进而达到至善、天下太平之境界。

钱穆肯定修养心性、正心诚意、造就人格的德性之学是中国文化及学术的“大宗纲”，治平事业、外王功用、实践之学、历史创造则是中国文化及学术的“大厚本”，这两者都是“实学”。千百年来，世世代代、千千万万的儒者修养心性，投诸生活实践中去奋斗，又在生活实践中去修身，两者交相为用，可分而不可分。以上讲的是内圣与外王、修己与安人的关系。

3. “修己”与“治人”

此外，我们要注意，儒家认为“修己”与“治人”又是有区别的。修己主要是对管理者的要求，不能用于治人。对身为管理者的君子而言，必须做到正己爱人、修身为本、推己及人，博施于民而济众，泛爱众而亲仁。然而对普通老百姓而言，则要体谅、宽容。王者，即治世的君子，不仅要修德正身，作为万民的道德楷模，而且要实行德政，设立学校，用礼乐文明、儒家经典教化老百姓，使得人人有羞耻之心，且觉知生命的意义与价值。

董仲舒、徐复观都强调儒家在修己与治人上的区别。我们先谈谈近人徐复观的看法。他通过分析，强调儒家亦可发展出人权的基本理念。徐氏认为，儒家在修己上总是强调通过对自然生命的转化以提升人的德性生命，换言之，德性人格的完满乃是修己的首要目标；在治人方面儒家虽然不否定德性的价值和要求，不过终归是将人民的自然生命的要求放在第一位。在徐复观看来，儒家这种养与教的观念意在说明“人民自然生命的本身即是政治的目的”[①]，其中蕴含“天赋人权”的意思。

不仅如此，徐复观认为儒家的德化的治道或德治的观念，一定意义上也蕴含了现代政治的观念。儒家的德治其实是一种“无为而治”，亦即所谓物各付物、就个体而顺成的政治理念。这并非否定政府的存在，而是说政府的权力应该限制在一个必要的范围之内。梳理儒学中所包含的民主精神，就消极面而言，旨在说明儒学或中华文化并非发展民主政治的障碍，换言之，以儒学为文化背景发展民主政治是完全可能的；就积极面来讲，则在说明民主政治可助成儒家政治理念的实现。另外，他也强调庶民皆应修养德性，能近取譬，从孝亲为始逐步向外推扩，这两方面本身便呈现出一种良好的交融互动秩序。

4.“知行合一”“化民成俗”

前面强调了儒家对修己与治人的分疏，其实也意味着就修己

① 徐复观：《释〈论语〉“民无信不立”》，收入氏著《学术与政治之间》，台湾学生书局，1980，第300页。徐氏另有专文《儒家在修己与治人上的区别及其意义》论之，亦收入此书。

（修身、修养）来说，对社会上层即官员与知识分子和对社会大众的要求是不同的。对前者要求做到知行互动、言行一致，忧乐圆融，追求意境。

传统德政、德治当然有局限，但也有可以借鉴之处。政德、官德是德政的组成部分。下面以现在比较热门的王阳明为例加以说明。

王阳明坚持儒家的宽政主张，以佚道使民，强调官员要从老百姓的利益出发，虽劳不怨。他勤政守职，视民如伤，治庐陵时，辟城中火巷，绝镇守横征，制定了一系列规章制度。他对腐败现象深恶痛绝，在弘治十二年（1499年）的《陈言边务疏》中痛斥朝中大臣假托慎重老成之名，狼狈为奸，结党营私，招权纳贿，终将至于颓败而不可收拾。他查知有官员因私事弃职远出，或因上司经由，为巴结谄媚，越境迎送，即令布政司通行禁革究治，规定今后各衙门首领都要置立文簿，凡遇官吏因公事出入，因某事到某处迎送，或到某处差委，都要开列日期，岁终报给他，以凭查究。整顿吏治，是他治理地方的措施之一。关于权力，他认为，权为天下利害所系，小人窃之以成其恶，君子用之以济其善。君子欲济天下之难，不能不操之以权，但君子用权必由其道。

阳明的经历提醒我们，为政之道在于明德、亲民。阳明解释“大学之道，在明明德，在亲民，在止于至善”时，特别强调在“明明德”的基础上“亲民”。他首先是强调为政者要修身以德，以仁德为核心价值，引领和实现政治的正义。官德不仅仅是一种职业道德，更是人的良知在政府事业上的直接运用。为官不讲官德，就是违背良知。进一步来说，亲民就是要以民为本，视百姓为骨肉之亲，尊重民心民意，体察民间疾苦。在具体的政治实践中，阳明以高超的政治智慧，将社会教化、社会治理及具体的行政手段结合起来，治理了很多难治之地，实现了民不骇政、四方咸宁。阳明的为官之道，对于今天加强党员干部修养、化解社会矛盾、转变政府职能等，有借鉴意义。

王阳明是旷世罕见的大豪杰，在内圣修己与外王事功两方面都有建树。他一生的事功，被誉为“三百年事功第一”。最为人津津乐道的功绩是“三征”，即征南赣、征宁王、征思田。在三征中，他设立了“十家牌法”，就是将保甲制度和乡约制度结合起来，复兴人伦教化，稳定社会治安，保障当地民生。可见阳明重视对民众的教化。

前面讲过，儒家引导庶民修养德性。阳明讲学也面向民众，阳明一生的活动，实际上是围绕讲学和社会教化为中心而展开的。他每到一处，就恢复社学，招揽本地青年，大兴讲学之风。即使是在带兵打仗的过程中，他也对自己的学生们讲学不辍，吸引当地士子平民都来听，出现了观者如堵的盛况，即听众像围墙一样密不透风。阳明讲学究竟讲些什么内容呢？或者说，阳明心学的思想要旨是什么呢？实际上，就是“心即理”、“知行合一”和“致良知”。他把心学普及到了民间，阳明后学中有不少盐工、贩夫、走卒等。

儒家重视人文教化、化民成俗，强调尊师重道、有教无类，特重历史、特重教育。传统教育理念与制度关照平民子弟的教育，并把教育公平与政治公平联系起来。这也就是所谓“朝为田舍郎，暮登天子堂”的背景。

视听自民图

《礼记·学记》把教育的社会功能概括为十六个字:“建国君民,教学为先”;“化民成俗,其必由学”。教育功能有两个方面:第一是培养国家所需人才,以及确保人才的全面性;第二是形成良风美俗。这两者又是相互联系、交叉整合的。

中国人很重视家训、家风、家教。著名学者、中外哲学与佛学研究专家汤用彤先生在讲述自己的学养时,首先讲了四个字“幼承庭训”。这就是幼儿时期所接受的家教,即启蒙教育。古代叫“正蒙”,即开蒙的时候一定要端正。宋代以后有很多蒙学读物,这些读物基本上是“四书”的普及版。

儒家重视知识教育,更重视道德教育,并贯穿和渗透到社会、学校、家庭的各方面,起到了良好的作用。培养一个对社会、国家、民族有用的栋梁之材,不管他将来做什么事业,根子要扎正,特别要重视做人做事的教育,人文的教育和道德的教育应视为根本。因此,今天的家长们不要过于功利。家长自己的言传特别是身教,对孩子影响最大。

二、王道仁政　民为邦本

“王道”之说,古已有之。《尚书·洪范》曰:“无偏无党,王道荡荡。”《史记》中记载,伊尹劝商汤“致于王道”和“孔子明王道”。

1. “王道”与“仁政”

先秦儒家政治哲学的两个关键词是“王道”与“仁政”(孟子

特别强调这两者，有时也统称为“王”或“王政”），这些词语本身就带有评价、褒贬。在这里，“王”音“旺”，意即以仁德的政治来统一天下。与“王道”相对应的是“霸道”，与“仁政”相对应的是“暴政”。儒家主流一贯批判“苛政”、“暴政”与“霸道”。孔子主张仁政、宽政，强调“修己以安百姓”。孔子赞扬的五种美政是“惠而不费、劳而不怨、欲而不贪、泰而不骄、威而不猛”，关键是“因民之所利而利之”。他极力反对苛政与“不教而诛”等四种恶政，批判对小民的暴虐与悭吝。

孟子心目中的“王道”，其基础是保障民生，关注老百姓的基本生存问题（生死葬祭，尤其是维持生命，起码保证不饥不寒），以及对社会贫弱者、最不利者（如鳏寡孤独）以最大的关爱。《中庸》推尊孔子“祖述尧舜，宪章文武”，孟子强调道统，所以“王道”即“先王之道”，是尧、舜、禹、汤、文、武、周、孔之道。这里，王道是政治文化中的价值系统，也是评价政治历史的终极标准。孟子的“仁政”就是“王道”的具体化，是政治正当性的标准。孟子反对“以力服人”的“霸道”，反对杀伐征战、与民争利及以暴力对待百姓，主张“以德服人”的“王道”，主张保民、教民，以民为本。

“仁政”是什么？简言之，第一，“仁政”是养民安民之政；第二，“仁政”是教民之政。这是对孔子的“庶、富、教”与“安民治政”基本原则的扩充与具体化。

仁政学说的目的是为民，其最基本的要求则是要解决百姓的温饱问题，安顿他们的生命与生活。孟子的民本思想以解决民生问题为急务，即所谓“民事不可缓也”。仁政的基础首先是解决百姓的生活问题，在孟子当时所处的社会环境下，百姓能保命并维持基本的生活已是非常难得了。为此，孟子明确提出“恒产恒心”“制民之产”说，主张政府一定要为民制产，认为人民只有在丰衣足食的情况下才能安分守己、从善如流。

制民之产是为了解决黎民百姓基本生产与生活资料的保障问题，此为养民、安民的基础。小民的土地宅园、核心家庭的基本温饱、老人的赡养均是仁政的主要内容。孟子多次提到每一农户都应有百亩农田、五亩宅园，在宅园中树之以桑，又喂养若干家禽、家畜，以解决全家生计，尤其是老人的吃饭、衣帛问题。即“五亩之宅，树之以桑，五十者可以衣帛矣。鸡豚狗彘之畜，无失其时，七十者可以食肉矣。百亩之田，勿夺其时，数口之家可以无饥矣”（《孟子·梁惠王上》）。凡此种种，皆可看出孟子的民本思想以民生为起点，切实而具体，皆是为民之生存与发展而设。关于一夫授田百亩及计口授田制，是孟子之后中国社会的重大问题，在历代制度上都有规定，在现实中也都有不同程度的实现。

孟子特别提出“经田界”的问题，这也是农业社会的重大问题。授田之后，贫民的田地很可能被官府豪强掠夺，故孟子曰：“夫仁政，必自经界始。经界不正，井地不钧（均），谷禄不平，是故暴君污吏必慢其经界。经界既正，分田制禄可坐而定也。”（《孟子·滕文公上》）百姓依赖土地生活，正经界乃尊重百姓私有财产的必要措施，经界既正，百姓可以无后顾之忧了。孟子之后历朝历代的知识分子与清官都重视“经田界”，不仅有主张，而且有行为。

经济规则与政策所涉及的问题，除土地问题之外，还有徭役、赋税与关市问题。解决人民的温饱问题只是民生的第一步，为了彻底贯彻民本思想，孟子主张执政者在治其田畴的同时，还要省刑罚、薄税敛，如此百姓才能渐次致富。孟子主张减轻刑罚，轻徭薄税；实行井田制，农人只助耕公田，不再征税；开放山林川泽，除出于生态保护的原因禁渔、禁猎、禁砍伐外，允许老百姓渔猎砍伐；在空地储藏货物不征收货物税，如果滞销，就不让它长久积压，开放市场；设关卡只稽查而不征税，以方便各地的商旅。

总之，民生关乎百姓的生命、生活，是仁政的第一步。仁政以土地制度为基本保障，这是生存权问题、民生问题。

孟子把百姓的生命看得至高无上，因此极力反对当时诸侯国之间的杀伐征战，以为善阵善战乃大罪，而“国君好仁，天下无敌焉”（《孟子·尽心下》）。“好仁”最基本的要求即不嗜杀人，保存百姓的生命。在孟子看来，只要执政者不滥杀无辜，能行仁政，则天下之民即可往归之。孟子不但反对杀伐征战，也反对与民争利。

孟子的仁政思想其始在于保存百姓生命，解决其生活和温饱问题，其终则在以人伦教育人民。百姓的生计问题解决了还不够，还须施以教化，如此方能调治民心，协调人伦关系，稳定社会秩序。所以孟子主张：“谨庠序之教，申之以孝悌之义，颁白者不负戴于道路矣。”“壮者以暇日修其孝弟（悌）忠信，入以事其父兄，出以事其长上。”（《孟子·梁惠王上》）百姓皆能亲其亲、长其长，则国益安矣。

孟子强调办学校、办教育，尤其是实行人伦教化，使百姓“明人伦”。人伦生活之准则，即父子有亲、君臣有义、夫妇有别、长幼有序、朋友有信，由此百姓具备一定的教养，进而形成和谐的社会氛围，自觉维护公序良俗。前面我们说过，孟子仁政思想与孔子“富之教之”的思想一致。人人皆得生活保障，“养生丧死无憾”，此王道之始也；然必使人人皆能受教育、“明人伦”，方为王道之终。由此可知，行仁政必待教化而始完备，而善教亦是执政者得民心之不可或缺的手段。

孟子曰：“善政不如善教之得民也。善政，民畏之；善教，民爱之。善政得民财，善教得民心。”（《孟子·尽心上》）良好的教育，方能使百姓心悦诚服，有如七十子之服孔子。所谓善政，即便是再好的政治手段，也不过是与民争利、得民财而已，达不到得民心、使百姓衷心拥戴的效果。可见，不管是执政者还是百姓，皆应注重德性之培养、礼义之化成，否则“上无礼，下无学，贼民兴，丧无日矣”（《孟子·离娄上》）。上无道揆，下无法守，上下交征利，国之亡可立而待也。

2.“民贵君轻”

我国有民本主义传统，在先贤思想的基础上，孟子提出了“民贵君轻”的著名思想。他很看重民心的向背，认为民心的向背是政治成功与否的决定因素。“桀纣之失天下也，失其民也；失其民者，失其心也。得天下有道，得其民，斯得天下矣；得其民有道，得其心，斯得民矣。”（《孟子·离娄上》）他又说：“民为贵，社稷次之，君为轻。”（《孟子·尽心下》）在治理国家、统一天下的问题上，老百姓是最重要的，国家政权是次要的，国君是更次要的。君有过错，臣可规劝，规劝多次不听则可推翻他。残暴的君主是独夫民贼，人民可以联合起来诛杀他。这是孟子民本思想的精华，对历代批判君主专制的思想家影响很大，成为中国乃至东亚社会吸收近代民主思想的津梁。

古代村社组织有十、百家，或称邑、里，或称“社”与“村社”。管理公务的领袖，是由选举产生的三老、啬夫等。公共生活在庠、序、校中进行。庠、序、校是议政、集会与活动的场所，日后变成古代的学校。祭社和祭腊是最热闹的群众性活动。吕大钧、吕大临兄弟建立的“乡约”、范仲淹首创的“义庄”，是地方性的制度，具有以“礼”化“俗”的功能。“儒者在本朝则美政，在下位则美俗。”（《荀子·儒效》）

儒家一贯主张扩大社会空间，提倡社会自治。传统中国是儒家式的社会，是小政府大社会的典型。传统中国的社会管理组织、中间组织很多，例如宗族、家族、乡约、义庄，还有作为劳工组织的帮会与行业组织的商会等，到近代转化为新式商、农、工会，此外还有公益性的为修路桥、兴学或扶贫帮困应运而生的社会慈善组织等载体，以民间礼仪、节日与婚丧祭祀活动、村社活动、学校及书院的讲学活动、士农工商的交往等为契机，这些组织及活动在一定意义上就是社会自治、地方自治的。传统中国绝非由朝廷包打天下，而主要靠血缘性的自然团体及其扩大化的社会各团体与士绅阶层、社会贤达来治理社会。这些团体与个人本身就是民间力量，它们又保护了民间社会与民间力量，包括家庭等私人空间。

三、天下为公　以德服人

王道政治是公天下的。《礼记·孔子闲居》：“天无私覆，地无私载，日月无私照。奉斯三者以劳天下，此之谓三无私。”董仲舒《春秋繁露·王道通三》：“古之造文者，三画而连其中，谓之王。三画者，天地与人也，而连其中者，通其道也。取天地与人之中以为贯而参通之，非三者孰能当是?”

《中庸》说：“凡为天下国家有九经，曰：修身也，尊贤也，亲亲也，敬大臣也，体群臣也，子庶民也，来百工也，柔远人也，怀诸侯也。”“凡为天下国家有九经，所以行之者一也。凡事豫则立，不豫则废。言前定则不跲，事前定则不困，行前定则不疚，道前定则不穷。”

“凡为天下国家有九经”，即孔子为哀公讲解治国理政的九条大纲：修身、尊贤、亲亲、敬重大臣、体恤群臣、慈爱庶民、招徕百工、怀柔远人、安抚诸侯。文中特别解释说：“修身则道立，尊贤则不惑”；“齐明盛服，非礼不动，所以修身也；去谗远色，贱货而贵德，所以劝贤也。”能修好己身，便能确立大道；能尊重贤人，面对事理就不致疑惑。“齐通斋”是讲斋戒明洁，整齐衣冠，庄敬自重，不合礼节的事不敢妄动，以此来修身；不听诬陷好人的坏话，远离女色，轻贱财货，重视道德，以此来劝勉贤人。我认为对今天的官员来说，“去谗远色，贱货而贵德”仍然十分重要。“亲贤臣，远小人”，这是大家熟知的民谚。《中庸》指出，治国虽有九条大纲，但实行的方法只有一个“诚”字，即诚心诚意。

我们做任何事，一定要预做准备，有备无患；不做准备，就会失败。例如，发言没有准备，舌头会打结；做事前有准备，就不会困顿；行为前有筹措，就不会出问题；做人的道理，先有定则，就不会行不通。做什么事都要未雨绸缪，防患于未然。

在华夷关系上，《礼记·王制》提出“修其教不易其俗，齐其政不易其宜”的方针，表明多元一体的中华民族形成过程之中，多民族融合是一个主潮，儒家主张尊重不同地理环境下生长的不同族群的生活习惯与民族性格。

在中国与外国的关系问题上，儒家有和谐的“天下观”。我国长期以来主张兼容并包，爱好和平，反对侵略与以力服人。

孔子主张“远人不服，则修文德以来之。既来之，则安之”（《论语·季氏》）。孟子力辨王霸：“以力假仁者霸，霸必有大国。以德行仁者王，王不待大，汤以七十里，文王以百里。以力服人者，非心服也，力不赡也；以德服人者，中心悦而诚服也，如七十子之服孔子也。”（《孟子·公孙丑上》）孟子面对当时列国争霸的局面，肯定王道是德政，强调以德服人、以德行仁，这涉及诸侯国之内政外交的各个方面。

《礼运》描述了“大道之行也，天下为公”的“大同”的社会理想，这就是中国的“理想国”，也是历代中国人的“中国梦”。“大同”之世与“小康”之世不同，这一理想包含着对最高的政治正义的追求。

孔子说，大道通行的时代与夏、商、周三代精英当政的时代，他都没有赶上，而通过有些文字记载可以看到。大同之世是儒家所设想的远古时期“天下为公”的时代，也可以说是古代中国人的梦想：天下为人民所公有，选举有贤德与有才能的人来治理社会，人与人之间讲求信用、和睦相处。人们不只爱自己的双亲，不只抚养自己的子女，而使所有老年人都得到赡养，壮年人有工作做，幼儿能得到抚育，年老丧夫或丧妻而孤独无靠的人及残疾人都能得到照顾与优待。男人都有自己的职分，女子都能适时婚嫁。物质资料，担心它被抛弃在地上得不到合理利用，倒不一定收藏在自己家里；智力体力，担心它不能从自己身上发挥出来，倒不一定为了个人利益。爱惜财物、民力，热爱劳动，都出于公心，绝不据为己有。因此，阴谋诡计不能得逞，盗窃和乱臣不会产生，外出不用关门，这就是大同社会。这就是“天下一家”“中国一人”的社会理想。

总之，儒家主张满足人民的基本公正合理的要求，强调民生，制民恒产，主张惠民、富民、教民，缩小贫富差距，对社会弱者如老弱病残、鳏寡孤独和灾民予以保护。其推行的文官制度、教育制度，为平民、农家子弟提供了受教育及参与政治的机会；其天下大同、天下为公的社会理想与社会正义观、公私义利观是历代儒生的理想，也是他们批判现实的武器。这一思想的前提是：第一，人民是政治的主体；第二，人君之居位，必须得到人民同意；第三，保民、养民是人君的最大职责。这即“王道”“仁政”。

儒家治理智慧是民本主义指导下的民间自治。长期以来，中国人在观念上形成了“和而不同”“协和万邦”“天下一家”的文化理想，既重视各民族、族群及其文化、宗教的独立性、独特性，又重视中华文化的和合性、统一性。在国家间的关系问题上，善于化解与超越分别和对立，主张仁爱、和平，重视和为贵与协调性。

四、儒家思想与民主政治

儒学中蕴含着科学、民主、人权、自由之关系。儒家文化与民主，与平等自由观念并不是绝对不相容的。徐复观讲德治思想实通于民主政治，并且要在彻底的民主政治中才能实现。唐君毅、牟宗三、徐复观等都肯定性善论与民主政治的联系。

儒家“天下为公”“人格平等”等观念，牟宗三所谓“坎陷说”或“开出说”即在这一意义上提出。以此为基础，牟宗三等学者更努力阐发传统儒学中所包含的民主精神，以疏通近代以来不少中国知识分子在价值观念上的纠结。也就是说，他们并不认为儒学是发展现代民主的障碍，相反，儒学中不只包含民主思想的种子，并且儒家的人文精神可以成为民主自由真正的依据。

个人的自由平等，是现代民主政治最重要的基本预设。在牟宗三等现代新儒家的论述中，这恰恰是儒家以性善论为基础的人文精神的基本意涵。依唐君毅之见，儒家所体现的人文精神是一种肯定宗教、道德、政治、科学等一切文化之价值的整全的人文精神，而这些人文价值的根源，就在于我们的人性，即人皆可以为圣人的善性，它内在于每一个人的本心之中。唐君毅认为这一性善论包含了一种伟大的自由平等的精神：善性为任何人所本有，这是“儒家精神中之大平等精神……践形尽性以显此心之仁，即为仁由己之自由精神……现在西方言民主精神之最后根据，不外人格尊严，人格之平等。则儒家之此精神，不是民主精神又是什么?”[①] 唐君毅因此认为民主制度，是中国固有的道德人格平等思想当有的一种引申。徐复观也认为，性善论是人类尊严、人类平等及人类和平相处的根源，当然也是政治上自由民主的根源。此外，余英时也认为儒家上述理念乃是中国民主的精神依托，可以通过现代的法制结构而转化为客观存在。

有学者顺西方自由主义发展的历史脉络认为，幽暗意识对于自由民主的演进有极为重要的影响，而儒家性善论的乐观主义则是中国未能发展出民主政治的思想根源。新儒家对此有完全不同的看法。唐君毅认为，性恶论或原罪说其实更容易导致专制和独裁，因为在这一观点下，人因其原始之罪恶，间接要求通过外在力量的制裁与引导才能为善，因此理论上比较容易导向对专制的肯定，如法家、马基雅弗利、霍布斯的思想即为典例。相反，“儒家思想之引申的涵义，则以人性原与天合德。一切政治教化，止于助人之显发生长其本有之人性为止，再不能另有所为。因而在原则上，否定了一切专制之理论根据”[②]。其实儒家德治的观念特别强调“无为而

---

① 唐君毅：《人文精神之重建》，载《唐君毅全集》卷五，台湾学生书局，1989，第416页。

② 同上书，第417页。

治”，正是以性善论为基础。

当然，现代新儒家虽然肯定儒家思想中包含自由、平等等民主精神，不过他们极为清醒地意识到，儒家所强调的自由、平等仅限于道德领域，始终无法在政治领域中实现，人民在政治上的主体地位未能确立，因此现实上无法发展出民主政治。

徐氏认为，儒家在修己上总是强调通过对自然生命的转化以提升人的德性生命，换言之，德性人格的完满乃是修己的首要目标；然而在治人方面儒家虽然不否定德性的价值和要求，不过终归是将人民的自然生命的要求放在第一位。牟宗三认为孟子的政治思想表达了同样的看法：“在政治措施上，就个体而顺成，生存第一。”[①]在此基础上更以普遍的人道教之，此即所谓“先富后教”。在徐复观看来，儒家这种养与教的观念意在说明人民自然生命的本身即政治的目的，其中包含“天赋人权”的意思：“所谓天赋人权，是说明人的基本权利是生而就有，不受其他任何人为东西的规定限制的。承认人权是出于天赋的，然后人权才成为不可动摇，人的生存才真能得到保障；所以政治的根本目的，只在于保障此种基本人权，使政治系为人民而存在，人民不是为政治而存在。”[②] 徐复观的意思当然不是说，中国传统政治下，人民已具有近代民主政治意义上的权利意识，而是说儒家政治思想内在包含尊重人的基本人权的理念，这无疑是较为平实而中肯的看法。

---

① 牟宗三：《政道与治道》，载《牟宗三先生全集》卷十，联经出版事业公司，2003，第138页。

② 徐复观：《释〈论语〉“民无信不立”》，收入氏著《学术与政治之间》，台湾学生书局，1980，第300页。

不止于此，徐复观认为儒家的德化的治道或德治的观念，一定意义上也蕴含了现代民主的观念。儒家的德治其实是一种“无为而治”，亦即上文所谓物各付物、就个体而顺成的政治理念。这并非否定政府的存在，而是说政府的权力应该限制在一个必要的范围之内，这与现代民主政治“限制政府权力，以保障人民自由”的精神是一致的。是以徐复观说，儒家强调“以道德的责任感来消融政治的权力”，“对于政治的权力的限制上，也会发生与民主政治相同的结果，民主政治，是从限制政府的干涉开始，德治因其尊重人性，而亦重‘简’，重‘无为’”①。

正如前文所分析的，新儒家基本上都批评传统政治思想未能就政治的本性思考如何从制度上合理安排政道的问题，这导致了“以治道之极济政道之穷”的困境，因而对政治的独立性缺乏足够的认识。然而问题在于，当我们为了解决政治问题而不得不区分道德与政治，进而以民主政治作为解决政治问题的出路时，这是否表示政治问题就能得到完满的解决呢？换言之，民主政治是否有其内在的不足？这就涉及新儒家对民主政治的反省和批评。其中，唐君毅对民主政治之不足的批评尤为深刻。

唐君毅肯定民主政治的必要性，认为当今世界的社会政治问题只能依据民主政治的原则来解决，因为唯民主政治能最有效地节制人的权力欲。然对民主政治之弊，唐君毅也有极为清醒的认识。首先，在唐君毅看来，民主政治固然以保障人的基本权利为目的，然

① 徐复观：《儒家政治思想的构造及其转进》，收入氏著《学术与政治之间》，台湾学生书局，1980，第58页。

而以权利为中心的自由民主乃有导致人的价值意识薄弱以及庸俗化的弊病。是以唐君毅认为，若仅由权利意识出发肯定民主政治，“人专注于其所得权利之可被保障一点，则亦可更增其争权利之意识，而政治之事，即仍可成互争权利而分配之之事。此政治制度乃是为人之私欲所利用，而为人之私欲之工具。而人在觉此制度下之法律，对其私欲有所不便时，如彼复念及法律制裁之严刻，而强压制私欲时，亦可造成一精神之局促猥琐。否则仍可力求复在法律规定有未及处，曲解法律，制造法律，以畅遂其私欲。则民主政治制度仍不能使其下之社会政治即成为合道德理性要求之最善良之社会政治”[①]。

如果说自由主义民主政治是现代性的产物，那么唐君毅对民主政治的上述批评本质上即对以个人主义为基础的现代性的反省和质疑，此与查尔斯·泰勒（Charles Taylor）的反省如出一辙，在泰勒看来，我们所处的时代充斥着一种自我实现的个人主义，“这种个人主义导致以自我为中心，以及随之而来的对那些更大的、自我之外的问题和事务的封闭和漠然，无论这些问题和事务是宗教的、政治的，还是历史的。其后果是，生活被狭隘化和平庸化”[②]。这也就是说，唐君毅对民主政治的上述批评其实包含了他对现代民主政治背后的整个文化背景的反省。牟宗三对表现民主政治之精神原则亦即“理性之外延表现”的反省和批评，我们亦应从这一角度

① 唐君毅：《文化意识与道德理性》，载《唐君毅全集》卷二十，台湾学生书局，1986，第281－282页。

② 查尔斯·泰勒：《现代性之隐忧》，程炼译，中央编译出版社，2001，第17页。

来加以理解。是以牟宗三说:“形式的自由与权利上的平等都过问不着个人主观生命之如何顺适调畅其自己。如是,人们乃在此外在的纲维网中,熙熙攘攘,各为利来,各为利往,尽量地松弛,尽量地散乱,尽量地纷驰,玩弄巧慧,尽量地庸俗肤浅,虚无迷茫,不复见理性在哪里,理想之根在哪里,人生、宇宙之本源在哪里。”①

人之价值意识的消解必然导致民主实践上的诸多弊端,是以唐君毅认为:“民主政治之实践,根本是一选举的抉择。此抉择之能依于差别原则,而不能只依于平等原则。依于平等原则,只能说一切人皆有选举权和被选举权或被选举出之可能。以此原则,可以推翻一切特权阶级。此无问题。然如一切人皆同只有此可能,则一切人皆可被选出,一切人亦皆可不被选出。如果无‘差别原则’之加入,则积极的民主政治之实践,仍不能成就。此差别原则,如不依于人对于政治人物本身之才干道德之差别之辨识,则必然只能依于候选者之供宣传之金钱之差别,及善于宣传与否之差别,及其他之偶然的不相干的差别,以为决定;而使民主政治之实践中,并无真实的人与真实的人之政治关系之存在。此是民主政治之实践上最大的困难。”② 唐君毅的批评的确是现代民主政治在实践上不得不面对的重大问题,如果公民没有基本的价值意识,而仅以个人的权利、利益为考量,则现代民主政治下的选举的确无法保证德才兼备之士

① 牟宗三:《政道与治道》,载《牟宗三先生全集》卷十,联经出版事业公司,2003,第174页。

② 唐君毅:《中华人文与当今世界》下册,载《唐君毅全集》卷八,台湾学生书局,1988,第138页。

能被选出。唐君毅之所以强调平等原则与差别原则的结合，根本上是希望在保证人人平等这一民主精神的前提下，促使民主实践朝积极的形态发展，而差别原则在现实中的落实，自然只能以全体公民之价值意识的觉醒与增强为保障。

问题：探讨中国哲学的问题意识

中国哲学史学科已有百年历史。百年来，数代学者筚路蓝缕，艰苦探索，确立了本学科的基本范式和格局。在前贤与时贤的基础上，我与同仁编著的《中国哲学通史（学术版）》，2021年由江苏人民出版社出版。全套书含先秦卷、秦汉卷、魏晋南北朝卷、隋唐卷、宋元卷、明代卷、清代卷、现代卷、少数民族哲学卷、古代科学哲学卷等10卷，逾600万字。这是迄今为止，我国学术界出版的相对较为完备、翔实的中国哲学的通史性著作。这套书的写作、修订、编校、出版，历经15年之久。我们写的是“通史”，全套书特别在意前后通、上下通、内外通与人我通。这是我们的目标，是否达到此目标，请读者评说。

假此机缘，我想从理论与方法上讨论中国哲学史研究的若干问题，就教于各位方家。

一、中国哲学史的问题与问题意识

何谓哲学？中国有没有哲学？中国哲学讨论什么问题？问题之间有什么联系？有什么样的问题意识？这是我们经常面对的问题。

百年来，凡讨论中国哲学史，必先涉及哲学的定义。我们认为，哲学是人们关于宇宙、社会、人生的本源、存在、发展之过程、律则，以及其意义、价值等根本问题的追问、探求与体验。关于人与天、地、人、物、我之关系，宇宙与人的关系，人在宇宙中的地位，人的尊严与价值，人的安身立命之道等问题，当然都是哲学的题中应有之义。

所谓问题意识，是指人们在认识活动中对问题的提出、质疑、求索的心理状态。问题意识可以推动研究者的研究工作。作为研究者，我们一方面不一定完全了解自己的问题意识，另一方面又要力图了解研究对象的问题意识，这当然比较困难。

中国哲学史上的问题与问题意识的产生，主要是与时代的冲击、挑战有着密切的关联。不同时代的人，面对自然与人为环境的挑战有不同的应对方式。问题意识的产生与历史文化传统、社会心理、社会思潮、流派学说、师友人物有密切的关联。除了时代的不同，还有地域的差异，这是问题意识产生的时空背景。

中国的经典大都是启发式的，提出问题，并不告诉现成的答案。《论语》记录了孔子与弟子们的对谈、讨论，开篇即如是三问：

“学而时习之，不亦悦乎？有朋自远方来，不亦乐乎？人不知而不愠，不亦君子乎？”（《学而》）

孔子鼓励学生提问。他激赏当时民众与弟子们的提问，把提得好的问题表彰为“大哉问”，如林放请教“礼”之本质与本源的提问。孔子没有正面回答此问题，只是提示：执礼宁简毋繁，宁重内容毋重形式，心到了即可。

又如“子夏问曰”章。子夏问曰：“‘巧笑倩兮，美目盼兮，素以为绚兮。’何谓也？”子曰：“绘事后素。”曰：“礼后乎？”子曰：“起予者商也！始可与言诗已矣。”（《论语・八佾》）“绘事后素”，指先有白底子，再有图画。“礼后乎？”礼（乐）的产生在仁（义）之后吗？“起”，即启发。孔子认为子夏有举一反三的能力，能从《诗》中体悟到儒家的真谛，甚至对孔子自己都有所启发，故说可以与子夏讨论《诗经》了。

孔子激赏子夏由“绘事后素”而悟及“礼后”（礼的形式背后的人的真性）。这表明，仁是礼乐背后的精神。没有仁的礼乐，只是形式教条、虚伪仪节、支配性的社会强制力，使人不成其为真实的人。这正是孔子要批评的。

“仁远乎哉？我欲仁，斯仁至矣。”（《论语・述而》）这里也是以提问的方式启发学生体悟：礼乐形式背后的是生命的感通、人内在的真情实感和道德自觉。“仁道”及其标准并不远离我们，现实的人只要有自觉，只要想去行仁，仁就在这里了。“为仁由己，而由人乎哉？”“我欲仁，斯仁至矣。”这两句话在世界道德哲学思想资料中，都算是较早的慧见。这表明，道德是真正显示人之自我主宰的行为，道德是自己对自己下命令。不仅如此，道德还是自觉而且自愿的，是“由己”而不是“由人”的，即不是听任他律的制约或他力的驱使。

孔子提倡启发式教学。他说：“不愤不启，不悱不发，举一隅，不以三隅反，则不复也。”（《论语·述而》）教导学生，不到他想求明白而不得的时候，不去开导他；不到他想说出来却说不出的时候，不去启发他。如果他不能从一件事情类推知道许多其他事情，就先不要往下进行了。

朱子注云：“愤者，心求通而未得之意。悱者，口欲言而未能之貌。启，谓开其意。发，谓达其辞。物之有四隅者，举一可知其三。反者，还以相证之义。复，再告也。”[1]“愤”，心里想求通而又未通。“悱”，想说又不知道怎么说。大意为，学生如果不是经过冥思苦想而又想不通时，就不去启发他；如果不经过思考并有所体会，想说却说不出来时，就不去开导他。这里生动地描述了人的问题意识及其最初表达的情形。

而《老子》更重视的是反向和否定性思维的智慧。

老子是怎么提出并解决问题呢？他指出，获得知识靠积累，要用加法或乘法，一步步肯定；而体验或把握“道”则要用减法或除法，一步步否定。在他和他的后学看来，真正的问题意识，必须从否定入手，一步步减损掉对外在之物的占有欲及对功名利禄的追逐与攀缘，一层层除去表面的偏见、执着、错误，穿透到玄奥的深层

① 朱熹：《四书章句集注》，中华书局，1983，第95页。

去。“为学日益，为道日损，损之又损，以至于无为。无为而无不为。”（48章）减损知、欲、有为，才能照见大道。“损”，是修养的功夫，是一个过程。我们面对一现象，要视之为表象；得到一真理，要视之为相对真理；进而层层追寻真理的内在意蕴。宇宙、人生的真谛与奥秘，是剥落了层层偏见之后才能一步步见到的，最后豁然贯通于我们内在的精神生命中。“无为而无不为”，即不特意去做某些事情，依事物的本性，顺其自然地去做。[①]

老子并不绝对地排斥圣、智、仁、义、学问、知识，但显而易见的是，他十分警惕知、欲、巧、利、圣、智、仁、义对于人与生俱来的真正的智慧、领悟力、德性的损伤与破坏，他害怕小聪明、小智慧、小利益以及外在的伦理规范影响人之天性的养育，戕害了赤子般的、看似懵懂无知实则有大问题、大智慧、大聪明、大孝慈、大道德的事物。道家以否定的方式（不是从实有的层面上否定），消解知识、名教、文明建制、礼乐仁义、圣智巧利、他人共在等所造成的文明异化和个体自身的旁落。老子批评了儒家的仁、义、忠、孝、礼、智、信等德目，但并不是主张取消一切德目。老子追求的是真正的道德、仁义、忠信、孝慈。所以，从根本上来说，他恰恰是主张性善、仁爱、忠孝、信义的。他相信自然之性为善，返璞归真、真情实感是最大的善。从这个意义上来说，老子也是人性本善论者，他对人性抱有很高的期望。

从上述可以看到儒道两家宗师孔子与老子的提问方式、问题意

① 参见方东美：《原始儒家道家哲学》，黎明文化事业公司，1987，第191页。

识的不同，也恰恰构成互补，足见中国哲学内部具有叩问、反思、怀疑、批判、检视的兴趣与能力。

长期以来，中国哲学家最重视的是天人、性命的问题。

就天人关系而论，从屈原《天问》提出“上下未形，何由考之”等二百多个问题，到庄子、荀子有关天人之际的丰富机智的追问与辩说（庄子说“知天之所为，知人之所为者，至矣”；荀子说“天行有常”“明于天人之分”），再到唐代柳宗元的“不相预”、刘禹锡的“交相胜”的解读，关于天与人及其关系的讨论激烈且有深度。

儒道诸家对天、地精神的信仰及对天命的敬畏，相信人与天在精神上的契合，由此对天下万物、有情众生之内在价值，油然而生出博大的同情心，进而洞见天地同根、万物一体。人与天地万物是共同体，这就把人类的生存与其他类的生存联系起来了，把人类共同体在空间上拓展了，在时间上延长了。

人性问题历来是人类文明发展过程中不可回避且讨论激烈的话题，古今中外皆然。孟子所处的战国时期，关于人性也是众说纷纭。在《孟子·告子上》所载弟子公都子的提问中，提到了当时关于人性的几种有代表性的观点：一是告子主张的“性无善无不善”，二是“性可以为善，可以为不善”，三是“有性善，有性不善”。王充在《论衡·本性》中对以上诸说有所论述，指出持第二种看法的人接近周人世硕。世硕的看法是性有善有恶，至于人之趋向于善或恶，取决于“所养”，即后天的环境、教育的影响。孔门宓子贱、漆雕开、公孙尼子都主张性有善有恶。孟子在中国哲学史上第一次明确提出了关于人性的新看法，即善性良知是天赋予人的，是先天的，是人与动物或他物相区别的类特性、类本质，绝不可抹杀这看似只有一点点，实则是天壤、云泥之差别。荀子则指出，在经验的层面上，人性是恶的，人之为善是后天的，应通过教育等方式来“化性起伪”。孟子、荀子的问题意识层面不同，一先验一经验，一理想一现实。他们开启了中国人性论论争的思想闸门。

哲学史就是问题史。一代又一代哲学家不断地提出、辩论与解决有关的问题，构成了哲学的历史。不同历史时期、阶段的哲学有自己时代的烙印，即对自己时代精神的呼应，以及解决此时代问题取得的哲学成果。另外，人类的各族群的哲学思考，又总是围绕人与自然、社会与人生的基本关系而展开的，因而有其普遍的问题。例如先秦哲学家提出了“天人之际、性命之源”的问题，到汉代至唐代，“天人性命”之学得以深化和扩大。在儒释道三家碰撞、融合的过程中，在超越的终极归宿与世俗生活的张力下，安身立命的问题更为凸显。各种各样的对人身、人心、人性与修养问题的讨论颇为激烈，尤以中国化的佛教和中国本土的道教为盛。在此一时期，人如何超越现世而又不脱离现世的问题成为中心问题。汉代哲学之“天人感应”中的人的生存、生死形神问题与人性问题；魏晋玄学中的有无、本末、体用、一多、名教与自然、言意之辨；道教中的元气、长生、神仙、养气炼形、内外丹、重玄、凝神收心、性命双修诸说；佛教中的“真心”“妄心”之争，佛性之“本有”“当有”之辨，“一心开二门”之论，以及“圆融三谛”“一念三千”“转识成智”“理事无碍”“自性即佛”诸论，凡此种种，都是围绕着人的精神超越与现世生存（圣与凡）这一中心问题而展开的。这一时期的哲学，由于佛教的传入，在人的心、性、情、才与认知结构，人与世界的多重关系，个体自我的神圣完满性（佛性），能动的主体与重重无尽的世界的关系，顿悟、直觉、创造思维的爆发力，以及超越意境的追求等方面的体认或研究，都比先秦哲学更为精深。普遍性问题在各时代表现为不同的关切，然而不同的哲学样貌背后都有普遍性的问题。

张岱年先生于1936年写成的《中国哲学大纲》一书，副题为“中国哲学问题史”，是以问题与范畴为纲，论述中国古典哲学发展演变的书，是书强调中国哲学问题的条理体系，值得咀嚼。他认为，中国哲学有自身的系统，其内容约略可分为宇宙论或天道论、人生论或人道论、致知论或方法论、修养论与政治论五个部分，以前三个部分为主干。张先生这部著作的特点是凸显了中国哲学自身的问题，以解读中国哲学的范畴为中心。如宇宙论中包含两论，一是本根论或道体论，二是大化论。本根论讨论的是道、太极、阴阳、理气等。大化论讨论的是变易与常则、反复、两一、大化、终始、有无等。人生论包含四论：天人关系论、人性论、人生理想论、人生问题论。天人关系论讨论的是人在宇宙中的位置、天人合一、天人有分与天人相胜等。人性论讨论的是性善与性恶、性无善恶与性超善恶、性有善有恶与性三品、性两元论与性一元论及心之诸说等。人生理想论讨论的是仁、兼爱、无为、有为、诚及与天为一、与理为一、明心、践形等。人生问题论讨论的是义与利、命与非命、兼与独、自然与人为、损与益、动与静、欲与理、情与无情、人死与不朽及志功问题等。致知论包含知论与方法论等。

问题意识在哲学史上常常转化为命题、词语、范畴（乃至范畴系统）、思维方式，成为一定的范式。在时代变革时，人们会突破旧范式，采用新范式。例如：先秦的道、气、阴阳、五行、和同；两汉的形神、虚实；儒家的天、仁、诚；道家的道（一）、无、有；玄学的有无、本末、体用、动静、言意、自然与名教；道教的性命、内外丹、玄、道、一、体用、心境；佛教的因果、体相用、止观、一心三观、一念三千、四法界、六相圆融、十玄缘起、理事无碍、一即一切、自性是佛、平常即道；理学的太虚、一两、天地之性、气质之性、天理、理气、心性、格物、致知、持敬、居敬穷理、理一分殊、心统性情、道器、理欲、功夫、本体、乾坤并建、两端一致、内圣外王等。

中国哲学的中心问题及问题意识与西方哲学有同有异，且同中有异、异中有同。与犹太-基督教式的创世论最大的不同，在于中国没有至高无上的造物主。在解释宇宙如何形成的问题上，李约瑟指出，中国的宇宙生成论主张的是一个有机的过程，即宇宙的各个部分都从属于一个有机的整体，它们都参与到这个本然自生的生命过程的相互作用之中，这是个天才卓荦的观念。

中西人文主义是两种不同的类型，中国是内在人文主义，西方是外在人文主义。中国传统的个体不是原子论式的个体，而是关系性或整合性的个体。

中国哲学的基本关怀与问题，环绕着天道、地道与人道的关系而展开，或抽绎为道，展开为道与人、道与物、道与言等。宋代以后，道的问题转化为理或心的问题。

在这样的哲学问题与问题意识下，中国哲学中的天人关系论、宇宙生成论、群己关系论、治身治国论、天道性命与心性情才论、德性修养的功夫论与境界论、知行关系与古今关系论、由道德直觉到智性直观等论说，都比较发达。

二、中国哲学史的主体性

研究、撰著《中国哲学史》还有主体性的问题吗？有。

金岳霖曾说过，他看胡適的《中国哲学史大纲》，“有的时候简直觉得那本书的作者是一个研究中国思想的美国人”[①]，因为胡先生是基于多数美国人的成见写出这部书的。

外国学者研究、撰著中国哲学并非都带有偏见，他们有他们的主体性，有独到的眼光或视域。他们的研究硕果累累，值得我们珍视与尊重。但我这里所讲的是中国学者的主体性和“中国哲学史”学科的自主性与自立性。

有人按照西方哲学思想的框架、模式、观念、概念和问题，把中国哲学史拆卸之后重新组装起来。这样的拆卸和组装，使得中国哲学思想及其历史丧失了属于自己的生命，失去了本己性、系统性与主体性。我们希望在与西方哲学的比照、对话中，超越西方哲学的体系、框架、范畴的束缚，确立起我们中华民族的哲学传统、哲

① 冯友兰：《中国哲学史》（上），载《三松堂全集》卷二，河南人民出版社，2001，第618页。

学智慧与哲学思维的自主性或主体性。

有人不承认中国有哲学，只承认中国有思想。也就是说，中国没有哲学史，只有思想史。这部分原因出于对“哲学”的定义不同，所以本章在第一部分的开头就说明了我们的哲学定义。还有部分原因则是缺乏“文化自信”，似乎只有古希腊、西方才有哲学。我们不仅肯定中国有哲学，而且肯定中国哲学有其长处与特点。

与西方哲学相较，中国哲学存在其自身的特殊性，中国哲学中心论域的天人性命之学就是西方所罕有的。我们强调中国哲学的特殊性，因为这是建立中国哲学主体性的前提。

以汉字为载体的中国哲学是独有的、原创的，有自己独特的产生、发展的历史，但绝不是孤绝、封闭的。中国哲学曾成功地消化、吸收了印度传来的佛教，并形成了中国化的佛教宗派，如天台宗、华严宗与禅宗等，这些佛教宗派传到东亚，又继续与中国本土哲学和文化相结合，形成宋明清时期的主流精神——道学（或称理学）。自明中叶以降，中国哲学又处在与西方文化、宗教、哲学碰撞和交融的过程中。

我们分析出了中国哲学所具有的特色：存有连续与生机自然、整体和谐与天人合一、自强不息与创造革新、德性修养与内在超越、秩序建构与正义诉求、具体理性与象数思维、知行合一与简易精神。[①]

从本章第一部分的讨论来看，不同时空中国人的问题及“问题

① 详见郭齐勇：《中国哲学通史·先秦卷》，江苏人民出版社，2021，第 10－19 页。

意识”的确有其特点，中国哲学的特色与这些问题及“问题意识”有关。

中国哲学是生命的学问，中国人依照着它而生活、实践，它不是与人的生活不相干的教条。

中国文化“尊生”“重生”、创造日新的文化，所崇拜的“生”即创造性本身。《周易·系辞传》上曰：“富有之谓大业，日新之谓盛德，生生之谓易。”宇宙间最高的原理就是：一切都在迁流创化中发展着，宇宙是生生不息、日化日新的大历程，生长衰亡、新陈代谢，永不停息。

张岱年先生曾经这样概括中国古代哲学关于“生”的观念：“‘生’，是中国古典哲学的一个重要范畴。中国古典著作中所谓‘生’，具有多层含义，有生成之生，亦即化生之生；有生命之生，亦称为生灵；有生存之生，亦即生养之生。”[①]

牟宗三先生说：“中国文化之开端，哲学观念之呈现，着眼点在生命，故中国文化所关心的是‘生命’，而西方文化的重点，其所关心的是‘自然’或‘外在对象’（nature or external object），这是领导线索。”[②] 西方文化与哲学把自然看作外在对象，中国文化与哲学则把自然看作与人融通为一体的存在，表现在《易传》的宇宙论中，即天、地、人三才统一，统一的内在本质即“生命”。

“天行健，君子以自强不息；地势坤，君子以厚德载物。”人们效法天地的，就是这种不断进取、刚健自强的精神与包容不同的

---

① 张岱年：《中国古典哲学概念范畴要论》，中国社会科学出版社，1987，第148页。

② 牟宗三：《中西哲学之会通十四讲》，上海古籍出版社，1997，第11页。

人、事物、文化和思想的胸怀。

世界自身的永恒运动、创新、变化、发展，自我更新、自我否定，日生日成、日新其德，革故鼎新、除旧布新，是中国文化的主调。创新的动力，来自世界或事物自身内部的张力或矛盾。中国文化凸显了积极有为、自强不息的精神，强调革故鼎新、创造进取，人要向天地学习。无数的仁人志士奋发前行，不屈服于恶劣的环境、恶势力与外来侵略者的凌辱压迫，正是这种刚健坚毅的精神使然。

在历史分期上，我们将中国哲学史分为创立、扩大、融会、潜藏四个时期，这也是生命成长的过程。

宋元明清是儒释道三家的融合期，当然这种融合是以儒家思想为主体的。在这一时期，朱子与同时代的学者（吕祖谦、陆氏兄弟、陈亮、叶適等）间的辩论，朱子之后的阳明学及明代的心学、气学诸论，乃至清初大儒的反省等，尽管异彩纷呈、创见迭出、派系繁复、争论不休，然合而观之，其所同大于所异，深论细节，例如功夫论上千差万别，而总体上或先立乎其大者，却莫不是仍旧环绕着一个中心而展开的，这个中心就是对佛道二教做内在性的批评、扬弃、消化，重建中国人自己的宇宙论与本体论，解决中国人的精神归宿问题（信念、信仰、终极性等）及超越追求与现实关怀的关系问题。理学重建了宇宙本体论和心性修养论，重建了道德形上学的体系。这一时期的哲学在中国哲学史上的最大贡献是抽象程度很高，不仅讨论宇宙自然的发生与发展，而且进一步讨论天地万物的根据、本源和普遍规律等形而上的问题，包括人的终极关怀的问题。像经学、子学、玄学、理学和中国佛学这样的哲学，只有在中国才可能产生。这就是中国哲学的独特性或主体性。

我们不仅普遍地肯定中国哲学的独特性或主体性，还特别重视中国哲学在世界、在未来的意义与价值，即中国哲学中有的理论、观点、方法的普遍性和普适性。因此中国哲学早已走出国门，与外域不同民族的哲学相辅相成，并育而不相害。

任何地域和民族的具体、特殊的精神资源中都有其普遍意义。在中西文化、哲学的比较研究与中国哲学学科的构建方面，我们注意同中之异、异中之同、殊中之共、共中之殊，注意普遍、特殊之间的复杂关系。当然不能把中西之别的问题化约为古今之异的问题，不能把古、今、中、西、同、异的任何一方及其关系任意加以忽略、割裂或夸大。中西历史上的哲学家所面对、关注、解决的问题有相似性和差异性。中华各民族文化中的哲学智慧绝不亚于西方。

坚持中国哲学的主体性，绝不是故步自封、狂妄自大，也不是堕入狭隘的民族主义。相反，其内在的要求是生命的活力，即开放多元。我们了解自己的长处，也要了解自己的短处，虚心学习别人的长处，取长补短，完善自我。

《中国哲学通史（学术版）》研究与撰写的主体是当代中国学者。我们研究的对象是中华古今哲学思潮、流派、人物与典籍，其中包括了各民族。我们设置了《少数民族哲学》专卷，这是一个创新。我们重视少数民族的哲学智慧与成就，深入研究其特征、渊源与发展过程。我们认为，即使以汉字为载体的哲学典籍文献，也不是汉族专有的，而是为古今各民族所共有，包含了大家庭中各兄弟民族的哲学贡献。专卷以“民族哲学研究与中国哲学的未来之路”为基本出发点，谋求用中国少数民族哲学开拓中国哲学史的未来之路，以形成涵盖各民族哲学的中华民族哲学史的新传统。

三、中国哲学史研究的方法论

一旦涉及中国哲学史的方法论问题，当然离不开“理解”与“批判”、“继承”与“原创”、“传统”与“现实”等关系问题。所谓“批判”，是在全面深入理解基础上所做的内在性的批评，而不是不相干的外在批评；所谓“原创”“创新”，不是无源之水、无本之木，不是玄想，不是标新立异，不是剑走偏锋，而是真正在全面继承基础上所做的开拓，是扬弃（既保留又克服）；弘扬传统并不意味着脱离现实，而是调动并创造性转化传统文化资源，以其中的某些因素介入、参与、批判、提升现实，促使传统与现代的互动。

以下从五个方面来论述中国哲学史的研究方法与方法论问题：

第一是健康的心态与高尚的境界。我们应以同情的理解或理解的同情，以钱穆先生所说的“温情与敬意”的态度，来看待我们研究的对象，不能居高临下、粗暴地对待哲学史上的思潮、流派、人物与典籍。我们批评、超越传统，但内在性的批评与思想的训练一定要以同情的理解为前提。因为，必须有深刻的、同情的理解才能做好哲学思想史研究。

中国哲学史工作者还要提升自己的思想境界，把真善美结合起来，这样才有史德，以史德统率史才、史学、史识。唐君毅说："吾人皆可有开拓此心量，以由小至大之道。此诸活动，或关于真理，或关于美，皆不直接关于道德上之善。然真美之自身，亦是一种善。人对真美之境之体验，则为直接开拓上述之精神之空间，以成就尽性立命之道德实践者。"[①] 唐君毅开拓精神空间、成就成德之教以"立人极"的文化哲学，是在融摄、吸收了中西哲学之后所建构的理想主义的真善美统一的文化哲学。

中国哲学史工作者应努力把理想主义和理性主义统一起来。按唐君毅的理解，人类今后之哲学应当本着理性以建立理想，而重新接上近代理性主义、理想主义的传统。同时，他又从中国哲学中发掘出本诸人之性情的生命理性、生活理性、实践理性和不脱离现实世界的崇高理想，从而希望现实的人把实然与当然、情感与理性、现实与理想、知与行、仁与智统一起来。我们认为，这也适用于中国哲学史工作者，由此才有健康平和的心态和开阔包容的胸襟。

第二是打好做学问的基础。应重视训诂、考据，有文字学和文献学的基本功，包括文字、音韵、训诂、校勘、辨伪与辑佚等能力，重视资料与文献的鉴别、爬梳与点校的训练，还要有史料学的基础。张岱年、萧萐父等前辈都十分重视史料学，都讲过此类课程并出版了专著。前辈学者告诫我们，要下功夫研究、发掘第一手原始资料与文献，并且重视对海内外已有学术成果的研读，即对学术

① 唐君毅：《生命存在与心灵境界》下册，载《唐君毅全集》卷二十四，台湾学生书局，1986，第305页。

前史的通晓。《中国哲学通史（学术版）》特别注重对第一手史料的爬梳，包含对新出土的简帛资料及其研究成果的重视，各位作者都有个案研究基础，在此基础上对哲学史上的代表性人物及其代表性著作，做了深入的评析和阐释。

我们应如陈垣先生所要求的，对所研究的相关资料做到“竭泽而渔”，从对已有成果的研读、反思中发现问题，然后抓住问题深入研究，超越已有成果。我们研究是有思想的学术和有学术的思想。思想离开了学术是空疏的，学术离开了思想是盲目的。能这样做，前提是有扎实、朴拙的学风。在此基础上，才有真知灼见，创新见解。

第三是逻辑与历史的一致。在撰写过程中，我们反复强调要把握逻辑与历史结合的“度”。逻辑与历史统一的背景是，没有逻辑条理就无法整理杂乱无章的纷繁史料，没有生动活泼的生活及其资料，哪来的理论与逻辑？逻辑与历史的一致，仍然是非常重要的哲学史方法论原则，并没有过时。在一定意义上，哲学史就是哲学。

《中国哲学通史（学术版）》对中国哲学史上每个时代重要的思潮、流派、人物、著作在发展过程中与社会历史文化密切的关联有深度理解，并通过提炼的功夫，把关注点聚焦于哲学问题、命题与范畴。

当然，哲学话语方式并非一定要是形式的、逻辑的、规范的。从问题意识的敏感性和启发性来看，我觉得应当保留对话的、故事的、语录式的、场景式的或韵文诗的形式，例如《论语》《孟子》《老子》《庄子》，以及禅宗的公案、宋明理学家的语录等。

我们都曾为五祖弘忍大师传法给六祖的故事所倾倒，都记得那几首诗（偈子）。

神秀和尚的诗是：

> 身是菩提树，心如明镜台。
> 时时勤拂拭，莫使有尘埃。

弘忍认为这并没有达到明心见性的境界，但指出依此偈颂修行可以免堕恶道，嘱咐大家抄写背诵。

慧能在碓房听到他人背诵，不能苟同，因此作了两偈，请人代写。第一首是：

> 菩提本无树，明镜亦无台。
> 佛性常清净，何处有尘埃。

又一偈为：

> 身是菩提树，心为明镜台。
> 明镜本清净，何处染尘埃？（以上据敦煌本《坛经》）

这故事与诗太生动、太有启发性、太有韵味了。相形之下，今天我等的所谓哲学论著太干瘪、太枯燥、太无趣了。我们希望回到这种诗化哲学的境界。萧萐父先生提出哲学史的纯化与泛化的有张力的统一观（纯化是把哲学问题提炼出来，泛化是还原到思想史、学术史、文化史或某个部类中去）；纯化为范畴史，泛化为文化史，要保持两者的张力。萧先生也提倡诗化哲学，还写了一些哲理诗。

第四是经典诠释中的追问与创新。中国哲学史界近几十年来对古代经典诠释的方法学讨论值得重视。汤一介先生曾总结了中国古代经典诠释的三种路向：一是“历史事件的解释”；二是“整体性的哲学解释”；三是“社会政治运作型的解释”。[①] 这些都是值得我们讨论的一些问题，都可以丰富我们的哲学史研究。伽达默尔 101 岁时告诫中国学者，不应忽视对本民族及文化传统中丰富的、具有特色的解释学思想的分析与提炼，它也可以给西方提供某种借鉴与启示，对此我们应倍加珍惜。

我们采取了解释学的方式与追问的方式。解释学的方式是我们同情地理解前人的思想，置身于历史情境中去理解；追问的方式是我们的价值观念要在其中有所体现，之所以追问，是因为这些问题对我们有意义。

第五是回到本章前面谈到的“问题意识”。应自觉培养“问题意识”，以此启导研究步步深入。例如，中国古代知识或科学与哲学的关系一直是中国哲学史研究中的薄弱环节，绝大部分著作对于哲学思考中所涉及的科学问题没有给予足够的重视，对于知识或科学活动中的哲学认识或关心同样也没有给予足够的重视。我们设专卷考察和探讨中国古代哲学与知识或科学的关系，这既包括知识或科学对哲学的影响，也包括哲学对知识或科学的影响。

我们通过了解古人的思想来锻炼、提升、培养自己的“思想力”，尤其期望学会把握古人思想的内在脉络，这才是批判的基础。

---

① 参见汤一介：《论创建中国解释科学问题》，《学术界》2001 年第 4 期。

因此，我们要时时理解中国哲学各家各派的边界与限制。当然，要做好学问首先是要老老实实地读书，不要说大话，而要讲出道理，要有材料根据；要有自知之明，自虚其心、自空其说。这并不妨碍问题意识的产生，并且能尽可能避免武断专横。

附：我的学思历程

我是湖北省武汉市人，1947 年 10 月出生于武昌一个小商家庭。祖父有点文化，毕业于武昌高级商业学堂，曾当过湖北艺专的总务科长，在当地属于社会贤达，有一定的威望。父亲是长子，很小即在布店当过学徒、当过店员，做过资方代理人，后来做点小生意养家糊口。母亲操持家务。父亲他们那一辈兄弟姐妹八人，我们这一辈兄弟姐妹七人，我是男孩中最小的一个，有四位兄长、一姐一妹。

我于 1954—1960 年在武昌区保安街小学读书，1960—1966 年在武汉市第十四中学读书，1966 年高中毕业，1968—1970 年作为知青的一员，在湖北省天门县杨场公社金星一大队四小队插队落户当农民，1970—1978 年在湖北省化工厂（厂址在湖北应城）动力分厂当工人，1978 年考入武汉大学哲学系读本科，提前半年毕业，于

1981 年考上硕士研究生，1982—1984 年攻读硕士学位，师从萧萐父、唐明邦、李德永教授。

1984 年底硕士毕业后，我留校在哲学系任教。1989 年 1 月晋升为副教授。1987—1990 年在职攻读博士学位，师从萧萐父先生。1992 年 8 月获武汉大学哲学博士学位。1993 年 3 月晋升为教授，同年 10 月增列为博士生导师。我一直任武汉大学哲学学院与国学院教授、博士生导师，曾兼任人文学院院长（2000—2003）、哲学学院院长（2003—2007）、哲学学院学术和教授委员会主任（2007—2017）、中国传统文化研究中心副主任（2001—2017）及学术委员会主任（2008—2017）和荣誉主任（2017— ）、校学位评定委员会委员兼人文学部召集人（2001—2016）、校学术委员会委员暨人文学部学术分委员会主任（2001—2020）、国学院院长（2010—2022）和名誉院长（2022— ）。

社会兼职如下：国际中国哲学学会（ISCP）会长（2005—2007）和副执行长（2007—2016）、国务院学位委员会哲学学科评议组成员（第五、六届，2003—2014）、教育部高等学校哲学教学指导委员会副主任（两届，2001—2013）、国家社会科学基金哲学学科评审组专家（2009— ）、中国哲学史学会副会长（第五至第八届，1999—2018）、中华孔子学会副会长（2005— ）、国际儒学联合会（ICA）理事暨学术委员（2004—2018）与顾问（2018— ）、湖北省文史研究馆馆员（2013— ）等。曾被邀请到美国哈佛大学、日本关西大学、台湾大学做访问学者，德国特里尔大学和台湾政治大学的客座教授，香港中文大学新亚儒学讲座教授。曾到哈佛大学、东京大学、早稻田大学、慕尼黑大学、莱比锡大学、俄罗斯科学院、首尔大学、台湾大学、香港中文大学等名校讲学。曾到慕尼黑大学、伦敦大学国王学院、鲁汶大学等校出席国际学术会议。

从1993年起，享受国务院政府特殊津贴；1997年被评为湖北省有突出贡献的中青年专家。曾获原国家教委首届人文社会科学优秀成果著作类二等奖（1995年），原国家新闻出版总署第六届国家图书奖提名奖（2003年），教育部全国优秀博士论文指导教师奖（2001年）、国家级教学名师奖（2006年）、国家级优秀教学成果二等奖（2009年），湖北省社会科学优秀成果著作类二等奖（2004年第四届）、论文类一等奖（2013年第八届）、著作类一等奖（2020年第十二届）、优秀教学成果一等奖（2009年），以及宝钢优秀教师特等奖（2011年）、文化部与山东省政府主办的第八届世界儒学大会颁发的“世界儒学研究杰出人物”奖（2017年）。所著《中国儒学之精神》《儒学与现代化的新探讨》《现当代新儒学思潮研究》获岳麓书院、凤凰网主办的国学大典的国学成果奖。2008—2012年主持国家社科基金重大项目“中国哲学史教材编写”。所讲“中国古代思想智慧”系列课程，于2012年进入首批国家级精品视频公开课。

我主要从事中国哲学史的教学与研究工作，专长为中国哲学史、儒家哲学与20世纪中国哲学，是国家重点学科“武汉大学中国哲学学科”学术带头人，在海内外学术刊物上发表论文两百余篇。主要著作有：《中国哲学史》《中国儒学之精神》《现当代新儒学思潮研究》《中国哲学智慧的探索》《中华人文精神的重建》《儒学与现代化的新探讨》《熊十力哲学研究》《熊十力传论》《郭齐勇自选集》《文化学概论》《守先待后：文化与人生随笔》《儒学新论》《中国文化精神的特质》《中国人的智慧》《中国思想的创造性转化》《中国哲学史十讲》《郭齐勇新儒学论文精选集》《中国哲学通史·先秦卷》，以上为独著；《诸子学通论》《梁漱溟哲学思想》《钱穆评传》《传统氤氲与现代转型》，以上为合著；还与冯达文共同主编《新编中国哲学史》，主编《熊十力卷》、《中国古典哲学名著选读》、《当代中国哲学研究》、《中国哲学史经典精读》、《儒家文化研究》辑刊等，另外主编十卷本《中国哲学通史（学术版）》。

一、读书、教书与恩师指导

先谈谈我的读书和教书。我们这批1978年进校的学生，年龄相差十几岁，几乎是两代人。我们如饥似渴地读书、听讲座、跑图书馆。这一届同学特别多样化，不少同学都以自由思想、独立人格为学习的宗旨。读本科的时候，我和李明华、周民锋等同学编过一个油印的习作集，叫《求索》，出了三集。我自己也在校学生会的学习部当过副部长和部长，做过一些组织讲座与学习竞赛之类的工作。改革开放是什么意思呢？按照邓小平同志的话说，就是解放思想、实事求是。当时有思想解放运动，武汉大学的老师们聘请了一些有改革精神的学者来，他们的观点可以说是振聋发聩。

我们当时最喜欢的课程是陈修斋与杨祖陶老师合上的“西方哲学史”，使用的教材是他们编写的用劣质黑纸印的《欧洲哲学史稿》。再就是萧萐父、李德永、唐明邦老师合开的“中国哲学史”。这两门课都是一学年的课程，一周三次，每次两节，课程量很大。当时学校的学制很灵活，我们和77级的同学只相差半年，77级的同学是1978年2月份进校的，78级的同学是1978年10月份入校的。因为很多课程是跟77级合上的，所以我学分修满后，和77级的同学一起考上了81级的中国哲学史专业的研究生，提前半年毕业了。虽说是81级研究生，但有招生和考试的过程，所以我们读研究生的时间是从1982年的2月份到1984年的12月份。掐指一算，我在武汉大学本科和研究生一起读了6年，从1984年12月开始留校任教，在中国哲学史教研室工作差不多共39年，算起来在武大已经待了45年。

1985年到1987年我当助教，1987年升任讲师。1986年教育部批准了武大哲学系中国哲学专业的博士点，这是国务院的第三批博士点，萧老师成了博士生导师。我很荣幸地考上了87届的博士。1987年以后，我是边读书边教书，1990年顺利通过博士学位论文答辩，但由于种种原因延迟了两年，1992年才获得博士学位。我于1989年1月份升任副教授，1993年3月升任教授，同年被增列为博士生导师。我在学校当教书匠36年，我的生活无非就是读书、教书。读书是基础，也是我的日常生活，我读的主要是中西方哲学的经典，其中以中国的为主。萧老师、李老师、唐老师三位老师待我非常平易亲切，在他们的提携之下，我从助教、讲师一步一步做到副教授、教授。萧老师不仅学术根底扎实，而且思想活跃，他深深地影响了我的一生。萧老师已过世15年，但每当我遇到问题，都会想想如果老师在，他会怎样处理这样的事情。

我最想说的话和最深的感慨是：感恩武大、感恩老师，也感恩我的学生。因为如果没有武大，没有武大的老师和同学，也就没有我。我出身小商家庭，当过知青和工人，是社会底层的劳动者，那时我不知道世界上还有这么多的哲学智慧。要是说有什么最大的遗憾，那就是我自觉来日无多，有些书还没有读，所以要赶忙去读书，现在还在抓紧时间读书。

回想起当初，我并未选择哲学系，而是被调剂到哲学系的。1978年高考的时候，我的第一志愿是中文系，第二志愿是历史系，第三志愿才是哲学系。虽然以前我在当知青、工人的时候接触过哲学，读过汪子嵩等编的《欧洲哲学史简编》、杨荣国编的《简明中国哲学史》，但我胆子很小，觉得哲学太深奥。直到后来分到哲学系后，我才发现我最适合学哲学。因为文学很灵动，而我的年龄已经偏大，我的同学以二十多岁的为主，还有十六七岁的，可我已经三十一岁了。反过来说，我积累的生活经验比他们丰富一些，对于哲学问题，我的理解也更加契合。

当时恰逢改革开放推动了真理标准问题的大讨论，冲破“两个凡是”，一下子使我们觉得学习哲学不仅是一个追求智慧、追求真理的过程，也是丰富自己、认识自己的过程。关于真理问题的大讨论，启发我们思考什么是真理、真理的标准是什么、什么是真善美，以及人是什么、人生的意义与价值何在等问题。很多问题都值得我们从古希腊到近代的西方哲学、从先秦到现代的中国哲学去叩问、反哺和提升，去习得一种看待问题的方法。所以哲学系虽不是我的第一志愿，但分配到哲学系，我感到很幸运、很契合。与我过去那些盲目的、知识性的积累不同，哲学开启的是一种智慧的追求。

我很幸运遇到名师。我的三位老师，萧萐父、李德永、唐明邦三位老师的文章的影响，令我终生难忘。萧老师、李老师、唐老师，当时叫“三驾马车”，萧老师挂帅，李老师和唐老师去落实。他们三个人年龄相仿，但是李老师、唐老师都非常尊重萧老师。三位老师对我的培养，身教重于言教。如果没有三位老师对我的教育、批评和指导，就没有我的成长。

中国传统教育用孔子的话来说是“为己之学”，用孟子的话来说是“从游”。所谓“为己之学”，不是“为人之学”，是说学习是自己受用的，与身心修养密切相关的，而不是装模作样做给别人看的。所谓“从游”，就像小鱼跟着大鱼一样。对此我深有体会。我是萧老师等三位老师带的第三届硕士生，我跟老师们一起生活，一起应对生活中的风波、人生的坎坷，也一起接受时代的考验。老师带我们这些学生，到我们协助老师带学生，再到后来我们自己单独带学生，一个重要的体会就是老师和学生一起成长。

萧老师带我们的经验中有一条特别有意思，他不仅把知识、为人为学的方式，通过言传身教，倾其所有地传授给我们，而且把他尊重的学界朋友也介绍给我们。那时候即使很穷，老师们还是会积极筹措资金，鼓励我们去请教外地的老师，让我们去游学。我就曾去北京大学拜访了冯友兰先生、张岱年先生、周辅成先生、朱伯崑先生、汤一介先生，去中国人民大学拜访了石峻先生，到中国社科院拜访了任继愈先生，到上海华东师大拜访了冯契先生，等等。只要是有关的学术会议，老师们都会争取名额带我们去参加，即使他们不能去，也尽力介绍我们去。这些传统我们都继承了下来，特别是访问前贤。

为了研究熊十力先生，在萧老师的介绍下，我访问了几十位哲学界的前辈，包括张申府先生、梁漱溟先生，我都去他们家里拜访，他们都很平易近人。我访问他们的时候，他们比我现在的年岁还要高，他们都是在民国初年就很活跃的人物，都已经是世纪老人了。20 世纪 20 年代到 40 年代期间，有很多西方哲学家访华，都是他们邀请的，比如张申府先生是第一个研究罗素的中国人。我们能够亲近这样一些前辈大家，都是老师提供的机会。那时候没有电话，都是靠写推荐信、介绍信。萧老师也接待天南地北的老师们和他们的弟子到武汉大学访学。这是老师培养我们的经验，也是后来我们培养学生的经验，就是要访问前贤，直接去面对这些前辈，去提问、对话、思考。

另一条经验是边干边学，在干中学。一方面老师们强调我们要死读书下功夫，特别是要深耕经典，一个字一个字地读，一点儿都不能浮皮潦草。他们还鼓励学生批评老师，像黄卫平同学写文章批评萧老师的观点，萧老师就在学生中表扬他，还把他的文章推荐出去发表。（文科的老师就是要指导学生读原著经典，启发他们思考问题，鼓励他们动手写东西。）此外，萧老师还组织了很多学术活动，让我们在这些学术活动的组织工作中学习待人接物。很多大型的会议，就是萧老师指导我们操办的。萧老师会事无巨细地写纸条给我，前几天我还看到他写给我的短札，说小郭怎样怎样，到了晚年，他就写郭教授怎样怎样，弄得我都不好意思了。

萧老师写了很多纸条，比如怎么接待外宾与外地的老师，怎么办学术活动，他都有很细致的考虑，然后交由我们去具体落实。比如说 1985 年 12 月，我们在黄州举办了第一届熊十力思想国际学术会议，同时办中国文化讲习班，那时候黄州还不是一个开放城市，很不方便。怎么去邀请国内外学者，邀请了以后怎么接待、怎么组织学生去接，这些都是问题。杜维明与成中英教授到现在还记得他们第一次过长江摆渡，汽车开到江边，还要上摆渡船，这样才能到黄州去。这些活动虽是我们操办，但幕后都是老师们写很多信札邀请联系好学者。老师们以此锻炼我们的才干，锻炼我们的组织能力、办事能力。做人做事不是闭门造车，而是在具体办事中，学会怎么与人相处共事，怎么组织协调。

我们之间也有过一些龃龉，有过一些不愉快的事情。有一次我因为年轻气盛，和老师有不同意见，对老师有所埋怨，老师很宽厚地说了一句让我至今印象深刻的话，他说："人之相知，贵在知心，我们师生这么多年了，你还不知道我们彼此的心吗?"我感动得流泪了。还有就是在老师晚年的时候，他身体已经不好了。当时我是院长，想给他申报资深教授，就请学院的办公室主任把学校申报的文件给他。结果他很生气地打电话给我，很不客气地说"你到我这里来”，然后声色俱厉地把我批评了一顿，以前从没有这样。他对我说：“我现在身体这个样子，还申请什么资深教授，那不是徒有虚名吗？又不能做事，让国家多花一些钱财干吗呢?”他不愿意要这个虚名，但是他也不否定已经是资深教授的老同事，非常尊重他们。我们当时很抱屈，认为从萧老师的学识、资历等各方面来看，只要申报，学校就能批。但他没有这么做，他守住了这个界限。老师拒绝荣利，保持晚节，使我很感动。我后来也没有申报资深教授，不能说与此无关。

另外萧老师和我也是在患难中结成的友谊。不管在怎样的高压之下，我们都坚持真理，坦诚相待。我们是患难与共，一起成长的，甚至超出了一般师生、父子的情感，他对他孩子的培养都没有对我的培养花的力气大。但我们的师生情感是建立在改革开放的精神、做人做事原则的基础之上，并不是邪门歪道的攻守同盟，而是出于道义。我们之间保持了传统社会以道义为归的师生关系，所以我很感恩我的老师。

我一辈子处事也是秉持改革开放的精神，坚持思想解放。如果违背原则，我会拍案而起，绝对不干。我从老师身上学到了风骨，做人做事要有底线、有原则。虽然老师不被重视，章开沅先生曾说，湖北有愧于萧老师；但是没有关系，老师依旧保持风骨，坚持为人为学的原则。这是改革开放给我们的精神支撑，要解放思想、实事求是；违背这个原则，我们就不做。这也是我从萧老师的言传身教中，最能学到，最打动人，也最身体力行的东西。

二、与武大哲学系一道成长

我在武汉大学哲学系读书、教书已有40多年。我了解武大哲学系有哪些特点，它的学术传统、社会关怀是什么。我亲眼看到了哲学系的发展。从2000年底到2003年我任人文学院院长，2003年到2007年我任哲学学院院长，2007年秋我主动请辞，请朱志方教授继任。武大哲学系是最早设立，也是学科设置比较全面的哲学系之一。在我任上，同时开设了八个二级学科博士点。我们马哲、中哲、西哲的课程设置，都是要研读原著经典，这是由我们的前辈开创的也是武大哲学系很重要的学术传统，它基本源于北京大学哲学系。

我们的西方哲学有陈修斋老师的唯理论研究，陈老师继承了贺麟先生的传统，对此有精到的研究。杨祖陶老师也是贺麟的学生，他是秉持德国古典哲学从康德到黑格尔的传统。陈修斋、杨祖陶老师在西方哲学中的两块——法国的唯理论和德国的古典哲学，身体力行，下功夫对原典进行翻译、研究。杨祖陶老师在晚年还独立翻译了黑格尔的《精神哲学》等。

我们中哲也是这样，萧老师主编的《中国哲学史》具有前瞻性，是当时全国最好的《中国哲学史》教材。萧老师、李老师、唐老师三位老师的原著经典的基础都非常好，萧老师是周秦之际哲学和明清之际哲学的专家，萧老师常说“抓两头带中间”，所谓两头是先秦哲学和现代哲学，中间就是明清之际的哲学，萧老师对明清之际启蒙思潮的研究，在国内和国际上都有一定地位。还有唐明邦老师的周易研究、李德永老师的宋明理学研究，都非常了不起。

我们的马克思主义哲学原理与马哲史，也很注重名著经典的研读。过去有几本书，学生都要一本一本、一字一字地读。我虽然不是马哲专业出身，但马哲的十几种原著经典我都读过，包括马克思恩格斯早期的《1844年经济学哲学手稿》《〈黑格尔法哲学批判〉导言》，我们都是下过功夫的。江天骥老师的科技哲学与分析哲学，能够最及时地反映西方当代哲学的研究现状。江老师英语特别好，他马上就能把英美最新的学术动态用到讲课中。

每个老师都各有特点。萧老师特别会讲课，他讲课非常潇洒。江老师不会讲课，有次我们上他的课，他发了讲义给我们，念了几句就说："这有什么讲头，你们自己去看吧。"他是广东廉江人，他的话我们听不懂，还需要人翻译。江天骥老师在1978—1979年前后，办了油印的《美国哲学动态》，这要寄到北京去，是当时的中央政治局委员要看的。总体来看，武汉大学哲学系的学术研究有江天骥老师的分析哲学、科学哲学研究，陈修斋老师的欧陆唯理论哲学研究，杨祖陶老师的德国古典哲学研究，陶德麟老师的马克思主义哲学研究，萧萐父老师的中国哲学研究，刘纲纪老师的美学研究，张巨青老师的逻辑学研究。老师们的奠基使得武大哲学系学科门类相对齐全，对经典的研究比较扎实，学风也比较好。

武汉大学哲学系不仅思想比较解放，坚守哲学本位和哲学传统，而且有非常强烈的现实关怀。在真理标准讨论上，陶德麟老师就敢于批评教条主义，在全国的思想界都有一定影响。同时，我们对社会的辐射也比较大，社会教育做得很好。我们这一辈和我们的学生，在坚持学科研究的同时，也向社会去宣传哲学智慧、国学智慧。国学热、传统文化热兴起，说明社会需要这些东西。在社会关怀上，我们武大哲学系有强调社会参与的哲学传统。我们中国哲学专业的老师们，几乎毫无例外都到民间讲学，向社会大众讲中华文化的传统。唐明邦老师在社会上就有很大的影响力，我们这一辈也是这样，现在年轻一辈的学者也承接了起来。

在我与武大哲学系一起成长的40多年里，印象最深的人或事是什么呢？那就是老师和学生的交流十分密切。我们的学生毕业以后回来探望我们，还能记得我们当年给他们上课的样子，这令我们非常感动。而我们呢，也记得三四十年前老师们给我们上课的情景。当年教学条件很不好，我们在数学系一楼上课，大教室里仅有几张简易的课桌。杨祖陶老师讲课是不带讲义的，有时候仅拿几张卡片。他给我们讲西方哲学史，一次两节课或三节课，中间就稍微休息一下，一口气讲下来不看讲稿。77、78级两届同学一起听他的课，安静的时候一根针掉在地上的声音都听得见，后来我们两届同学都不约而同地回忆起这个场景。

那时候武大哲学系的老师们很艰苦，为了节省一些钱，他们的讲义要到县里面的小印刷厂去印。印刷工人们也不明白什么欧洲哲学史，杨祖陶老师在保康县住了几个月，现场校对。老师们为了给我们上课，花了多少时间和精力啊！2017年杨老师去世，大家回想起这些感人至深、印象深刻的情景，不禁悲从中来。

很多学者会通过变换不同的学术机构，寻求发展空间，我选择扎根武大 40 多年，是什么原因让我一直坚守呢？其实我有很多次机会去北上广的名校，我都没有去。我觉得我们武大哲学系是非常了不起的哲学系，有很好的学术传统。我坚守的原因，实事求是地说，因为我是武汉人，家在这里。也曾经想过换个单位，尤其是在我人生中最低谷的时候。有一次我都准备走了，学界有前辈劝我，说："小郭，离开武汉不一定就适合你，你就在武大哲学系，坚持一阵就好了。"况且让我不教书去做别的事情，也不适合我，所以我就留在武大，一直坚持再坚持。另外，我还是感念这个氛围、感念这个集体。虽然有恩恩怨怨，我依旧觉得这里是适合我成长和发挥的地方。武大的老师同学都待我不错，我很感恩。

三、我在武大的工作

我的本职是教师，教书育人是本分。我曾经兼任过武大人文学院院长、中国传统文化研究中心副主任、哲学学院院长等职，在任上开设了中西比较哲学试验班、国学试验班，后来又创办国学院，担任国学院院长，开设弘毅学堂国学班。

1999 年至 2002 年前后，我参与创办武大的中国传统文化研究中心，主持该中心申报教育部 100 家人文社科重点研究基地的工作获得成功，又主持该中心早期的日常事务。冯天瑜先生当时在日本做研究，我受冯先生委托做了一些工作。受人之托，忠人之事。

我当过武汉大学人文学院的院长，那时候文、史、哲、艺都在一起。在我任上，我大概就做了这么几件事情。我提倡并开设了中西比较哲学试验班和国学试验班。我们当时办中西比较哲学试验班为的是多学中西的经典，辉煌了一阵。我在院长任上办的国学试验班是成功的。虽然是 2002 年开办的，但我们最开始的学生是从 2001 级的文科各系，甚至理科，乃至全校二次招生而来的。以后几届也是，大家愿意读的就来读，大概是进校半年、一年以后，他们愿意调剂过来。

对国学试验班的培养，我们注重文字学的功夫，坚持中国古文字、音韵、训诂的训练，坚持经、史、子、集“四部”每一部中的经典都要扎扎实实地研读几种。像经部里的《尚书》《诗经》《周易》《礼记》，都有相关的专题课程。为什么要办国学试验班呢？主要还是想培养一点读书种子，一方面是做人要正派，有君子人格，有士操；另一方面是学术上要有中国文化的基础知识，要扎扎实实地研读经典。我们也开了通论的课程，但是通论的课程少，经典的课程多。我们办这个班有两点原因。第一点是要克服文史哲分家、分科的弊端，我们希望深度打通文史哲，当然精专和博通是互为基础的。第二点是文科学生的培养长期以来是概念加通史，缺乏经典的研读。通论、通史和原典相结合才行，经典要多一点，比例要占大一点。所以文科学生的培养，不能没有经典的基础，读经典可启发学生的原创性思维。针对我们几十年以来文科培养的缺失，我们创办了国学班，给当时全国所有想办国学院和国学班的同仁提供了参考，主要是培养方案和课程设置方面。现在文、史、哲三家优秀的老师，都在我们的国学院里上课。

我担任哲学学院院长期间，院里组织了非常多的学术会议、学术活动，在学术研究、学科建设、学生培养等方面都取得了突破。

比如，第七届当代新儒学国际学术会议、第十五届国际中国哲学大会，都在武汉大学召开，还有郭店楚简国际学术研讨会、新出楚简国际学术研讨会。我记得当时分管文科的副校长张清明老师很惊异，他说，你们怎么请来了那么多国际一流的专家。这些是规模很大的学术会议，我们也深入开展了小型的国际学术研讨会，这些大小各异、形式多样的会议产生了广泛的学术影响，对我们的学术研究、学科建设和学生培养也有很大的推动作用。

在学术排名上，2000 年到 2007 年，以及之后一两年，我们武大哲学系大多都是前几名，也曾当过第一名。我觉得在中国哲学界，武大哲学系即后来的哲学学院的学风是比较好的，比较正派、朴实，经典导读做得好，学生发展比较全面，人才济济，这一点是有目共睹的。我们老师投入教学的时间精力较多，教学这块抓得比较好。我们的学生后来到其他的知名大学，包括北大、清华、复旦、人大、中大，或是出国，无论走到哪里，大家都说我们的学生不错，底蕴比较深。

我长期担任校学术委员会委员、人文学部学术分委员会主任等职。我觉得武汉大学文、史、哲的人文传统好，在于它的学风比较正，基础比较好，富有改革精神，每个时代都有前沿的研究。文学院的黄侃先生、闻一多先生，还有当年的“五老八中”，历史学院的唐长孺先生、吴于廑先生，哲学学院也有它的辉煌，我们从20年代初开始就有哲学系，有几代的哲学专家。2003年我到日本去做研究的时候，日本学者都非常重视武大，一听说我是武大来的，都提唐长孺先生，还提李格非先生。武大中文系的李格非先生是编字典的，研究音韵学，他是黄焯先生的学生，60年代和唐先生被教育部派到日本去，给日本的学者们讲过学。李格非先生虽然在武大并不出名，但在日本很有名。说到我们武汉大学文、史、哲的传统，像唐长孺先生的传统就是魏晋南北朝、隋唐史，他是这方面的大专家。唐先生的文章很短小，不空发议论，有精专扎实的史料基础。而吴于廑先生的视野特别开阔，他的世界史观独树一帜。

这40年来，我们武汉大学文、史、哲的专家们，也继承了这些传统。比如说历史系的冯天瑜先生的中国文化史，还有陈伟老师、徐少华老师把地方独有的出土文献，即湖北考古挖掘出来的战国时期的楚简加以研究，这个研究就很有前沿性质，陈伟老师还主持专门的机构来做简帛研究。文学院在古代与现当代文学史上的研究颇有成就和贡献。哲学院中生代很了不起，如马哲的汪信砚与何萍教授，西哲的邓晓芒、赵林、朱志方教授，中哲的萧汉明、李维武、我与吴根友教授，宗教学的段德智与麻天祥教授，美学的陈望衡、彭富春、邹元江教授，逻辑学的徐明、程炼教授，心理学的钟年教授等，都有较大影响。我们也提拔和培养了很多人才，像丁四新教授，他是出身农村的农家子弟，他现在做得很好，是长江学者，近来调到清华大学任教。所以我觉得我们武大的人文传统是在继续，也在创新。

在哲学学院40多年，回想起来，遗憾总是有的。人的一生和各色人等打交道，一起生活，总难免有委屈、遗憾。但是和我们的学术事业比较而言，和我们武汉大学哲学、人文学科的发展比较而言，这些都算不了什么，我作为其中的一分子，感到十分荣幸。如果说还有什么遗憾的话，那就是自己的学养不够，毕竟我是31岁才开始读大学，读的书还不够，还没有做到中西兼通。我们的老师希望我们中西兼通，而我们还没有做到。

我们哲学学院未来的发展一定会很好，现在他们都做得很好。新生代人才多，新学科（如政治哲学、比较哲学）也发展起来了。我认为学术基础还是要扎实，我们的教学、科研、学科建设、人才培养还有很大的空间，特别在人才培养上，希望再努把力。

四、未尝一日废学、停思、搁笔

数十年来，我每天坚持读书、思考、写作，未尝一日废学、停思、搁笔。

我早年曾简单化地批判儒学与传统文化，中年后转到同情地理解与绍述的立场。1985年至1990年，我评析了当年诸名家的文化观，尤其对“儒学复兴”“西体中用”“彻底重建”诸说与《河殇》的文化观予以评论，阐发了业师萧萐父先生的“明清之际早期启蒙说”，又从人类学与文化哲学的不同维度讨论文化问题，倡导文化多元，研究文化变迁中的涵化与整合以及文化类型学，尤其对“传统”做出疏导，对传统与现代的关系、传统文化的诠释与评价问题做了细致的分析。1990 年以后，我的学术思想发生了大的转变，对传统文化资源特别是儒学的正视与发掘更为自觉。这根本上源于对现实问题的反思。

我主张努力确立中华民族哲学传统、哲学智慧与哲学思维的自主性或主体性，发掘中国哲学的独特价值，同时主张保持世界性与本土化之间必要的张力，在与西方哲学的比照、对话中，超越西方哲学的体系、框架、范畴的束缚，实现中国哲学学科的自主发展，构建学科的主体性。在方法论方面，我强调内在式批判、继承性创新，不是强势地而是柔性地诠释，重视理解的历史性与诠释的相应性，同情地理解，理性地批导，肯定并总结改革开放以后中国哲学研究范式的转移。

通过对中国哲学的“道”“气”“阴阳”“五行”等“基元概念”及儒释道诸家哲学路数的分析，从根源上揭示中国哲学的要义与特征，我认为中国哲学不同于西方的实体主义；其宇宙论是生成论，主流是生机主义，将世界视为连续性的、创进不息的过程；注重天、地、人、物、我之间和身心之间的相互感通、整体和谐、动态圆融，在天人性命、形上形下、价值理想和现实人生之间没有鸿沟；重视存在的体验、生命的意义、人生的价值，具有很强的实践性；中国哲学具有自身独特的概念、逻辑、理性与异于西方的认识理论和哲学智慧。中国哲学、传统形上学的基本特征可概括为三个方面：一是创化日新、生生不已；二是相依相待、整体和谐；三是事实与价值的联系、语言与超语言的贯通。这些原创性的智慧是全人类极其宝贵的思想传统和思想资源。我诠释中国哲学的最高信仰“天”的意义及天人之间、人与自然之间、人与社会或他人之间、个体人的身与心之间的辩证智慧及其当代价值与意义。以中国哲学自身内在逻辑发展及其与外来哲学的交融为背景，我提出中国哲学史上的四分期说：先秦为创立期，汉至唐代为扩大期，宋至清代为融会期，清末民初至今为潜藏期，以四期说架构中国哲学史。

我从儒释道各家的核心范畴、精神价值与运思风格等方面，对中国人的终极归属、政治观、伦理观、人生修养论的现代意义等做了一定的研究。如讨论中国古代哲人的生存智慧，东亚儒学核心价值观及其现代意义，原始儒家（孔、孟、荀）的正义论与道德心性论，《周礼》《礼记》中蕴含的社会公正思想资源，礼学与现代生活、文化比较，先秦诸子与诸子学，苏格拉底、墨家与儒家关于“孝”“爱”的同异，《老子》与《庄子》之“道”论及其同异，佛教的精神解脱与社会参与，马祖禅的哲学意蕴，朱熹与王夫之的心性情才论的比较，等等。我重视儒释道的心性修养论、人格境界论、生死观等在当代社会心理调节等方面的功能，肯定先秦到宋明的心性论这一富矿有益当代，值得发掘。

我对学术前沿的课题，如在儒家与自由主义的对话、公与私、公德与私德、儒学的宗教性与超越性、文明对话等论域发表了独到的见解，有拨乱反正的意义。我重点阐发了先秦儒家政治哲学的根据及其包含的中国古代社会正义论的思想内涵与特色，以及儒家德性伦理的深刻意义，认定儒学是具有宗教性品格的精神形态、人文学说，指出“亲亲互隐”观念、亲属容隐制度在古代与现代的意义，唯有合乎人情、顺乎人心的法律规定才能真正保护并捍卫人民自身的权利。我重新解读了儒家与专制王权之关系，肯定传统儒家型社会是“大社会”，认为其众多自治组织和广大的民间社会空间的传统是接续民主政治的基础。

我对郭店楚简、上博楚简等与经学诠释方式、中国哲学的关系予以讨论，与传世文献相比照，讨论先秦经典与天道观、天命论、心性论及身心观等，又较全面地研究并体悟先秦各家关于三才之道、终极信仰、自然、社会、人生与思维的睿智。我曾研究郭店楚简与孟子心性论的关系，《性自命出》的心术观，《五行》的身心观、“圣智”论与内在道德论，上博楚简所见孔子为政思想及其与《论语》之比较，《恒先》的道法形名思想，等等。其中，我对现代经学三种路向的梳理、孔子与“六经”关系的讨论以及中国经典诠释学特色的指陈，在有关思孟五行的论文中辨析“仁之思”“智之思”“圣之思”的关联，揭示圣德相对于仁、义、礼、智“四德”而言所具有的统合与生成之意蕴，有一定的见解。

我曾深入研究了现代十多位大哲学家的本体论、方法论、文化观，以现代性与传统之关系为中心，反思五四新文化运动，超越五四新文化运动，主张正确地反思传统与现代、东方与西方的关系，通过理性地批判传统的负面因素，来创造性地转化传统，承继传统文化的智慧，开发其具有现代价值的哲学观念。我研究了孙中山的心性文明论与人格建国论；重点评析了五四新文化运动的另一个被人忽视的传统，即文化保守主义传统与现代新儒学思潮；挖掘了一些哲学家如熊十力、冯友兰、冯契等的哲学思想的内在张力，探索了他们对传统儒释道诸家及易学传统之重建的得失，讨论了中国哲学在当代重建的重心与途径。我认为，当代马克思主义必须进一步自觉地与中华传统文化、西方现代思想相融合，特别是要自觉吸收儒学精华。

我重视根源意识和根源性的重建，研究了中国哲学智慧与现代企业管理、现代人安身立命的关系。我曾于20世纪90年代前期重新界定“国学”概念，提出了四层次说，即国学包含常识层面、学术或技艺层面、道德价值与人生意义层面、民族精神或国魂与民族魂层面，指出任何民族的现代化都不可能是无本无根的现代化，失去民族之本己性的现代化绝对不是成功的现代化；指出学习国学更重要的是把握中华人文精神与价值理念，了解中华民族与文化融会的过程及其可大可久的原因，堂堂正正地做一个中国人。我讨论了国学、儒学与汉学的关系，认为国学的重点是经与经学，儒学是国学最重要的部分。

我与学界同仁一道试图重建中华人文精神。我在20世纪90年代初提出中华民族核心价值观是以“仁爱”为中心的“忠、孝、仁、义、礼、智、信”的价值系统，其中的一些内容随时代扬弃，在自觉注入时代精神、改造其内涵之后，当代中国仍必须以此为基础重建中国人的真正具有内在约束力的文化认同、伦理共识、精神信仰、终极关怀，因此必须重视传统核心价值的创造转化。我全面阐述了传统“和谐”思想及其向度与内涵；提出了中华人文精神的特质是人文包含宗教，重视自然之道，也有自己独特的科学技术传统；强调了中国的制度文明尤其需要重新认识与发掘，国学与中华人文精神“美政美俗”“化民成俗”的意义仍值得重视；自觉阐发了儒释道智慧与当代人心理调节的关系。

在前贤的基础上，我主张在现代社会重建“六伦”，即在创造性转化传统“五伦”的基础上，以时代精神洗汰“五伦”。重建新型的父子、夫妇、兄弟、朋友之道；重建同事关系一伦，把君臣关系改造成上下级关系，涵盖职业伦理；再增加群己关系一伦，以适应现代社会的需要，涵盖人与他者、人与不同群体、人与天地万物的关系。这就是新六伦：父子有亲、夫妇有爱、兄弟有敬、朋友有信、同事有诚、群己有界。相应地，扬弃三纲，重释五常，把仁义礼智信的内涵做与时俱进的改造，重建以“仁”为中心，以孝、仁、义、礼、廉、诚、公、和“八德”为核心的新价值体系。

晚年，我在反思中国文化精神与中国哲学的特质。我认为，中国哲学的问题意识，或者说关注的向度，主要包括如下六个方面：

一是人与至上神天、帝及天道，人与自然或祖宗神灵，即广义的天人、神人关系问题；二是人与宇宙天地的关系，是宇宙论，尤其是宇宙生成论的问题，包括今天讲的人与自然的关系；三是人与社会、人与人、自我与他人的关系，即社会伦理关系问题；四是性与天道、身与心、心性情才的关系问题，君子人格与人物品鉴，修养的功夫论与境界论等；五是言象意之间的关系、象数思维、直觉体悟的问题；六是古今关系即社会历史观的问题。司马迁讲“究天人之际，通古今之变，成一家之言”，除天人问题外，中国人尤重社会政治与历史发展，关注并讨论与古今相联系的诸问题。这都是中国哲学的题中应有之义。

由此可见“中国哲学”的内容非常复杂，从流派来看有诸子百家、儒释道、宋明理学、清代与近代哲学等，从典籍来看有经史子集与地方文献等，还有不同时空的中华各民族的哲学思潮与思想家，以及口耳相传的思想内容。关于中国哲学的特色，学者们见仁见智。任何概括都有风险，不免挂一漏万、以偏概全。尽管如此，人们还是要概括、提炼。冒着可能陷入化约主义偏失的危险，我们还是试图从儒释道诸家的哲学中抽绎出反映中国哲学特点的若干内涵，尽管儒释道诸家及其所属诸流派之间的主张也不尽相同，但它们仍有一些共同的思想倾向。

我把中国文化与哲学的精神特点概括为以下七点：自然生机、普遍和谐、创造精神、秩序建构、德性修养、具体理性、知行合一。也就是：存有连续与生机自然、整体和谐与天人合一、自强不息与创造革新、德性修养与内在超越、秩序建构与正义诉求、具体理性与象数思维、知行合一与简易精神。

五、回顾与总结

以下我从教学、学生培养、对外交流、学术科研等方面，对自己的学术生涯做一个简单的回顾与总结。

在教学上，一直到 2017 年，我 70 岁的时候还坚守在本科教学的第一线，为全校的本科生讲通识课“四书导读”。我先后在武汉大学开了十几门课程，其中最主要的课程，除了“中国哲学史”之外，就是经典研读的课程，比如“四书”、老庄、礼记、先秦儒家哲学等的导读课程。研究生方面除了经典研读课，我还开了哲学史方法论、国学前沿与方法、儒学研究专题等。我为硕、博士研究生开的课比较重视方法论的训练，比较重视教他们怎么写论文。这一点我也跟他们切磋交流得比较多一点，希望大家学会与古人神交，时常会心一笑。教材方面，比如我编写的《中国哲学史》是在全国用得比较好的教材，高教社印了 20 多次，商务印书馆于 2021 年再版。

人才培养上，到目前为止，以我为导师、为责任人和同事一起培养的获得学位的博士有 49 个、硕士 28 个，此外博士后 20 个、国内外进修教师和访问学者 16 个。除了数量，质量也非常不错，比如像丁为祥教授，他的博士论文一毕业以后就出版，一出版就被评为教育部人文社科优秀成果二等奖，这是很难得的。丁四新教授的博士论文获得全国优秀博士学位论文奖。

我培养学生，重视他们为人为学的基础。像我的老师待我们一样，我也这样培养我的学生，尽量推荐他们的论文发表，提供机会让他们到海内外去游学，增长他们的才干。我现在有很多学生都是博士生导师，虽然我是他们的导师，但是他们的成长也离不开教研室其他老师的培养。

我重视中西哲学史方法论训练、中国古代哲学文献的研读和史料学的功夫；又提倡打破二级学科壁垒，在一级学科的平台上培养博士生。对中国哲学的博士生更加强调古典文献的训练，外语与古汉语、西学与国学的基础非常重要。在培养硕、博士研究生的过程中，我除要求原原本本、从头至尾反复读几种古典文献（连同注笺）外，还注意启发研究生们的“问题意识”和怀疑、反思、批评、创新精神，引导他们面向世界，具有全球视野，关心学科前沿，恪守学术规范，善于交流对话。

我特别重视开题报告、文献综述，严格要求研究生们对所研究的对象与所讨论的问题，不遗巨细地把握所有第一手原始资料和第二手资料（即海内外有关此问题的所有研究成果、方法、问题），然后在此基础上做学位论文。学风的问题，研究生的素质及训练的问题，是培养人才和学科建设的重点。我寄望于来者，寄望于有悟性又经过了严格的哲学训练，具有原创力、知识结构优化的后继者，他们将对“中国哲学史”的研究和“中国哲学”的创发做出超迈前贤的贡献。中国哲学学科的建设与发展有赖一代又一代素养极佳的人才。

对外学术交流方面，我先后到哈佛大学、特里尔大学、莱比锡大学、鲁汶大学、伦敦大学、俄罗斯科学院、首尔大学、高丽大学、延世大学、成均馆大学、日本关西大学、东京大学、日本东北大学、早稻田大学、台湾大学、台湾政治大学、台湾清华大学、台湾师范大学、辅仁大学、台湾成功大学、香港中文大学等学校讲学和出席国际会议或做访问学者。例如，1998 年在美国哈佛大学访学半年，2001 年在德国特里尔大学访学一个月，2002 年在台湾政治大学访学一个月，2003 年在日本关西大学访学三个月，2014 年在台湾大学访学一个月，等等。2015 年 11 月我应邀到香港中文大学，出任新亚书院第二届新亚儒学讲座教授，在校内外演讲三场。他们请的第一位嘉宾是杜维明，第二位是我。

2017 年 8 月我被第二十四届世界哲学大会与北京大学共同聘请出任第二十四届世界哲学大会中国组委会学术委员会委员。2018 年 8 月出席大会，并做报告“论中国哲学智慧”。2017 年 9 月在山东曲阜孔子研究院举办的第八届世界儒学大会上，我获得“世界儒学研究杰出人物”奖，我没想到能够获此殊荣。这就是以前的“孔子文化奖”，杜维明、安乐哲、陈来等九人曾获此奖。同年我又荣获 2017 年度“汤用彤国学奖”。

2019 年，教育部与山东省共建的尼山世界儒学中心聘我为理事会理事暨学术委员会副主任。武汉大学人文社会科学研究院聘任我为驻院研究员，聘期三年。武汉大学在法国巴黎举行第四届主题为“文化与文明的流动与保护”的海外学术周活动，由巴黎七大、法国国立宪章学院和国立东方语言与文明学院等合办。我于 2019 年 10 月 13 日—17 日在巴黎出席学术周。10 月 15 日开幕式上，我应邀做了主旨演讲“中华文化精神的特质”，中法百余位专家出席。2020 年，我被山东省评为儒学大家。

我个人的科研主要是对于中国哲学史的探究，包括其架构、特色、要旨、方法论，在这些方面应该说是有一点微薄的努力与贡献。我重视先秦哲学，先秦哲学须结合运用出土简帛材料和传世材料，综合地下文献和地上文献。我对郭店楚简文献中的哲学思想有一定研究，主编、主撰《中国哲学史》等数种教材，印行量有十几万册。我领导校内外的一个团队，以武大中哲学者及武大校友为主，经过十多年的努力，由江苏人民出版社于 2021 年出版十卷本逾

600 万字的大型丛书《中国哲学通史（学术版）》。这是一项标志性的成果！我任主编，其中，第一卷先秦卷由我主撰。

我的重心在儒学研究，因此对儒学的基本知识，礼乐文化、社会建构、管理智慧、人文精神、儒家政治哲学、生态环保哲学，以及现代价值有较全面的研究，特别是先秦儒学、公德与私德、儒学的宗教性及宗教对话等论域。关于公德与私德，是和现代性联系在一起的，我比较重视儒家的私德，这里面有很多可转化为社会公德的基础。

我在 20 世纪的中国哲学、当代新儒学思潮的总体与个案研究上有一点贡献，如对熊十力个案及整个现当代新儒学思潮的研究等。我对于熊十力资料的整理与研究，曾得到海内外名家如梁漱溟、张岱年、陈荣捷、岛田虔次等前辈的高度评价与引用。我的现代新儒学思潮与人物的研究成果被译成英、法、俄、日文的有十多篇。澳大利亚学者梅约翰教授 2008 年在美国哈佛大学出版的专著《失却的心灵——儒学在当代中国学院话语中》（*Lost Soul*——"*Confucianism*" *in Contemporary Chinese Academic Discourse*）中有专章（第六章）论述我的研究及新儒学思想。

再就是有关国学与国学热的研究。我在经学、诸子学、儒释道文化精神、国学及其现代意义、中国人文精神的传统等方面有系列论著，有多种论著探讨中国文化精神的特质及其与社会主义核心价值观的关系，传统文化在当今精神文明建设、官德廉政建设、社区文化建设、全球伦理与终极信念重建方面的积极意义等。

21 世纪初以来围绕"亲亲相隐"问题展开的学术讨论很有意

义。从学术的层面来看，这场论争一方面厘清了学界对亲亲相隐的误解，另一方面促使大家更为全面辩证地认识儒家的道德哲学与伦理学，进而创造性地阐释以仁为核心的儒学对于公德和私德的界定、亲亲相隐与人权学说的沟通、人情与法理的关系等问题。从思想史的角度来看，这场论争可以视为20世纪以来传统与现代关系之争的继续，只不过讨论的问题聚焦于“亲亲相隐”这一具体问题而已。“亲亲相隐”最终被纳入刑事诉讼法，无疑是一个标志性的事件。

基本上我觉得随着时代发展、社会进步，我也在成长、进步。虽然其中有曲曲折折、坎坎坷坷，但是我在做人做事，在教学、科研、学科建设、人才培养上，在社会公益等方面，还是做了一些事情。比如说在学术与学科建设上，我曾长期担任国务院学位委员会哲学学科评议组成员和教育部高等学校哲学教学指导委员会副主任，为全国哲学学科的建设、发展起了一定的作用。

我有现实关怀，有一些提议，比如提倡国民教育中增加国语、国文、国学的分量，建议“四书”全面进入中学课堂，建议将孔诞日作为教师节，这些提议在全国都有一定的影响。另外关于提议修改现行的刑法、民法的有关条文，结合容隐制的传统和现代人权的观念，保障公民的亲情权和容隐权等方面，我一直在关注。在我与同仁的努力之下，国家刑诉法也做了初步的修改，对完善我们的法制建设有一定的贡献。

在社会活动方面，我长期担任中国哲学史学会副会长、中华孔子学会副会长，担任过国际中国哲学学会会长和副执行长。我支持民间儒学的发展、民间书院的建设，兼任武汉经心书院、郑州本源书院的名誉山长，还兼任贵阳孔学堂学术委员会主席、山东嘉祥曾子研究院名誉院长等。我重视国学的普及与推广，退休前每年演讲20多场，包括到基层、民间去讲学。例如为武汉新洲区汪集街程山村和问津书院附近的村民、汉阳区的市民、武警湖北总队与舟桥旅部队官兵、黄陂士官学校师生，以及武汉市与孝感市中小学教师、山东嘉祥县的干部群众等，宣讲中华优秀传统文化。此外，我还热心社会公益事业，经常捐助贫困学生。例如2016年5月，湖北省团省委、文化厅、青基会等开展“希望书屋·扶智脱贫——湖北贫困地区农村小学留守儿童快乐阅读计划”，我被聘为“爱心大使”，捐款一万元。

总而言之，我没有虚度年华，一直到暮年晚秋，还是忙忙碌碌，文债不断。“老骥伏枥，志在千里。烈士暮年，壮心不已。”我会继续为社会进步，为国家、民族的发展，尽一点微薄之力。

在教书育人、学术研究与公共服务工作中，我有如下感悟、心得与体会：老师们对我恩重如山，学术界与我校的前辈们对我的关照、提携、扶掖，春风化雨，点点滴滴，我永远铭记心头，没齿难忘。我时刻保持敬畏之心、感恩之心、恻隐之心。我希望有志于国学与中国哲学研究的青年人甘坐冷板凳，潜心苦读、钻研中外经典，且要有一定的阅读量，全面、准确理解第一手资料和学术前史（海内外相关研究成果）。还是孟子讲得好：掘井及泉，以意逆志，深造自得。这既是态度，又是方法，也是功夫。我们需要以健康的心态体认传统社会、哲人及其智慧，在当代予以创造性转化与重建。儒学是生命的学问。作为儒者，我力求做到学问与生活一致，做人与做学问一致，洁身自好，公道正直，敬老尊贤，提携后进。我将尽心尽力推动国学（中华优秀传统文化）的研究与普及工作，与学子们共同探讨古代经典，努力培养读书种子，教学相长，其乐无穷。

图书在版编目（CIP）数据

中华文化根脉 / 郭齐勇著．-- 北京：中国人民大学出版社，2025.3．-- ISBN 978-7-300-32985-7

Ⅰ．K203-49

中国国家版本馆 CIP 数据核字第 2024HG8844 号

国家社会科学基金资助学术通俗读物

中华文化根脉

郭齐勇　著

Zhonghua Wenhua Genmai

出版发行	中国人民大学出版社		
社　　址	北京中关村大街 31 号	邮政编码	100080
电　　话	010－62511242（总编室）		010－62511770（质管部）
	010－82501766（邮购部）		010－62514148（门市部）
	010－62515195（发行公司）		010－62515275（盗版举报）
网　　址	http://www.crup.com.cn		
经　　销	新华书店		
印　　刷	北京尚唐印刷包装有限公司		
开　　本	720 mm×1000 mm　1/16	版　　次	2025 年 3 月第 1 版
印　　张	21 插页 4	印　　次	2025 年 3 月第 1 次印刷
字　　数	220 000	定　　价	119.00 元